“新教师教育丛书”编委会名单

本书编写者

（以姓氏笔画为序）

邓干基　　惠州学院
纪永祥　　肇庆学院
李江山　　惠州学院
陈建伟　　华南师范大学
郑有才　　华南师范大学
董国柱　　海南师范学院
曾　毅　　肇庆学院
曾远鸿　　华南师范大学
赖华强　　韶关学院

A NEW COURSE IN TEACHERS TRAINING

EDUCATION

新教师教育丛书

顾 问 陈佳民

主 编 陈建伟

Secondary School Chinese Course and Teaching

中学语文课程与教学论

（第二版）

陈建伟 主编

暨南大學出版社
JINAN UNIVERSITY PRESS
中国·广州

图书在版编目（CIP）数据

中学语文课程与教学论/陈建伟主编．—2 版．—广州：暨南大学出版社，2008.6（2023.8 重印）
（新教师教育丛书）
ISBN 978－7－81079－238－7

Ⅰ．中…　Ⅱ．陈…　Ⅲ．语文课—教学研究—中学　Ⅳ．G633.302

中国版本图书馆 CIP 数据核字（2008）第 064603 号

中学语文课程与教学论（第二版）
ZHONGXUE YUWEN KECHENG YU JIAOXUELUN（DI-ER BAN）
主　编：陈建伟

出 版 人：张晋升
责任编辑：苏彩桃　邬志伟
责任校对：郑晓玲
责任印制：周一丹　郑玉婷

出版发行：暨南大学出版社（511443）
电　　话：总编室（8620）37332601
营销部（8620）37332680　37332681　37332682　37332683
传　　真：（8620）37332660（办公室）　37332684（营销部）
网　　址：http：//www.jnupress.com
排　　版：暨南大学出版社照排中心
印　　刷：佛山市浩文彩色印刷有限公司
开　　本：787mm×1092mm　1/16
印　　张：17.25
字　　数：300 千
版　　次：2003 年 6 月第 1 版　2008 年 6 月第 2 版
印　　次：2023 年 8 月第 18 次
印　　数：61001—63000 册
定　　价：42.00 元

总序

教师教育向来是个十分重要的问题，尤其是在教育的发展变革当中。

一百多年前，有着几千年文明历史的中国，在社会政治、经济急剧变革的过程中，在传统的封建旧教育与资本主义新教育思潮碰撞的过程中，发生了一件对民族发展、国家进步来说具有重大意义的事情，那就是现代学校教育制度的建立。1904年1月13日（光绪二十九年十一月二十六日），清政府颁布了《奏定学堂章程》（亦称“癸卯学制”）。从此，中国教育结束了几千年来混杂无序、官私并存的局面，逐步走上了现代学校教育在国家意志下系统化、规模化发展的道路。

教育领域的这一巨大变革不可避免地带来了一个非常重要的问题——师资。在一个长期以来缺乏教师职业训练的国家，这真是一个实实在在的问题。因为在以班级授课制为基本教学组织形式的现代学校教育中，没有足够的教师根本无法开展各种必需的教育活动。而以学科课程为教育内容基本体系的现代学校教育，相对于过去的私塾来说，对教师专业素养的要求也要高很多。为此，《奏定学堂章程·学务纲要》在阐明教育宗旨后，立即提出“宜首先急办师范学堂”之事。其中特别强调：“各省城应即按照现定初级师范学堂、优级师范学堂及简易师范科、师范传习所各章程办法迅速举行。"①

一百多年过去了，今天，在世界科学技术日新月异、突飞猛进的背景下，在现有教育体系与未来人才标准产生激烈矛盾的情况下，我国教育领域又发生了一件对民族振兴、国家繁荣来说意义重大因而举国瞩目的大事，那就是面向21世纪的基础教育课程改革。2001年6月8日，我国教育部颁发了《基础教育课程改革纲要（试行）》，从而掀起了自20世纪70年代末我国改革开放以来的新一轮基础教育改革，也是我国跨入21世纪以后的第一次基础教育改革。

此轮基础教育课程改革的目标，是建构符合素质教育的新的基础教育课程体系，全面贯彻党的教育方针，全面推进素质教育。改革的触角涉及课程目标、课程结构、课程内容、课程实施、课程评价、课程管理等。课程是教育的基础，因此，课程的合理改进必将有利于提高教育的质量和效率。然而，就是再合理的改进也不会将灿烂的前景轻易地摆在我们面前。如此全面的课程改革首先带来的将是教师队伍中围绕着新旧矛盾而普遍存在的不相信和不适应。因此，教师的教育问题与一百多年前的教育革新一样被提到了重要的位置。《基础教育课程改革纲要（试行）》设专节阐述"教师的培养和培训"问题，指出："师范院校和其他承担基础教育师资培养和培训任务的高等学校和培训机构应根据基础教育课程改革的目标和内容，调整培养目标、专业设置、课程结构，改进教学方法。中小学教师继续教育应以基础教育课程改革为核心内容。地方教育行政部门应制订有效、持续的师资培训计划，教师进修培训机构要以实施新课程所必需的培训为主要任务，确保培训工作与新一轮课程改革的推进同

① 舒新城编：《中国近代教育史资料》（上册），人民教育出版社1961年版，第200、201页。

步进行。"① 教育部还明确提出了对教师"先培训，后上岗；不培训，不上岗"的要求。

教师的问题之所以那么重要，最根本的一点就在于，教师是教育活动的具体实施者，是把教育理想转变为社会现实的关键人物。

教育是一种影响人、转化人的社会活动。教育活动的构成要素有三：教师、学生及教育影响。其中教师是影响他人的人，也是能够影响他人的人；学生是受他人影响的人，也是需要他人影响的人；教育影响则是教师和学生之间的联结，包括教育内容和教育手段。对教师而言，教育影响是使用的对象；对学生来说，教育影响是接受的对象。这一系列定义所产生的一个命题就是：教师是运用教育影响促使学生发展变化的人。学生的发展是教育的理想和目标，所以教师就是实现教育理想和教育目标的关键。

教师在教育活动中的重要作用已经不容置疑。因此，在各国的教育体系中，教师教育已经成为一个处于特殊地位的部分。除了教师的职前教育受到重视外，在职教师的继续教育问题也备受关注。1994 年，在日内瓦召开的第 44 届国际教育大会宣言称："采取措施以增进教育家们在正规和非正规教育中的作用和地位，并优先考虑包括规划者和管理者在内的教育人员的职前培训和在职培训乃至再培训。"可见，在日益进步的现代社会，重视教师教育尤其是教师的继续教育已经成为全世界的共识。

我国在一百多年来的现代教育进程中，也十分重视教师教育事业的建设和发展，形成了稳定的师资培养制度，建立了教师资格国家认可制度。现阶段，随着国民文化素质不断提高和教育事业不断发展对教师提出的要求的变化，我国的教师培训工作已经逐步走向了制度化、规范化的道路。各地政府教育部门也制定了相应的措施，以保证教师培训工作的

① 朱慕菊主编：《走进新课程——与课程实施者对话》（附录），北京师范大学出版社 2002 年版。

顺利进行。

正是在这样的情形下，我们编辑出版这套“新教师教育丛书”，旨在为日益发展的教师教育事业作出应有的贡献。

本套丛书坚决贯彻《基础教育课程改革纲要（试行）》的基本精神，从编写理念到编写内容甚至于文本的形式，都努力体现面向21世纪的我国教育事业发展的方向，并以学习者易学、能用为原则。本套丛书的编写者都是长期从事教师教育工作的高等学校教师，这是本套丛书质量上的重要保证。

“新教师教育丛书”编委会

目录

CONTENTS

绪论

中学语文课程与教学论是教育科学的一个分支，也是未来的和在职的中学语文教师必须修读的一门课程。

一、中学语文课程与教学论的对象和任务

（一）中学语文课程与教学论的对象

每门学科都有自己的研究对象，而科学研究恰恰就是根据不同对象的特殊性去加以区分的。

因此，认识中学语文课程与教学论，就应当从认识其特定的研究对象入手。

什么是学科的研究对象？毛泽东在他的《矛盾论》中对科学研究的对象作了这样的界定："对于某一现象的领域所特有的某一种矛盾的研究，就构成某一门科学的对象。"基于这样的认识，中学语文课程与教学论的研究对象，就是中学语文教育阶段中课程与教学领域的矛盾及其运动。

1. 中学语文课程与教学论的研究对象存在于中学语文教育的特定阶段

中学语文教育是学校语文教育的一个阶段。因为语文学科有自身的序列性以及基于学生身心发展的阶段性，这一阶段跟与之相关联的小学语文教育和作为大学公共基础课的大

学语文教育既有着共同的性质又有着不同的内涵和特点。中学语文课程与教学论虽然也在某些问题上关心小学和大学的语文教育，但并不把其中的问题作为自己特定的研究对象。中学语文课程与教学论研究的，只是存在于中学语文教育阶段中的课程与教学问题。

2. 中学语文课程与教学论的特定对象是中学语文的课程与教学

中学语文教育的内涵极其丰富，内部联系与外部联系也十分复杂。中学语文课程与教学论把研究的对象圈定在中学语文课程与中学语文教学两大方面。这两个方面彼此关联，互为实现，前者是后者的内容，后者是前者的实施。教育内容与教育实施共同构成教育这种社会活动的基本事实。中学语文课程与教学论研究的，就是构成中学语文教育基本事实的中学语文课程与中学语文教学，及其与学生发展的关系。

3. 中学语文课程与教学论研究的是中学语文课程及教学中的矛盾及其运动

研究问题的目的在于解决问题，因此，中学语文课程与教学论的研究指向中学语文课程与教学领域的矛盾及其运动。研究中学语文课程与教学的构成元素及这些元素之间的逻辑关系，探讨各种元素之间的相互影响、相互作用及其变化发展，从而找到正确处理个中矛盾，以便更好地发挥其整体教育功能的路径和方法。

（二）中学语文课程与教学论的任务

以中学语文课程与教学领域的矛盾及其运动作为自己的研究对象，决定了中学语文课程与教学论的根本任务，就是要揭示出中学语文课程与教学及整个中学语文教育的基本规律，从而帮助语文教师认识中学语文课程与教学的本质特征，认识中学语文课程与教学自身发展变化的必然趋势，认识中学语文课程与教学对学生成长发生影响的必然过程，形成和发展中学语文课程与教学的正确理念，掌握中学语文教育的原理和方法，形成和提高中学语文教师必备的专业素养，最终达到提高中学语文教育质量的目的。

二、中学语文课程与教学论的性质和内容

（一）中学语文课程与教学论的性质

中学语文课程与教学论的特定对象，表明这门学科是根植于中学语文教育实践的沃土的。没有中学语文教育实践中出现的大量现象，没有中学语文教育实践提供的无数事实，没有中学语文教育实践反映的种种矛盾，也就没有中学语文课程与教学论的研究。

人类的语言是在生活交往的实际需要中产生的，而语文教育也起源于这一过程，可谓源远流长。然而，在漫长的中国古代，语文教育却是混杂于以儒家经典为基本内容的综合性教育活动之中的，是与经学、史学、哲学、伦理学以及其他社会科学、自然科学的教育混合在一起的。以著名的《三字经》、《百家姓》、《千字文》等蒙学课本为例，这些课本都是熔识字教育、读写教育、政治教育、道德教育、伦理教育等于一炉的。在这样的历史中，虽然也有学者们对于语文教学经验的总结，如流传至今依然受用的集中识字、熟读精思、多背多默、多写多改等，但系统的、相对独立的语文课程与教学研究并未形成。

一百多年前确立的中国近代学制，使语文跟其他内容的教育一样，成为一门具有独立内容系统的课程，同时也使语文教学成为一种以特有的课程结构为基础的教学活动，并且学校教育制度的分段性还使同一种课程具有适应不同年龄阶段学生学习的特殊结构。我国教育这一巨大的历史演进，不仅使源远流长的语文教育从此走上独立的学科发展道路，而且使中学语文课程与教学的研究在专门化的道路上逐步地形成和发展起来。

上述对语文教育现象与语文课程与教学研究发展变化关系所作的极其简单的历史回顾，已经足以表明中学语文课程与教学论的根基所在。对于这样一个探讨特定领域教育问题

的学科，其教育理论的应用性性质应当是不容置疑的。

中学语文课程与教学论是运用相关学科的基本理论，来解决中学语文课程与教学的矛盾和问题，从而推动整个中学语文教育发展的一门学科。因而，它具有明显的综合性和实践性。

1. 中学语文课程与教学论是一门综合性的学科

中学语文课程与教学论是关于中学语文教育阶段中课程与教学的基本理论，是教育科学的一个分支学科。因此，它必然以教育学尤其是课程论、教学论作为自己的理论基础。它对中学语文课程与教学现象和矛盾的分析、概括，对中学语文课程与教学的目标、内容、原理及方法等的阐释，都必须以相关的教育理论为依据，从而揭示出中学语文教育这种特定的社会行为的内在规律。

中学语文课程与教学论所指向的对象是对人的语文素养培养的活动。人的素养培养是通过人的心理实践去完成的。学生语文素养的形成和发展，从过程来说是心理锻炼，就结果而言则是心理发展。同时，教师对学生语文学习的组织和引导过程也是心智活动的过程。因此，中学语文课程与教学论必须以心理科学的基本理论，以及心理学的一些分支学科，如教育心理学、语言心理学的相关理论为依据，分析和解释学生语文学习过程中的心理特征和发展规律，分析和解释教师在组织引导学生进行语文学习过程中的心理特点和变化规律，探讨和阐明中学语文课程内容与教学活动对学生发展产生影响的机制与规律。

中学语文课程与教学论研究的特定领域是中学语文的教育，语文这一特定对象的教与学有与其他对象的教与学所不同的特殊规律。因此，语文学科的基本理论和言语行为的基本理论，如语言学、文学、文章学、阅读学、写作学、言语交际学等，也都是中学语文课程与教学论的必然依据。以此为据，中学语文课程与教学论才能探索出中学语文的教与学的内在规律，才能阐明学生语文素养形成和发展的必然过程。否则，中学语文课程与教学论所阐述的内容，就将混同于普通学科课程与教学论的内容，甚至混同于普通教育学的内容。这样，这门学科也就失去了它所特有的价值和意义。

除上述以外，中学语文课程与教学论的研究还必须与哲学、美学以及系统科学等发生联系。

这些学科所阐明的观点、原理和方法，也都是中学语文课程与教学论在作出判断和推理时必须作为依据的。

中学语文课程与教学论在综合运用各种学科的理论去解决中学语文教育的矛盾时，并不是机械地照搬和简单地解释，而是将这些理论与中学语文课程与教学的实际结合起来，既遵循一般的原理，更注重中学语文教育的具体情况。正是因为坚持这种科学的态度与方法，中学语文课程与教学论才逐渐地形成并发展了自己独特的学科理论体系。

2. 中学语文课程与教学论是一门实践性的学科

前面大量的阐述都已表明中学语文课程与教学论源自于中学语文课程与教学的实践。源于实践是这门学科实践性的第一个表现。中学语文课程与教学论通过对大量的中学语文教育实践进行分析，总结中学语文课程与教学的成功经验，反思曾经有过的失误与不足，逐步地发展了对中学语文课程与教学乃至整个中学语文教育规律的认识。没有中学语文课程与教学的实践，要形成这样的认识是根本不可能的。

中学语文课程与教学论的实践性，还在于它对中学语文课程与教学实践的反馈。这不仅是它的第二个表现，而且也是更重要的表现。

中学语文课程与教学论的研究目的，就是要揭示出中学语文课程与教学的内在规律，从而提高中学语文教师的专业素养，使他们能自觉地运用中学语文课程与教学的基本理论，去认识、去实践，正确地、科学地、艺术地处理好中学语文课程与教学中的各种问题和矛盾，有效地引导中学生学好语文，提升语文素养，最终实现中学语文教育的目标。倘若中学语文课程与教学论的研究成果只是被束之高阁，那么，它的研究就将毫无意义。

中学语文课程与教学论的研究，相对于教育学这样的基础理论学科来说，非常具体并具有针对性。其学科内容既有理论阐释，又有方法说明，因而，它也就更容易被中学语文教师们所掌握，更容易也更直接有效地为中学语文的课程及其教学服务。例如，中学语文课程与教学论从语文在生活中的作用，以及语文与人类文明进步的关系的角度，揭示出语文课程工具性与人文性相统一的本质特征，从而警醒语文教师在教学中应重视语文课程丰富的人文内涵对学生精神世界的影响，并准确把握语文实践这一课程实施的主要途径。又如，中学语文课程与教学论从相关的联系的角度阐明语文课程特有的德育、智育、美育和情感教育等功能，以及实施语文教育的途径和方法，帮助中学语文教师在教学实践中发挥中学语文课程的教育影响作用，培养学生健康高尚的情感、态度和正确的价值观。此外，中学语文课程与教学论通过对人类阅读过程的心理分析，准确、合理地解构了阅读教学的行为过程，使语文教师能够科学而艺术地制定阅读教学策略，设计阅读教学的步骤和方法，从而有效地组织学生进行阅读学习。由此可见，中学语文课程与教学论是直接作用于中学语文课程与教学实践的一门学科，它对中学语文课程与教学具有积极的指导作用。

当然，中学语文课程与教学论在指导中学语文课程与教学实践的同时也在印证着理论的正确与否。实践是检验真理的唯一标准。中学语文课程与教学论正是在实践的检验中不断地发展和完善的。

这门学科的性质决定了它必须在基于实践和归于实践的循环往复中不断进步。

（二）中学语文课程与教学论的内容

中学语文课程与教学论是研究中学语文课程与教学的学科，其任务也在于揭示中学语文课程与教学的基本规律，因此，中学语文课程与教学论的基本内容是围绕着中学语文课程与中学语文教学这两个中学语文教育整体中最为重要的领域来组织的。而围绕着这两大领域，中学语文课程与教学论又在各种彼此相关的联系中几乎涉及中学语文教育的所有方面。面对如此丰富而庞大的内容系统，中学语文课程与教学论必须寻找一条既具有逻辑链接强力又便于把握的线索。从应用科学的特点出发，本书的内容架构安排为从理论到运作、从总体到局部。

本书第一、二章，对中学语文课程的性质、目标、过程及内容作了深入的分析，旨在帮助中学语文教师明确中学语文教育的课程基础。本书第三、四章，论述中学语文教学与德育、智育、美育和情感教育的本质联系，从而揭示出中学语文教学在促进学生身心发展上的多重功能，并从中学语文教学的基本任务出发，探讨中学语文教师应有的素养，旨在帮助中学语文教师树立完善角色、教书育人的自觉意识。本书第五至十章，分别从语文知识和语文能力教学、阅读教学、作文教学、口语交际训练、课外语文活动、复习与测试等方面，阐述在中学语文教学的特定领域中的特殊原理和方法，以帮助中学语文教师掌握和运用中学语文教学的基础知识。

从师资培养的需要出发，本书还在各章之后附上各种关于中学语文教学基本技能的小知识，包括范读、课文分析、教材处理、教学评议、语文“双基”分析、板书设计、作文批改、讲课、课外辅导、考试命题等，虽不甚系统，但仍期望能推进学习者对中学语文教学基本技能的训练和掌握。

中学语文课程与教学论仍然是一门建设中、发展中的学科，本书所展示的学科内涵与学科架构都是一种粗浅的尝试。随着同行们的不断研究和探索，本学科的内容将越来越完善，体系也会越来越科学、严密。

三、中学语文课程与教学论的价值与研究

（一）中学语文课程与教学论的价值

中学语文课程与教学论是一门独立的学科而不是一门孤立的学科。其独立性是指这门学科随着其研究对象——中学

语文课程与教学的日益丰富而逐步发展成了一个比较成熟的科学体系。中学语文课程与教学论并非孤立的学科，是指这门学科在理论上与教育科学的大系统，在实践上与中学语文教育活动以及中学语文教师的专业培养有着不可分割的联系。这门学科的价值也正体现于此。

1. 中学语文课程与教学论丰富了教育科学

教育科学是研究教育规律的各门教育学科的总称。教育科学孕育于人类对于教育现象的思考，形成于人们对于教育经验的总结和概括，经历了从经验描述向科学论证的转变和从局部判断到系统理论的完善，逐步成熟为一种指导教育实践的精神武器、科学法宝。在社会生产进步、科学文化繁荣以及教育活动日益活跃的基础上，教育科学沿着学科结合与学科分化的路径向前发展，正在不断地走向完备。

中学语文课程与教学论的产生，是教育科学的基础学科——教育学不断分化的结果，也是教育科学与语文科学相结合的产物，以及教育科学与学生发展的阶段性相结合的产物。

由于教育的具体目的和内容不同，教育的阶段不同，一些教育活动与另一些教育活动明显地表现出了不同的特征，如语文教学的渗透性与美术教学的实操性的区别，于是产生了对于各种教育活动的研究及其主张。由此分化出了教育学的各个分支，也由此形成了相对于中小学各科教学而言的学科教学论（前称“分科教学法”，其中“法”既有法则之意也有方法之意）。中学语文课程与教学论正是其中的一个分支。

中学语文课程与教学论作为教育科学的一个分支，是教育科学系统结构中的一个组成分子。因此，它的不断发展和完善也在不断丰富着教育科学这个母系。

2. 中学语文课程与教学论是中学语文课程及其教学实践的理论依据

前面说过，中学语文课程与教学论来源于同时也回归于中学语文课程与教学的实践。这使它对中学语文课程与教学的实践具有重要的指导意义，成为中学语文课程及其教学实践的理论依据。

中学语文课程与教学论不同于中学语文课程与教学的经验总结。经验是人们在亲身经历的过程中留下的体验和认识。它是具体的、感性的，从逻辑上来说是局部的、偶然的。因而所谓经验总结也就只有借鉴作用而无普遍的指导意义。中学语文课程与教学的经验，哪怕它在形成的过程中产生过多么明显的效果，也不能表明它可以作为同类行为的依据，或者说它可以移植并必然产生积极效应。近二十年间我国中学语文教育战线上涌现出许多优秀的教师，积累了许多成功的经验，但在对其推广的过程中常常收效甚微，以至于最后效仿者寥寥。其原因就在于，经验的描述是无法产生科学理论所能产生的特殊功能的。

中学语文课程与教学论是在总结中学语文课程与教学经验的基础上，运用科学的认识论，运用相关学科的原理和方法，经过分析、综合、比较、抽象等严密的思维过程提炼出来的，准确地反映了中学语文课程与教学的本质特征和运动规律的定义、原理和方式。因而，它可以被用来印证和解释中学语文课程与教学的现象，以及被用于策划和控制中学语文课程与教学的实践。而这些都是中学语文课程与教学的经验及其总结所不能取代的。

3. 中学语文课程与教学论是中学语文教师教育的必修课程

中学语文课程与教学论是关于中学语文课程与教学的理论体系，因而它是从事中学语文教育工作的人士必须学习的内容。在我国教师教育的课程中一直为未来的和在职的语文教师设置了这样的一门课，尽管这门课的名称有过多次变化。

在我国，师范教育始于1897年2月盛宣怀在上海创办的南洋公学特设——“师范院”。当时其提出“以明体达用、勤学善诲为旨归”，其中“善诲”指的就是懂得教育引导之道。1904年清政府颁行《奏定学堂章程》，在初级师范学堂的教育类课程中就有“教授法”一课，每周8课时，是同类课程中时数最多的。而根据1902年《钦定学堂章程》在高等教育段的京师大学堂设立的“师范馆”（1904年改为“优级师范科”，1908年改为“优级师范学堂”），强调其课程不仅讲授教学内容，而且授以教学方法。此后的一百多年里，在师范教育开设的教学法、教材及教学法、专门学科教学法、教授法、教学及实习（包括教材教法及实习）、分科教材教法研究、课程与教材的研究、学科教学论、学科教育学等课程中，都包括了专门为培养和提高语文师资而设置的语文课程与教学类课程。[①] 由此可见，中学语文课程与教学论是培养和提高中学语文教师特殊职业修养的一门必要而重要的课程。教师教育是教育事业的工作母机，中学语文课程与教学论正是在造就中学语文教育人才以及由此推进国家语文教育事业的发展中体现出它巨大的价值的。

（二）中学语文课程与教学论的研究

作为教育科学的一个分支，中学语文课程与教学论的研究方法主要就是教育科学研究法，包括观察法、调查法、个案法、经验法、试验法等。这些方法在教育学著作中都有介绍，本书不再赘述。

值得重视的是，中学语文课程与教学论是一门实践性、综合性的学科，因此在它的研究中必须遵循一些原则，主要是：

1. 实事求是的原则

这一原则要求本学科的研究必须尊重中学语文课程与教学的客观事实，在研究材料的采集中必须以真实为首要准绳，不容虚构；在分析问题时必须坚持以事实为据，不得臆断。事实是产生道理的唯一基础，脱离中学语文课程与教学的实际，是不能产生对中学语文课程与教学的正确认识的。

---

① 刘问岫编：《中国师范教育简史》，人民教育出版社1984年版。

2. 尊重联系的原则

中学语文课程与教学论是一个交叉学科，具有很强的综合性。因此，在本学科的研究中，需要运用跨域思维、联结思维、综合思维、比较思维等方法，从与教育科学、心理科学、语文科学等的联系出发，探讨其中的相关性、必然性，这样才能准确揭示出其中的客观规律。任何失之偏颇的态度和做法都会导致其结论的片面性和不真实、不可靠性。

3. 注意发展的原则

中学语文课程与教学论的研究是以人为本的，也就是说，它所研究的对象是为学生语文素养的发展而存在的，而它所要揭示的规律，也就存在于这些教育因素与学生发展的互动中。学生语文学习的过程就是学生语文素养形成和发展的过程，中学语文课程与教学论正是从这一动态的过程中去观察、发现、思考、抽象而最终获得结论的。

作为一门师资培养的专业课程，中学语文课程与教学论的学习必须坚持理论联系实际的原则，注意做到两点：一是把理论放到实践中去印证、去理解；二是用理论去指导实践，在实践中去学习、去掌握。

第一章

中学语文课程的性质与目标

中学语文课程是中学教育阶段对学生继续实施母语教育的课程。语言形式与内涵的关系决定了语文课程工具性与人文性相统一的基本特点。准确把握中学语文课程的本质特征是学习以及承担这门课程教学的基础，并且是十分重要的基础。中学语文课程的目标是这门课程设置与实施的依据，它不仅表现为中学生语文学习的达成度，是中学生语文水平的概括表述，而且本质上它是语文素养形成和发展的客观标准，是国家对公民语文素养的基本要求，体现了国家的语言文化意志。

第一节　中学语文课程的性质

在我国，语文教育指的是汉语文教育。我国是一个多民族、多语言的国家，但汉语是中华民族的共同语。所以，语文教育实际上是关于祖国语言的教育活动，通常称作“母语教育”。

母语教育活动的出现几乎和母语的产生同步，因为母语是本民族交流的基本工具，只有人人都掌握了这种工具，人们的交流才能实现。母语的传授和学习就是伴随着人们以劳动为中心的生活而产生的。

但是，作为专门的学校教育的语文活动，是在学校出现后才产生的。在我国，古代学校教育中并没有以独立的语文课程为基础的语文教育活动。这种情况在本书的绪论部分已经阐述。

一、中学语文课程的设立

我国中学语文课程的设立始于1903年（光绪二十九年）。张百熙、荣庆、张之洞制定《学务纲要》（即《奏定学堂章程》），获清政府批准颁行，其中强调"学堂不得废弃中国文辞，以便读古来经籍"时，对"中国文学一科"多有阐述。[①] 张隆华先生主编的《中国语文教育史纲》和阎立钦先生主编的《语文教育学引论》都认为，"中国文学"便是早期设立的语文课，是以后语文学科的先声。张隆华先生之书更引《学务纲要》中有关条规，认定"中国文学""类似后来的'国文'课，它包括文体教学，特别是常用的书信、记事、议论之类文体，还包括国语（国音、官话）教学。这就是后来国语、国文教学的渊源。"[②] 张隆华先生所言国语、国文，就是我国结束封建帝制后直至1949年中华人民共和国成立之前中小学语文课程的名称。其中，"国文"是辛亥革命后蔡元培先生任中华民国临时政府教育总长时下令改用的，主要原因是这门课程所学的不只囿于文学，也有大量非文学的内容。而"国语"则是在"五四"运动后"言文一致、国语统一"的时代潮流中诞生的。"国语"为小学、初中语文课程，"国文"为高中语文课程。[③] 张隆华先生之书解释："所谓'国语'，就是指当时流行的共同语"[④]，"所谓'国文'，就是本国的语言文字"[⑤]。

我国基础教育中的母语课程使用"语文"这一名称，准确的解释应是我国著名语文教育家叶圣陶先生的说法。引述如下：

> "语文"一名，始用于一九四九年华北人民政府教科书编审委员会选用中小学课本之时。……彼时同人之意，以为口头为"语"，书面为"文"，文本于语，不可偏指，故合言之。亦见此

---

① 舒新城编：《中国近代教育史资料》（上册），人民教育出版社1961年版，第204页。

② 张隆华主编：《中国语文教育史纲》，湖南师范大学出版社1991年版，第147页。

③ 王世堪主编：《中学语文教学法》，高等教育出版社1995年版，第10页。

④⑤ 张隆华主编：《中国语文教育史纲》，湖南师范大学出版社1991年版，第164页、193页。

> 学科"听""说""读""写"宜并重，诵习课本，练习作文，故为读写之事，而苟忽于听说，不注意训练，则读写之成效亦将减损。①

什么是语文？平常说的话叫口头语言，写到纸面上的文字叫书面语言。语就是口头语言，文就是书面语言。把口头语言和书面语言连在一起说，就叫语文。②

我国另一位著名的语文教育家张志公先生也对"语文"一课的名称作过类似的解释，并且比较详细地描述了当时的想法。再引述如下：

> 关于原来的"国语"和"国文"，经过研究，认为小学和中学都应以学习白话文为主，中学逐渐加学一点文言文；至于作文则一律写白话文。总之，在普通教育阶段，这门功课应当教学生在口头上和书面上掌握贴近生活实际，切合日常应用的语言能力。根据这样的看法，按照叶圣陶先生的建议，不再用"国语""国文"两个名称，小学和中学一律称为"语文"。这就是这门功课叫做"语文"的来由。这个"语文"就是语言的意思，包括口头语言和书面语言，在口头谓之"语"，在书面谓之"文"，合起来称为"语文"。②

两位学者所述，不仅印证了语文课程发展中的这一段重要历史，而且也为后人准确把握语文课程的性质提供了依据。

二、中学语文课程的性质

从"语文"一词的本义已经得知，语文课就是语言课，是中华民族共同语（也即母语）的教养课。中学语文课程是在中学教育阶段对学生继续实施母语教育的课程。

然而人们对"语文"一词的含义也曾有过多种多样的解释，例如，有

---

①② 叶圣陶：《叶圣陶语文教育论集》，教育科学出版社 1980 年版，第 730 页、138 页。

② 《张志公文集》（第 3 卷），广东教育出版社 1991 年版，第 61 页。

的人以为语文就是语言文字，有的人以为语文就是语言文学，有的人以为语文就是语言文章，有的人以为语文还可以是语言文化，等等。其实，探讨中学语文课程的性质，还是应当回到它是母语教育这一基本立场上来。《全日制义务教育语文课程标准（实验稿）》和《普通高中语文课程标准（实验）》都对中小学语文课程的性质作了如下表述：

语文是最重要的交际工具，是人类文化的重要组成部分。工具性与人文性的统一，是语文课程的基本特点。

这一表述是当前认识语文课程性质的重要导向。它是从语文与人类的本质联系以及这些联系的辩证关系出发去定义的。

（一）语文是最重要的交际工具

语文是人类特有的一种社会现象。1876 年，恩格斯在他那篇未完成的论文《劳动在从猿到人转变过程中的作用》中写道："劳动的发展必然促使社会成员更紧密地互相结合起来，因为它使互相帮助和共同协作的场合增多了，并且使每个人都清楚地意识到这种共同协作的好处。一句话，这些正在形成中的人，已经到了彼此间有些什么非说不可的地步了。……语言是从劳动中并和劳动一起产生出来的，这是唯一正确的解释。"① 从语言的产生我们可以知道，语言是人类在必须交流以实现合作的情形下产生的，因而交际就是语言的特定功能。它是人类表达思想的工具，也是人类收取信息的工具。人类凭借语言实现了交流，形成了战胜大自然的合力，从而增强了人类的生存能力。人类还依靠语言，开阔了视野，拓展了生活的空间，从而形成人与人之间的广泛联系，而这种联系正是人类社会得以形成并日益巩固的基础。随着人类文明的不断进步，人类创造了越来越多的交际工具。

但是，语言这种伴随着人类思想产生、发展的特殊工具，永远都会以它内涵的丰富性、使用的便捷性和交际的有效性而成为最重要的交际工具。

语言的工具性决定了中学语文课程的工具性特点。从教育目标来说，中学语文课程的重要目标之一就是通过这门课程的实施，使学生掌握本民族交流思想的工具，而这是学生作为民族成员所必需的。从学习的内容来

---

① 《马克思恩格斯选集》（第 3 卷），人民出版社 1974 年版，第 511 页。

说，中学语文课程要求学生学习的，不仅是本民族赖以交流的最基本的工具符号，而且是本民族运用这种工具进行交际的生动直观的智能表现。从学习的过程和方法来看，学生是在反反复复的使用语言工具的实践中认识这种工具的原理和方法，并掌握它的。《全日制义务教育语文课程标准（实验稿）》指出："语文是实践性很强的课程，应着重培养学生的语文实践能力，而培养这种能力的主要途径也应是语文实践。"由此可见，中学语文课程的工具性是渗透于它的内涵并体现于它的实施过程的。

（二）语文是人类文化的重要组成部分

如前所述，"语言是从劳动中并和劳动一起产生出来的"，它是人类在自身的文明进化过程中创造出来的。因此，语文是人类绚烂多彩的文化成果的一个重要组成部分。恩格斯所描述的"正在形成中的人……彼此间有些什么非说不可"的情形，非常清晰地表现出人类语言的产生与人类大脑思维的启蒙发展及生活经验的积累密切相关。语言正是人类在不断脱离原始愚昧逐渐走向进步文明的进程中产生的。语言又是人类文化中极其独特的一个元素，因为它不仅是人类文化的基本内涵之一，而且又是承载人类文化的一种工具。语言作为一种符号系统，是一种可以感知的直观形式。而语言的形式又不是独立存在的，它是人类思想内涵的物质外壳，是反映人类思维成果的中介物。所以，当语言作用于人的感官时，人的反映并不是停留在它的符号形式上，而是由此及彼地反映它所表示的精神内涵。

语言在文化领域内的这种特殊性质，说明语文课程具有强烈的人文性，说明语文课程对学生精神世界的影响是极其深远的。透过语文学习，学生将认识到中华民族文化的深厚博大和世界各地文化的丰富多元，吸收民族文化的智能和人类文化的营养，不断提高自己的文化品位和审美情趣。学生还将在爱国主义情感、社会主义道德品质等方面获得陶冶和培养，逐步形成积极的人生态度和正确的价值观。为此，中学语文教学必须十分重视学生在语文学习过程中的精神感悟和独特体验，重视发挥中学语文课程的熏陶感染作用。

（三）工具性与人文性的统一是语文课程的基本特点

语文课程因语言的特质而具有工具性与人文性，两者并不是独立存在的，而是相互统一的。

从语言的客观性上说，语言的形式与内涵是同一个整体中的两个元素。没有语言的形式，即没有语言作为表达符号，人类的思想便无从呈现，只能保持内省状态，局限于个体之中。这样，人类便无法进行人际交往，社会化便难以实现。而没有人的思想活动，没有人对于客观世界的认识，没有人类相互间沟通的倾向性，也就根本不需要创造出那种用于表情达意的语言符号。所以，无论是从语言产生的必然性还是从语言使用的表现性去看，语言的形式与内涵都不可能独立存在，尽管两者具有不可替代的相对独立性。

从语言教育的主观立场来说，遵循语言形式与内涵相互统一的客观事实，语言教育不仅应当按照语言的内在原理去实施，而且应当利用语言的这一客观规律，主动追求语言教育从工具掌握到人文陶冶的整体目标，全面提高学生的语文素养。《全日制义务教育语文课程标准（实验稿）》指出：“语文课程应培育学生热爱祖国语文的思想感情，指导学生正确地理解和运用祖国语文，丰富语言的积累，培养语感，发展思维，使他们具有适应实际需要的识字写字能力、阅读能力、写作能力、口语交际能力。语文课程还应重视提高学生的品德修养和审美情趣，使他们逐步形成良好的个性和健全的人格，促进德、智、体、美的和谐发展。”《普通高中语文课程标准（实验）》也指出：“高中语文课程应进一步提高学生的语文素养，使学生具有较强的语文应用能力和一定的审美能力、探究能力，形成良好的思想道德素质和科学文化素质，为终身学习和个性的发展奠定基础。”由此可见，完整的语文教育必须是将工具性与人文性两者统一起来的教育活动，而工具性与人文性的统一正是语文课程的基本特点。这一特点不仅渗透于语文课程的内容体系中，而且贯穿于语文课程实施的始终，它是语文课程有别于其他课程的根本所在。

三、中学语文课程的地位

从逻辑上说，事物的性质决定了事物的客观功能及其可供人类发挥的实际作用。中学语文课程工具性与人文性相统一的基本特点，决定了它具有言语教养的功能和精神陶冶的功能。而这些功能及实施语文教育所切实发挥出来的作用，将有助于学生学好其他课程，有助于学生的全面发展和终身发展。正是“语文课程的多重功能和奠基作用，决定了它在九年义务教育阶段的重要地位”以及普通高中教育中的重要地位。

中学语文课程的客观功能使它在整个中学教育的课程体系中不可替代地担负着发展和提高学生语文素养的特殊使命。语文素养是指人经过长期的语文学习及实践从而在语文修养方面达到的一定水平。它既包含表现为行为的语言运用能力，也包含与语文的内涵相关的心理特质。从语言与人类生活的密切关系去推理，语文素养对于人的生活及其发展来说毫无疑问是十分重要的。

（一）语文素养是学生学好其他课程的基础

有教育学家指出："人类在漫长的历史过程中积累了大量的经验和系统的知识。作为新生一代的学生，要认识和改造世界，就必须掌握人类已经积累的经验和系统的知识，即间接经验。因此，学生学习的主要任务是在教师指导下学习和继承人类已有的认识成果，把他人的认识转化为自己的认识，把人类的认识转化为个体认识。"①

这里有一个重要的事实，即人类已经积累的经验和系统的知识，主要就是通过语言这个中介去加以物化并表现的。这就表明，学生要想掌握人类已经积累的经验和系统的知识，首先就得掌握好语言这种工具。否则，他就读不懂作为人类经验和知识的物化形式的教材。在学生学习的各门课程的教材中，除了一些学科必需的图形、线条、字母、数字等之外，绝大部分的表意符号都是最基本的文字。甚至上述非文字的表达符号也常常需要文字去加以解释。

即使到了多媒体时代，语言文字也仍然是教材的最基本符号。因此，学生学习其他课程的教材，必须先具备良好的语文素养。

还有一个事实就是，教学是一种教师与学生之间的交流活动，其基本媒介也是语言，主要是口头语言。为了实现教学目标而围绕着教材来展开的教学活动，除了作为辅助手段的板书和多媒体演示等外，最基本的还是通过师生双方的有声语言即听说交流去实现的。倘若学生对口头语言的感悟和表达水平有限，那也一定会影响到学生的学习长进。

毫无疑问，中学语文课程对于学生学好其他课程具有重要意义。

---

① 叶上雄主编：《中学教育学》，高等教育出版社 1993 年版，第 98 页。

（二）语文素养是学生全面发展和终身发展的基础

巢宗祺先生解释道："《语文标准》所提的'语文素养'包括：字、词、句、篇的积累，语感，思维品质，语文学习方法和习惯，识字写字、阅读、写作和口语交际的能力，文化品位，审美情趣，知识视野，情感态度，思想观念等内容。"① 由此看来，以培养和提高学生的语文素养为己任的中学语文课程必然与学生的全面发展关系甚密。

中学语文课程之所以与学生的全面发展密切相关，其根本在于语文课程是一门工具性与人文性相统一的课程。因为学生在这门课程的学习和实践中，一方面能够掌握适用于生活领域的语言工具，另一方面也能得到丰富而深刻的人文陶冶，有助于他们健康良好的情感态度和价值观的形成与发展。无论是从语言掌握的角度来看，还是从人文精神的培育来看，学生在学校语文教育中奠定的基础都将对他们的终身发展产生巨大的积极的影响。毕竟，学生在校学习的时间是有限的，而学校教育所产生的积极影响又是其他影响所不能企及的。这些重要的前提都表明中学语文课程对学生健康成长具有基础作用。

第二节　中学语文课程的目标

一、中学语文课程目标的概念

关于目标，一般辞书都解释为：达到的境地或标准。按这个意思，再结合教育的原理，中学语文课程目标就可以简单地解释为：通过完成中学语文课程规定的学习任务和教育任务，学生语文素养的发展水平。它是中等教育阶段对人才语文素质培养的具体标准和质量要求。

理解这个概念至少要明确以下两点：

第一，中学语文课程目标描述的是学生完成中学语文课程学习任务，接受相关教育后具有的素养及其表征。在中学语文课程的学习活动开展之

---

① 教育部基础教育司组织语文课程标准研制组编写：《全日制义务教育语文课程标准（实验稿）解读》，湖北教育出版社 2002 年版，第 35 页。

前，中学语文课程的目标只可能是作为一种观念存在于教育者与受教育者的头脑中，而不是一种事实。这种对未来理想的描述相对于尚未开展课程教育活动之前受教育者的发展现状来说是非常美好的，因而它是教育者与受教育者共同追求的境界。中学语文课程的一切活动都将朝着这个境界去努力。

第二，完成中学语文课程规定的学习任务和教育任务是实现学生语文素养发展的前提条件。也就是说，中学语文课程目标是随着中学语文课程规定的学习任务和教育任务的完成而逐步实现的。没有这一过程也就没有中学语文课程目标这样一种理想境界的实现。

所以，中学语文课程的目标是静态与动态的统一体。它不仅向我们展示了中学语文课程可能带来的美好前景，而且告诫我们达到这一美好前景必须经过一个努力的过程。

二、中学语文课程目标确立的依据

中学语文课程目标的确定是一件极其严谨的事，因为中学语文课程目标的确定不是哪一个人的主观臆断，而是有着充分依据的。

（一）国家的教育方针

“教育方针是国家根据政治、经济的要求，为实现教育目的所规定的教育工作总方向。教育方针是执政党和政府对教育工作、教育事业的发展提出的具有全局性的根本指导思想和行动纲领，是国家在一定历史时期提出的教育工作发展的总方向和总目标。”① 中学语文课程是中学教育内容体系乃至整个国家学校教育大系统中的一个部分，因此中学语文课程必然受到国家教育方针的制约，以保证中学语文课程的设置及其实施能真正发挥应有的作用，即保证国家教育方针的贯彻落实和教育目的的最终实现。

《基础教育课程纲要（试行）》指出：“新课程的培养目标应体现时代要求。要使学生具有爱国主义、集体主义精神，热爱社会主义，继承和发扬中华民族的优秀传统和革命传统；具有社会主义民主法制意识，遵守国家法律和社会公德；逐步形成正确的世界观、人生观、价值观；具有社会

---

① 叶上雄主编：《中学教育学》，高等教育出版社 1993 年版，第 55 页。

责任感，努力为人民服务；具有初步的创新精神、实践能力、科学和人文素养以及环境意识；具有适应终身学习的基础知识、基本技能和方法；具有健壮的体魄和良好的心理素质，养成健康的审美情趣和生活方式，成为有理想、有道德、有文化、有纪律的一代新人。”① 这是当前对我国基础教育方针的具体阐释。

中学语文课程在确立自己的目标时，必须依据国家的教育方针，准确把握住中学语文课程发展的方向，发挥课程实施对中学生身心发展的导向性作用。

（二）中学阶段的教育目的

中学语文课程是中学教育结构中的一部分，因而它直接担负着实现中学阶段教育目的的重要使命。

中学教育是基础教育的一个组成部分，我国中学教育的根本目的是要培养社会主义的合格公民。中学教育中，初中属于国家义务教育的范畴。我国实行义务教育的根本目的，就是要使儿童、少年在品德、智力、体质等方面全面发展，为提高民族素质，培养有理想、有道德、有文化、有纪律的社会主义建设人才奠定基础。高中教育虽然尚未纳入义务教育的范围，但高中教育的基础性也是不言而喻的。《普通高中课程方案（实验）》指出：“普通高中教育是在九年义务教育基础上进一步提高国民素质、面向大众的基础教育。普通高中教育为学生的终身发展奠定基础。”② 高中学生的发展方向依然具有不确定性，即他们既可以继续升学，到高等学校就读，也可以结束学业，参加社会就业。而在作出这一人生重大选择前的学习阶段，高中阶段教育就不仅在科学文化知识的教育和基本技能的培养上具有重要意义，更重要的是对学生的情感、态度和价值观方面具有关键的影响作用。

中学语文课程的目标必须能反映中学阶段教育目的的基本精神，以使中学语文课程的实施能为实现中学阶段教育目的发挥应有的作用。

---

① 朱慕菊主编：《走进新课程——与课程实施者对话》，北京师范大学出版社 2002 年版，第 253 页。

② 中华人民共和国教育部制订：《普通高中课程方案（实验）》，人民教育出版社 2003 年版，第 1 页。

（三）中学生的年龄特点

教育的基本规律告诉我们，教育在促进人的发展的过程中，必须适应人的身心发展特点，按照人的身心发展规律去进行，否则将阻碍受教育者的正常发展。

心理学的研究表明，处于中学阶段的青少年是身心发展最为活跃同时最为表露的一个年龄群。这个半幼稚半成熟的群体内心充满着各种各样的矛盾：渴望独立与依赖师长之间、热爱创造与学识有限之间、生理成熟与修养不足之间、个人理想与社会现实之间，等等，弥漫着各种各样的不解与迷茫，使得他们既为完成功课而苦恼，也为思考人生而困惑，常常“在十字路口徘徊”。

中学语文课程在确定目标时必须顺应中学生的这些年龄特点，既考虑学生知识能力方面的长进，也考虑学生人生修养方面的发展。

（四）语文素养的基本内涵

中学语文课程的内涵是中学语文课程目标实现的重要依据之一，即中学语文课程的目标实现有赖于中学语文课程的内涵，这正如养分与植物成长的关系一般。因此，中学语文课程的目标确定必须基于对中学语文课程内涵，并主要是对语文学科逻辑与语文社会实践的准确分析与把握。

参与国家语文教育决策的学术界人士从语文学科教育与语文社会实践的关系中推理出“语文素养”这一概念。方智范先生指出：“我们对义务教育阶段要达到的语文素养的认识是：语文课程应培育学生热爱祖国语文的思想感情，指导学生正确地理解和运用祖国语文，丰富语言的积累，培养语感，发展思维，使他们具有适应实际需要的识字写字能力、阅读能力、写作能力、口语交际能力。语文课程还应重视提高学生的品德修养和审美情趣，使他们逐步形成良好的个性和健全的人格，促进德、智、体、美的和谐发展。”① 中学语文课程的目标就是基于对语文素养的认识来确定的。

---

① 教育部基础教育司组织语文课程标准研制组编写：《全日制义务教育语文课程标准（实验稿）解读》，湖北教育出版社 2002 年版，第 44 页。

三、中学语文课程目标的意义

中学语文课程目标虽然只是一种理想化的描述，但它却对中学语文课程的方方面面具有十分重要的意义。因为心理学的研究已经证明，理想这种高级的人类情感不仅具有唤起动机的意义，而且具有激发和控制行为的意义。中学语文课程目标主要具有以下意义：

（一）中学语文课程目标是编制中学语文课程的依据

课程即课业及其进程，指学习的内容范围及内容展开的程序。中学语文课程是中学生学习语文的课业及其进程。

教育学的基本原理告诉我们，教学内容是实现教学目的的桥梁。也就是说，教学内容的选择必须指向教学的目的，否则，失去了教学目的赖以实现的基础，教学目的的实现就将成为一句空话。作为教学内容的课程，选择什么内容，如何安排这些内容，以及用什么方式去呈现这些内容，等等，都必须以课程追求的目标为思考的核心，以推进课程目标的达成为基本准则。

我国现行的中学语文课程，就是根据形成和发展中学生的语文素养这一基本目标去编制的。

（二）中学语文课程目标是中学语文课程实施的依据

中学语文课程的实际价值是通过课程的实施去实现的。所谓课程的实施，其实就是教学，就是将编定的课程用于教学实践。具体来说就是由教师以教材为中介，按一定的程序组织学生学习课程规定的内容，完成课程规定的作业，从而使学生接受课程施与的系统影响，获得素养的发展。教材是课程的物化形式，是课程内涵的载体，包括教科书和其他介质的教材。

中学语文课程是在中学语文课程目标的指引下编制的，因此，对中学语文课程的实施当然也就需要以中学语文课程的目标为依据。在中学语文课程的实施过程中，课程目标发挥着导向与规范的作用。所谓导向，是指中学语文课程目标是中学语文教学活动的出发点和归宿。中学语文课程目标始终指引着中学语文教学活动朝着课程规定的方向推进。教师在处理确定教材重点、难点，制定教学策略，组织学生学习等问题时，都要以课程目标为指南，从而使教学活动也就是课程的实施能迎合实现课程目标的需要。所谓规范，是指中学语文教学活动必须以中学语文课程目标为依据，中学语文课程目标对中学语文教学活动具有约束力、强制性。中学语文教学活动的内容及其学习方式都必须符合中学语文课程目标的精神，必须适应中学语文课程目标的需要。凡是与中学语文课程目标无关的内容、与中学语文课程目标的实现无关或者对其不利的活动，都是不可取的。因此，教师应经常用课程目标对照自己的教学思想和行为，使自己的教学工作符合课程目标的要求。

（三）中学语文课程目标是中学语文课程评价的依据

课程评价是对课程的检测与判断，通常包括：对课程编制的评价，这主要表现为对课程的科学性与使用价值的判断；对课程实施的评价，这主要表现为对教师教学工作的合理性与工作效率的判断；对课程效果的评价，这主要表现为对学生学习课程的适应性与学习成绩的判断。

课程评价是教育评价的一个重要组成部分，因为它是直接与教育内容这一教育的重要基础相关的活动，对教育的质量控制有着特殊意义。课程评价也是课程教学活动的一个重要环节，因为它直接与课程实施的效果相关，对于准确掌握课程及其实施的质量有着特殊意义。

中学语文课程目标是中学语文课程评价的唯一标准，因为与中学语文课程相关的一切活动，其目的都是为了实现中学语文课程的目标。而围绕中学语文课程目标所进行的一切活动，其成效如何，都是以它对中学语文课程目标的达成度作为其价值判断的。

以上三方面的意义，表明中学语文课程目标是贯穿中学语文课程及其教学始终的灵魂。中学语文教学的一切工作都必须围绕着这一核心去进行。

四、中学语文课程的目标体系

依据《全日制义务教育语文课程标准（实验稿）》和《普通高中语文课程标准（实验）》这两个指引当前我国基础教育语文课程教育的重要文件，中学语文课程的最终目的确定为发展和提高学生的语文素养，而中学语文课程的目标体系就是围绕着这一目的去建构的。

（一）中学语文课程目标的结构

国家教育部颁发的《基础教育课程改革纲要（试行）》在阐述“课程标准”时指出：“国家课程标准……应体现国家对不同阶段的学生在知识与技能、过程与方法、情感态度与价值观等方面的基本要求，规定各门课程的性质、目标、内容框架，提出教学和评价建议。”① 其中国家对学生的基本要求，实际上就是制定课程目标的依据，并且这一基本要求也直接表现了课程目标的基本结构。各门课程皆如此，中学语文课程当然也不能例外，《九年义务教育语文课程标准（实验稿）》就阐明：“课程目标根据知识和技能、过程和方法、情感态度和价值观三个维度设计。三个方面相互渗透，融为一体，注重语文素养的整体提高。”而《普通高中语文课程标准（实验）》也指出：“高中语文课程坚持《全日制义务教育语文课程标准（实验）》提出的基本理念，根据新时期高中语文教育的任务和学生的需求，从‘知识和技能’、‘过程和方法’、‘情感态度和价值观’三个方面出发设计课程目标，努力改革课程的内容、结构和实施机制。”因此，我们可以从以下三方面去解析中学语文课程目标的基本结构：

1. 知识和技能目标

知识和技能目标是整个目标结构的基础元素。因为只有掌握最基本的知识和技能，学生的综合素养才能得到整体的发展。我国基础教育长期以来都把使学生掌握科学文化基础知识和基本技能作为首要的教学任务（简称“双基教学”），其原因也在于此。

中学语文课程要求学生掌握的知识和技能是一个很丰富的系统。知识方面，一般包括语文学科知识和其他科学文化知识；技能方面，一般包括听、说、读、写和其他智力技能。课程目标需要对这些知识和技能以及学生要达到的程度作出具体的阐述。

2. 过程和方法目标

过程和方法目标是课程目标中最具动态性的元素。学习必须掌握方法，这已是中外教育者们的共识。“授人以鱼，不如教人以渔”也已成为我国中小学老师们常常挂在嘴边的话。之所以把掌握方法作为目标，这是因为人们已经认识到与掌握知识相比，掌握方法具有更为积极而广阔的

---

① 朱慕菊主编：《走进新课程——与课程实施者对话》，北京师范大学出版社2002年版，第225页。

意义。

至于把掌握过程作为课程学习的目标，这在我国的教育活动中确实是一个新的提法，是我国正在进行的基础教育课程改革提出来的一个新命题。“过程”，一般辞书解释为“事情进行或事物发展所经过的程序”①。学习过程是包含了学习时间的推移，学习方法的演进，学习活动的展现，学习内容的占有等的动态系统。掌握过程，实际上是要掌握这一动态过程中的基本规律，以及丰富各种具体的学习过程的体验。其实质就是要使学习者形成和发展学习策略意识和提高运用学习策略驾驭学习过程的能力。

中学语文课程要求学生掌握的过程与方法，不仅是听、说、读、写这些言语活动各自的过程与方法，而且还要特别掌握好综合性学习活动的过程与方法。强调掌握过程与方法，有助于改变过去中学语文教学中过分重视知识传授从而导致学生被动接受的倾向。

3. 情感态度和价值观目标

情感态度和价值观，在这里是对人品人格的一个概括性定义。在基础教育中提出培养学生健康正确的情感态度与价值观，不仅是对我国长期以来育人内容及其经验的高度概括，也反映出当前我国社会对人才品质的客观要求。

教育从来就不仅仅只是传授知识的活动。教育作为一种社会性活动，总是在传授生产与生活经验的同时渗透着生产与生活的规矩与范式的教育，从而保证社会的联系与秩序。在教育目标结构中，情感态度与价值观是具有绝对人格导向性的元素，因而是目标元素中最为重要的元素。

中学语文课程是一门具有人文性的课程，其丰富的人文内涵必然对学生的精神世界产生深刻而广泛的影响。因此，在中学语文课程的目标结构中，情感态度与价值观这些元素就具有更为特别的意义，甚至是这门课程与其他课程在目标的内涵与结构上具有重大区别的一个重要原因。

另外，《九年义务教育语文课程标准（实验稿）》还阐明：义务教育语文课程的阶段目标是从“识字与写字”、“阅读”、“写作”（1～2 年级为“写话”，3～6 年级为“习作”）、“口语交际”四个方面来提出要求的，同时还提出了“综合性学习”的要求。而《普通高中语文课程标准（实验）》也在必修课程与选修课程中分别提出了多个方面的目标。在认识中学语文

① 《现代汉语词典》（修订本），商务印书馆 1996 年版，第 485 页。

课程目标的结构时应给予充分注意。

（二）初中语文课程目标的内涵

初中属于义务教育阶段。《全日制义务教育语文课程标准（实验稿）》指出："课程目标九年一贯整体设计。课程标准在'总目标'之下，按1～2年级、3～4年级、5～6年级、7～9年级这四个学段，分别提出'阶段目标'，体现语文课程的整体性和阶段性。"可见，初中语文课程的目标与小学语文课程的目标具有密切的相关性。研究和把握初中语文课程的目标，就必须对小学语文课程的目标给予足够的关注。但初中教育是义务教育的终端，所以义务教育语文课程的总目标反映了初中语文课程所要达到的最终目标。而义务教育第四学段的"阶段目标"则直接表述了初中语文课程的具体目标。我们可以据此理解和把握初中语文课程目标的内涵。初中语文课程目标的内涵，主要如下：

1. 精神陶冶

情感方面，中学语文课程要培养学生的爱国主义情感、热爱祖国语言文字的情感和高尚的审美情趣。态度方面，中学语文课程要培养学生积极的人生态度，实事求是、崇尚真知的科学态度，以及文明地进行人际沟通和社会交往合作的精神。价值观方面，中学语文课程要培养学生具有社会主义的道德品质和形成正确的价值观念。

2. 文化教育

在文化态度上，中学语文课程要使学生关心当代文化生活，学会尊重多样文化；在文化吸收上，中学语文课程要使学生通过学习不仅认识中华文化的深厚博大，从民族文化中吸取本民族的智慧，还要善于从各种文化中吸取人类优秀文化的营养；在文化精神上，中学语文课程要重视提高学生的文化品位，而不是仅仅把文化教育的目标定位在一般的积累上。

3. 习惯养成

学习习惯是学习活动的动力因素，它对学习活动的发生和发展具有直接的维持功能。叶圣陶先生在谈到阅读教学的目的时就指出："我以为首在养成读书之良好习惯"。[①] 可见他对养成学习习惯的重视。中学语文课

① 叶圣陶：《叶圣陶语文教育论集》，教育科学出版社1980年版，第726页。

程要使学生树立语文学习的自信心和养成良好的学习习惯，以及在生活实践中学习和运用语文的习惯。此外，还要养成使用语文工具书的习惯。

4. 智力发展

智力发展可以说是学生素质发展中最重要的元素，因为智力是人最基本的能力。中学语文课程追求在发展学生语言能力、培养学生语感的同时，发展学生的思维能力，以及激发学生的想象力和创造潜能。同时，中学语文课程要使学生初步掌握科学的思想方法，能主动进行探究性学习。

5. 知识积累

语文学习是个知识积累的过程，这是由语文的丰富性决定的。中学语文课程不仅要求学生在文化学习中吸取人类优秀文化的营养，特别强调在阅读教学中使学生获得比较丰富的知识积累，并且要求学生初步具备搜集和处理信息的能力，以不断丰富学生的知识储备。

6. 能力培养

能力培养一直是我国现代语文课程教学追求的重要目标，而且在相当长的时期内，能力培养被当作语文教学的终极目标。现阶段中学语文课程的能力目标依然是一个非常突出的方面。初中语文课程要使学生掌握最基本的语文学习方法，具有适应实际生活需要的识字写字能力、阅读能力、写作能力、口语交际能力，而且能主动进行探究性学习。

初中语文课程的目标是一个以“语文素养”为核心的标准体系，是国家对公民语文素养的最基本要求，是中学语文教学通过努力必定能达到的理想高度。

（三）高中语文课程目标的内涵

在我国，高中被称作“义务后教育”阶段，但普通高中依然是与九年义务教育相衔接的、面向大众的基础教育。因此高中语文课程“应进一步提高学生的语文素养，使学生具有较强的语文应用能力和一定的审美能力、探究能力，形成良好的思想道德素质和科学文化素质，为终身学习和个性的发展奠定基础”①。高中语文课程目标是在坚持《全日制义务教育

① 中华人民共和国教育部制定：《普通高中语文课程标准（实验）》，人民教育出版社2003年版，第1页。

语文课程标准（实验）》提出的基本理念的基础上，根据新时期高中语文教育的任务和学生的需求，从知识和技能、过程和方法、情感态度和价值观三个方面出发去设计的。其目标体系包含五个方面：

1. 积累与整合

积累是指围绕所选择的目标加强语文积累，并在了解学习方法的多样性的基础上，根据自己的特点逐步形成个性化的语文学习方式。整合则是指对语文知识、语文能力、学习方法和情感、态度、价值观等方面的要素进行融会贯通，整体提高语文素养。

积累是整合的基础，整合又是积累的提高。通过积累和整合，使学生的语文素养得以丰富和提高。

2. 感受与鉴赏

人的感受活动有助于丰富体验，加深对学习对象的理解。高中语文课程主要发展学生对语言及其作品、对大自然与生活、对艺术与科学等方面的感受。鉴赏是一种相对于一般认识来说更为高级的审美接受活动，高中语文课程希望通过阅读与鉴赏活动，深化学生对祖国语文的感情，体会中华文化的博大精深、源远流长，从而陶冶性情，提高审美情趣和道德修养。

3. 思考与领悟

随着年龄的增长，高中学生已经具有了成年人的生理基础，然而其学识修养、人生阅历又极为有限，所以，高中语文课程力图通过让学生选读经典名著和其他优秀读物，通过与文本对话，去发展学生的思考能力并养成思考的习惯，以及提高学生的思维品质，并使学生获得对人生理想、民族使命感和社会责任感的领悟与提高。

4. 应用与拓展

语文是一种应用工具，学习语文最重要的就是学会运用语文去为个人、为社会、为生活服务，否则，语文学习将是无意义的。高中语文课程希望学生能在生活和其他学习领域中，正确、熟练、有效地运用祖国的语言文字，并从中开阔视野，提高文化修养，拓展语文学习的范围，提高综合运用语文的能力。

5. 发现与创新

高中语文课程期待学生在学习语文的过程中提高发现问题、敢于创新的能力。这是现代语文课程适应社会发展的需要、以人的综合素质发展为宗旨的表现。发现与创新，主要表现在对探究与发现的敏感性、对未知世界的兴趣与激情以及对新方法、新思维、新表达的积极尝试等方面。发现还表现在勇于提出见解、尊重他人成果、提高探究能力和逐步养成严谨、求实的学习态度等方面。

中学语文课程的目标系统有着深刻而丰富的内涵，而这些内涵又是在中学语文课程的实施过程中逐步得以实现的。因此，对中学语文课程目标的理解和把握，要与分析研究中学语文课本以及中学语文教学的行为结合起来。

思考题

1. 如何认识我国中学语文课程的设立?
2. 如何理解中学语文课程的性质?
3. 中学语文课程在基础教育中的地位是怎样的?
4. 制定中学语文课程目标的依据是什么?
5. 如何理解中学语文课程目标的构成与内涵?

【教学技能】

范　读

范读即示范朗读，就是教师在课堂教学中给学生朗读学习材料。它是阅读教学的一种方法，也是语文教师必须掌握的一种基本技能。

范读作为教学手段主要发挥着三种功能：

(1) 示范功能。朗读是一种运用言语技巧传达读物内涵的艺术。教师范读时，就是通过对语音强弱、高低、弛缓等的处理去表现课文的内涵。学生在这种言语直观中，逐步领会语气、语调、语速等与内容表达的关系，并且通过模仿，掌握这些技巧，提高朗读能力。

(2) 启发功能。朗读是通过对语音的技术处理去表现读物内涵的。语音处理只是手段，表现内涵才是目的。范读课文时，听着教师用停顿、轻重、节奏等来演绎的语句，学生会更清晰、更准确地领悟课文的内涵。

(3) 感染功能。朗读是一种创造性的言语艺术。在教师声情并茂的范读中，学生的情绪被激活，并逐渐沉浸在教师创造的语音氛围中，与作者的情感产生共鸣，从而达到感悟课文的目的。

掌握范读技能，首要的是学会朗读，这是范读技能的基础环节。学会朗读，就是要明确朗读的要求，掌握语音处理的要领和实际发声的方法，并且通过反复练习，最终能将课文准确、连贯、流畅地表达为有声语言。其次，要知道范读在教学中是如何使用的，这是发挥范读功能的关键一环。一般来说，在阅读教学中，范读的使用主要有三种情形：

(1) 用于帮助理解课文。对难以理解的课文或文段，例如文言文，教师需要使用范读去帮助学生分辨词句，建立意义。这时候，范读特别要突出句读（尤其是句中的语气停顿）和关键词。前者的作用在于分清句法，后者的作用则在于把握句意。

(2) 用于读书方式训练。朗读是一种读书方式。在各种课文的教学中都会有学生的朗读。这一方面是为了帮助学生感悟课文，另一方面也是为了让学生掌握这种读书方式。在作为方式训练的朗读中，教师的范读直接起着榜样和示范作用。教师可以在学生朗读前作示范，也可以在点评学生朗读时即时示范。

（3）用于组织教学活动。阅读教学是师生双方围绕着课文来展开的交流活动，因而课文语句必然成为课堂话语的重要元素。在教师讲解和师生谈话的过程中，教师适时的范读对学生的学习起着重要的组织作用，从而使教学活动得以顺利进行。特别是当学生不由自主地跟随教师朗读时，师生间的默契便协助了教学活动的组织。在适于朗读的诗歌、散文教学中尤其如此。

第二章

中学语文课程的内容及文本

中学语文课程，是为实现语文教育目标而设定的中学语文教育课业及其进程。中学语文课程内容要依据社会的需要、学生发展的需要和语文学科教学规律来组织，其基本内容主要包括识字与写字、阅读、写作、口语交际以及语文综合性学习活动等。

中学语文课程的纲领性文件是语文学科课程设置的必要说明，也是语文学科课程实施的工作指南。它阐明了语文课程的性质、地位、理念、目标以及实施建议等，对语文课程及教学起着重要的指导作用。

语文教材有广义和狭义之分，本章探讨的是狭义的语文教材即语文课本。现行的中学语文课本从确立教材观念到教材内容的编制都具有鲜明的特色。

第一节　中学语文课程内容的依据及构成

课程，一般指课业及其进程。我国宋朝朱熹在《朱子全书·论学》中频频提及“课程”，如“宽着朝限，紧着课程”、“小立课程，大做功夫”等，意为“功课及其进程”。英国著名哲学家、教育家斯宾塞(H. Spencer)提出“curriculum”（课程）一词，意指“教学内容的系统组织”。在当代的课程理论文献中，更多的课程学者把课程的含义表述为学生与教师在教学过程中的活生生的经验和体验。这反映了课程内涵从强调学科内容到强调学习者的经验和体验的一种转变趋势。

一、中学语文课程内容组织的依据

（一）课程理论依据

中学语文课程设置以一般课程设置理论作为基础和依据。被誉为“现代课程理论之父”的拉尔夫·泰勒在他的《课程与教学的基本原理》一书中明确提出，开发任何课程和教学计划都必须回答四个基本问题：①学校应该试图达到什么教育目标；②提供什么教育经验有可能达到这些目的；③怎样有效地组织这些教育经验；④我们如何评判这些目标正在得以实现。这四个基本问题可以进一步归纳为“确立教育目标”、“选择教育经验”、“组织教育经验”和“评价教育计划”。同时，这四个基本问题是依次递进的，第一个问题是培养目标的问题，学校教育要培养什么样的人才，人才的标准是什么，这是课程设置的出发点。我国的教育以培养社会主义建设需要的“四有”人才为目标，这种人才的素质应该是全面的，既有科学文化素质，又有思想品德素质、身体心理素质和劳动技能素质。这就要求中等教育不能以升学作为中心，不能以追求升学率为目的，而是应该注重培养社会主义国家的合格公民。第二和第三个问题是教育内容的选择与编制问题，它们受社会需求、学科体系和学生心理发展水平三方面条件的制约。中学教育内容要适应社会主义建设事业的需要，但是基础教育不能搞社会需要什么就学什么的实用主义，而应该站在更高的层面上，从社会需要中概括出人才应该具有的基本素质，并且以此来确定教育内容。教育内容的排列组合应该反映学科体系，良好的知识结构有利于塑造学生良好的认知结构，但是也不能片面强调学科体系的学术化而置社会需求和学生的接受水平于不顾，而要根据人才素质所必须具有的基础来考虑学科的体系和结构。教育内容的选择和编制应该符合学生的接受水平和学生发展的需要，但是不能走以学生为中心、脱离社会需求、割裂学科体系的极端。我们要力求社会需要、学科体系和学生发展水平三方面的统一。第四个问题是教育评价技术的问题，包括运用什么样的检测手段和怎样运用检测手段发现目标差别。长期以来，这个问题在国内一直没有得到应有的重视。由于教育评价技术落后，致使升学率成为评价学校办学水平的唯一有效指标，这在客观上对基础教育以升学为中心的现状起到推波助澜的作用。目前这种状况已经有所改变，现行的教学计划和各科教学大纲也注意到了教育评价问题，如新颁行的《全日制普通高级中学语文教学大纲（实验稿)》第四部分专门谈论“教学评估”的问题，其内容涉及对教师、学生以及语文考试等方面的评估。

（二）社会需求依据

中学语文课程内容的组织也要依据社会的客观需求。社会需要具有什么样素质的人才，往往反映了社会的人才观，同时也反映了学校教育应该培养什么规格的人才。现在人类社会已经跨入 21 世纪，以创新作为核心的知识经济时代所需要的人才应该具有五方面的特征：①具有自主、积极进取和创新精神，敢于迎接挑战而不是保守和退缩；②具有比较强的适应能力；③具有对人类、对他人高度的责任感，有崇高的道德品质；④具有学会学习，独立获取知识的能力；⑤具有个性和特长，以适应多样化和多彩的未来社会。这种新型的人才所具有的特征也应该是我国“四有”人才具备的特征。因此，作为中等教育核心课程，语文课程必须考虑社会的客观需求和教育的总目标，结合自身的特点和规律来确定教育目标。《语文课程标准》在“课程目标”部分提出的总目标一共有 10 个，可以概括为三个方面：第一，培养学生正确理解和运用祖国语言文字的能力；第二，训练学生的思维能力，发展他们的智力；第三，渗透思想品德、审美情趣的教育，发展健康个性，形成健全的人格。同时初中和高中又有不同的阶段目标，初中阶段应该着重打好听、说、读、写的基础，积累必要的语言材料，初步掌握学习语文的方法，提高识字写字、阅读、写作、口语交际的基本能力，养成良好的学习习惯。高中阶段则应在初中学习的基础上，进一步提高学生的听、说、读、写能力和自学能力，培养学生的鉴赏能力和审美能力，提高其思想文化素质。

（三）学科规律依据

中学语文课程内容的组织还应当遵循语文学科自身的系统和规律。语文是一门工具性的基础课，因而语文基础知识、语文基本能力必须是语文课程的重要内容；语文又是一门人文性的课程，因而语文课程应当充分重视课程内容对学生形成健康正确的情感、态度及世界观的影响作用，选择积极向上的学习材料供学生学习；语文课程是学生语文素养赖以形成和发展的基础，因而语文课程必须包含有利于学生掌握学习过程与学习方法的内容。同时，语文课程应该建构适应时代发展的开放而有活力的课程体系，立足现代，面向未来；立足中国，面向世界。语文课程要不断吸收体现时代精神的思想观念，应该继承发扬中华优秀文化，以开放的心态从人类社会的一切进步文化中积极吸取营养。语文课程也要注重跨学科领域的学习，扩大语文学习的资源范围，拓宽语文运用的实践领域，使学生在学习内容和方法的相互交叉、渗透和整合中提高学习效率、开阔视野、发展思维品质和创新意识，掌握现代社会所需要的语文实践能力和运用现代技术获取信息、相互交流的能力。

（四）学生心理依据

中学语文课程内容的组织还必须遵循学生的心理特点和发展规律。根据瑞士心理学家皮亚杰的认知发生论，人的认识有一个发生、发展过程：2 岁以前，是感知运算阶段；2～7 岁，是前运算阶段；7～12 岁，是具体运算阶段，可以在具体情境中进行逻辑运算，开始出现依靠具体事物或形象进行逻辑分类和认知逻辑关系的思维；12～15 岁，是形式运算阶段，可以进行形式命题的运算，根据假设对各种命题进行逻辑推理的能力不断发展，能够掌握各种科学概念和基本规律。这四个阶段反映了不同年龄阶段的认知心理状态和思维的基本形式。语文课程内容是遵循人的生理心理发展规律来确定的。如在小学阶段，儿童运用表象思维的能力比较强，运用概念进行思维的能力还处于形成和发展阶段，此时期的语文课程内容应该以儿歌、短诗、童话、故事等为主，语文教学应该采用实物、图画和动画等各种形象直观的方法与手段，引导学生认识大量的汉字，丰富其表象。而在中学阶段，学生的形象思维能力虽然占主导地位，但是他们的逻辑思维能力发展非常快，尤其是在高中阶段，已经完全能够运用逻辑思维去分析、推理事物。此时期的语文课程内容就可以综合性的文章为主，注重培养学生的分析和综合、归纳和演绎能力。并且，进一步扩大阅读范围，加深阅读文章的复杂程度，特别是整部的文学名著和文言文的阅读，加深阅读中的理解、探究与欣赏。这些都有利于逻辑思维能力的发展。

新制定的语文课程注重谋求学生、学科和社会生活三方面的均衡，整合优化课程结构；注重语文综合实践活动与研究性学习，使学生在自主实践活动和主动探究学习过程中全面提高自身的语文素养和实践能力，发展创新能力。

二、中学语文课程内容系统的构成

中学语文课程内容，是为了达到语文课程特定的目标而选择的事实、概念、原理、技能、策略、态度、价值观等。它主要是通过选文以及学习活动设计等去体现。课程研制，形成对课程目标、课程内容和课程组织的系统构想，其物质的形态是课程计划、课程标准（课程纲领性文件）。课程研制中的“课程内容选择”，往往表达为“根据特定的价值观及相应的课程标准，从学科知识、当代社会生活经验或学习者的经验中选择课程要素”。显然，不同的价值观、不同的目标取向、不同的目标设定，对课程内容便有不同的选择取向，因此便形成不同的课程内容。在中国的近现代语文教育史上，语文的课程或分或合有过一个发展演变过程。1904 年《奏定中学堂章程》规定“中国文学”一科设置四门课程：读文、作文、习字、历代文章名家大略。1913 年《中学校课程标准》规定“国文”一科设置六门课程：讲读、作文、习字、文字源流、文法要略、中国文学史。1923 年《课程纲要》规定初中“国语”一科设置六门课程：精读、略读、作文与笔记、文法讨论、演说与辩论、写字；高中“国文”一科设置六门课程：读书、作文、习字、文法、文字学引论、文学史引论。以后历次修订课程纲要，其课程设置稍有增减，大致没什么变化，即以读文、作文、习字为基本课程，以文法、作文法、文学史等为辅助课程。新中国成立以后，语文学科成了一门独立的综合性学科，课程只有“语文”，重点是讲读，同时配之以作文。以往那些辅助课程，如文法、作文法、文学史等，不另设置，只在讲读和作文中相机教授。1956 年前后，曾经进行汉语、文学分科教学的尝试，但是不久又恢复旧例。进入 20 世纪 80 年代以后，语文学科的课程结构开始发生变化。

新的《全日制义务教育语文课程标准（实验稿）》按知识和技能、过程和方法、情感态度和价值观建构的三维目标，从学生语文素养整体发展的立场出发，在各个阶段对“识字与写字”、“阅读”、“写作”、“口语交际”以及“综合性学习”等方面提出要求，由此形成了新的语文课程内容系统。

（一）识字与写字

具体内容包括：①主动识字的兴趣和习惯；②汉语拼音与汉字认读；

③使用工具书认识汉字；④分段识字累计 3 500 个；⑤汉字书写的方法和速度，会写汉字 3 000 个左右；⑥汉字审美教育；⑦有条件的地方还可以学习键盘输入汉字。

（二）阅读

具体内容包括：①阅读的兴趣与习惯；②阅读与背诵，包括课文阅读和课外读物的阅读与背诵；义务教育阶段课外阅读总量应在 400 万字以上，背诵优秀诗文 240 篇（段），其中初中阶段 80 篇（段）；③阅读的方法与速度，包括朗读、默读、精读、略读、浏览和探究性阅读等；④阅读理解与鉴赏；⑤阅读积累与信息的搜集和处理；⑥语文基础知识学习，包括语法修辞知识、文体知识、文学常识等；⑦文言知识与阅读；⑧文化熏陶；⑨智能发展；⑩品行教育。

（三）写作

具体内容包括：①写作的兴趣与信心；②写作实践，初中阶段作文每学年不少于 14 次，其他课外练笔不少于 1 万字；③各类常用文体的写作，主要是记叙文、说明文、议论文以及日常应用文等；初中阶段写作的文章相对简单，高中阶段则相对复杂；④智能发展，其中特别是观察与想象的训练；⑤情感与态度培养，锻炼学生感情真挚地表达自己对自然、社会、人生的独特感受和真切体验。

（四）口语交际

具体内容包括：①学讲普通话，以及养成讲普通话的习惯；②各种交际活动中的倾听、表达和交流；③基本的口头表达方式，包括讲述、复述、即席讲话、主题演讲、讨论以及辩论等，培养日常口语交际的基本能力；④文明的人际沟通与社会交际的态度和技巧；⑤与人合作的精神。

（五）综合性学习

具体内容包括：①各种文学及文艺活动；②主题研究与报告撰写；③运用文字、图表、照片等综合手段进行表达和展示；④资料查询与引用的基本方法；⑤关心生活、关注社会的态度。

第二节　中学语文课程的纲领性文件

语文课程的纲领性文件是统领与管理语文课程的必要与重要依据，是进行中学语文教学必须研究的文本之一。我国语文独立设科之后颁发过的语文课程纲要、语文课程标准、语文教学大纲等都属此类文件。当前，我国在基础教育课程改革中，对各门课程的管理和评价采用课程标准制度。

一、语文课程纲领性文件的编订

语文课程纲领性文件是语文课程设置的必要说明，又是语文课程实施过程中对课程进行管理和评价的依据。它是根据语文教育目标以及一定时期内语文教育的实际情况，由国家或地方政府的教育行政部门组织专家讨论编写并且由政府教育主管部门审定颁发的。因此，它是语文教育领域具有权威性、法规性、纲领性和指导性的重要文件。

（一）过去的语文课程纲领性文件

语文课程纲领性文件的编订，在我国已经具有近百年的历史。1903年语文独立设科之初，还没有具体的课程文件规定教学活动，只在《学务纲要》（1903年）、《普通教育暂行课程标准》（1912年）等文件中对课程的教学目的、教学内容、教学方法等有一些原则性的要求。1923年由全国教育联合会编订的《新学制课程标准纲要》规定了小学、初中、高中的国语国文课程纲要。如《初中国语课程纲要》就较为系统地提出了初中语文教学目的、教学内容、教材体系、教学原则、分阶段教学要求等。中华人民共和国成立以后，由国家教育行政部门组织编写颁发过多种语文教学大纲，其中，1955年至1956年颁行的《初级中学文学教学大纲（草案）》、《初级中学汉语教学大纲（草案）》和《高级中学文学教学大纲（草案）》，为汉语、文学分科课程的教学大纲，它们对初中汉语和初、高中文学教学的目的、内容和方法等作出了明确具体的规定。1963年颁行的《全日制中学语文教学大纲（草案）》，对语文学科性质、特点、目标、任务等作出了明确的规定，它是当时语文教育界大讨论的结晶。1978年颁行的《全日制十年制学校中学语文教学大纲（试行草案）》，包括导言、教学目的和要求、教材的内容和编排、作文教学、教学过程应该注意的问题等几个部分，最后还附有各年级读写训练要求和课文目录。1986年颁行《全日制中学语文教学大纲》，1990年颁行《全日制中学语文教学大纲（修订本）》，后者继承了以往语文教学大纲的优点，吸收了语文教学改革的成果和国外现代教育理论，重视语文教育的指导思想，强调语文训练和思想教育的辩证统一关系，同时降低难度，减轻负担，加强对教学活动的指导。1992年颁行的《九年义务教育全日制初级中学语文教学大纲（试用）》，内容包括导言、教学目的、教学要求、教学内容、教学中要重视的问题、基本课文篇目等。它独立、整体地表达了初中阶段的语文教学目的；强调在语文的实际运用上下工夫；把学习习惯的培养列入教学目的和教学要求；把能力训练列入教学内容；重视思维能力培养和智力发展；重视语感和语境意识的培养；强调对于文章思路的理解；把课外活动列入教学内容。1996年通过的《全日制普通高级中学语文教学大纲（供实验用）》，明确指出语文课程的工具性和文化性，规定了与九年义务教育相衔接的体现较高层次的语文能力训练内容，规定了六条教学原则，还规定了语文课程"由学科类课程和活动类课程组成"。以上不同时期颁行的中学语文纲领性文件都对语文课程与教学起到了指导和规范的作用。

（二）现行的《语文课程标准》

随着我国继20世纪70年代末改革开放后的又一轮基础教育课程改革的进行，2001年7月，国家教育部颁发了《全日制义务教育语文课程标准（实验稿）》。2003年4月，国家教育部又颁发了《普通高中语文课程标准（实验）》。这两个文件分别是义务教育阶段和高中阶段语文课"教材编写、教学、评估和考试命题的依据，是国家管理和评价课程的基础"。它体现了国家对义务教育阶段学生在知识和技能、过程和方法、情感态度和价值观等方面的基本要求，同时也对语文课程的性质、目标、内容框架等作出了规定，提出了教学和评价方面的建议。根据国家教育部2001年6月颁发的《基础教育课程改革纲要（试行）》，语文课程标准根据语文课程的基本特点，结合具体的课程教学内容，"加强德育的针对性、实效性和主动性，对学生进行爱国主义、集体主义和社会主义教育，加强中华民族优秀传统、革命传统教育和国防教育，加强思想品质和道德教育，引导学生树立正确的人生观、世界观和价值观"，以及"倡导科学精神、科学态度和科学方法，引导学生创新与实践”。现行的《语文课程标准》对于建构面向21世纪的语文课程体系，对于培养和发展学生的语文素养，将起到重要的指导作用。

二、语文课程纲领性文件的内容

语文课程纲领性文件的内容要具有稳定性，以保证语文教学活动形成一定的规范和秩序。但是，这种稳定是相对的。时代在发展，国家的教育方针、有关法律法规和国情的特点会发生变化；语文教育在发展，语文学科的内容、结构会变化，教学规律会不断被发现和认识。因此，语文课程纲领性文件要考虑对时代和对教育教学的适应性，其内容要随时代和教育的发展而调整和补充。语文课程纲领性文件的内容一般应包括以下六个方面：

（一）课程导引

课程导引主要阐述语文课程与社会发展及国家教育的关系、语文课程与学生发展的关系、课程的指导思想，以及对课程的要求等。新的《全日制义务教育语文课程标准（实验稿）》从现代社会对公民素养的要求出发，阐述语文课程必须在造就现代社会所需的一代新人上发挥作用；指出语文课程必须以马克思主义和科学的教育理论为指导，要求语文课程总结经验、吸取教训，借鉴国外成功的经验，遵循规律，建立与现代社会发展相适应的课程体系，为培养学生的思想道德素质和科学文化素质发挥应有的作用。

（二）课程性质

课程性质主要阐述语文课程的性质及其特点，以及由此决定的课程地位和作用。

新的《全日制义务教育语文课程标准（实验稿）》指出，工具性与人文性的统一是语文课程的基本特点。语文课程具有多重功能和奠基作用，所以它在九年义务教育阶段具有重要地位。

（三）课程目标

课程目标主要阐述课程的目标，即课程实施的效果，一般是以学生接受课程后发生的素质变化来表现。阐述的方式有综合概述和具体陈述，也可分为总述和分述。

新的《全日制义务教育语文课程标准（实验稿）》按九年一贯为整体设计总目标，又在总目标之下按1～2年级、3～4年级、5～6年级、7～9年级这四个阶段分别提出阶段目标，从而体现全日制义务教育语文课程的整体性和阶段性。

（四）课程内容

课程内容主要阐述课程的内容体系，可以专题阐述，也可以在具体的课程目标或教学要求中体现。

新的《全日制义务教育语文课程标准（实验稿）》主要在“阶段目标”、“实施建议”以及“附录”中体现课程内容。

（五）教学建议

教学建议主要阐述对课程教学及评价等的建议，也有将其上升为教学原则加以强调的，例如1996年通过的《全日制普通高级中学语文教学大纲（供实验用）》，就将过去大纲中的“教学中应注意的问题”改为六项教学的基本原则，可见这部分内容对于课程实施的重要意义。

新的《全日制义务教育语文课程标准（实验稿）》，用专章从教材编写、课程资源的开发和利用、教学、评价四方面对语文课程提出“实施建议”，使这部分成为语文课程纲领性文件中的重要主体。

（六）相关附录

相关附录主要附列与课程内容及教学建议相关的文件，如优秀诗文背诵的推荐篇目、课外读物的建议、基础知识教学要点等。

三、中学语文课程纲领性文件的作用

中学语文课程纲领性文件是以纲要的形式和简要的文字，阐明中学语文课程的地位、性质、意义、目标以及语文教学的具体要求、内容、体系、原则、方法、注意事项等，集中体现了国家和地方政府对语文课程的宏观调控，体现了一定时期内语文教学实践和认识的发展要求，在语文教学活动的全过程中发挥实际的指导作用。

（一）中学语文教学活动的依据

中学语文课程纲领性文件是中学语文教学活动前教材编写的依据，它规定语文课程内容体系、选材标准、知识范围、训练项目、编排原则、教学要点等，对语文教材编写工作产生根本性的制约作用。

中学语文课程纲领性文件又是中学语文教学活动中教学组织的规范，它所规定的语文教学目标、要求、原则、方法以及教学中应该重视的事项，可以提示语文教师正确把握教学方向，机动灵活地选择教法和组织教学。

中学语文课程纲领性文件还是中学语文教学活动后教学评估的准则。对学生进行考试考查时的命题范围、重点、难易度和检查教学的完成情况，都要按照中学语文课程纲领性文件的有关规定加以分析和评价。

（二）中学语文课程管理及评价的基础

课程评价是教育评价体系中的重要内容。对中学语文课程的管理与评价，是确保中学语文课程确能发挥其应有的功效，为发展学生的语文素养奠定基础的重要环节。管理与评价中学语文课程，必须以中学语文课程纲领性文件为基础。

以中学语文课程纲领性文件为基础管理与评价中学语文课程，首先是对课程的目标确立进行评估。课程目标必须切合国家对人才培养的总体要求，切合语文素养的客观构成，同时又是所有学生经过努力都能达到的。其次是对课程的内容进行评估。课程内容必须符合语文及其教育的系统，符合学生语文素养形成和发展的需要，同时又是所有学生经过努力都能学好的。再次是对课程实施的评估。课程实施必须遵循语文结构内部的客观联系，遵循学生语文素养形成和发展的客观规律，同时又是所有学生经过努力都能适应和掌握得了的。

第三节　中学语文教材

语文教材是语文教育内容的载体，是借以实现语文教学目标，发挥语文教育功能的物质基础。语文教材有广义和狭义之分。广义的语文教材是一个系列，指的是经过中央和地方有关教育部门组织专家审查通过的供学校教学使用的语文教科书、语文教学指导书、语文教学参考书、各类语文练习册、语文教学挂图、语文音像材料、语文教学软件以及语文选修教材、语文活动教材和语文课外辅助读物等；狭义的语文教材，则通常指语文教科书，即语文课本。

一、语文教材的意义

现代教学论认为，教师、学生、教材是构成教学过程的三个基本要素。作为语文教学内容的载体，语文教材具有十分重要的意义，这可以从语文教材的多种功能去认识。

（一）凭借功能

众所周知，语言是工具，是人们用来表情、达意、载道的社会交际工具。要让学生掌握语文——口头语言和书面语言，就必须对他们进行有计划、有目的的训练。语文教材中所选用的课文一般都是经典的作品，这些作品都是作家运用语言表情、达意、载道的结果。学生要了解掌握语言运用的法则和规律，就必须认真阅读、品味这些作品，研究作者是怎样表情、达意和载道的。因此，语文教学要加强基础，传递文化，培养能力，养成习惯，进行思想教育和情感陶冶等都离不开语文教材这一凭借物。特别是语文学科，既不像历史、政治那样属于反映型的学科，也不像数学那样属于抽象型的学科，而是属于侧重技能、技巧培养的应用型学科，只有通过有计划的训练才能达到自己的教育目标。所以，凭借教材学，凭借教材练，对语文学科尤其重要。

（二）示范功能

语言是人类交际工具，语言运用随处可见，语文知识到处可学，语文能力到处可练。但是，语文教学挑选典型规范的作品作为教材主体，意在通过定向的、规范的语文训练，使学生集中地、高效地学习语文知识，培养语文能力，因此，语文教材必须具有示范功能。除了课文内容和语言形式的示范功能以外，语文教材还必须具有包括训练的难易深浅在内的示范功能。我们知道，语文能力是有层次的。中学语文教学培养的语文能力着重于基础的、规范的能力，这种能力是语文能力向高层次发展的基础，也是学生学习其他学科的基础能力，更是学生将来走向社会的基础能力。这样，中学语文学科要培养的语文能力就成为学生个体发展的必不可少的基础。为确保这种全面的基础性，语文教材必须是基本的、规范的。即使是高水平的名家名篇，在语文教学中也只取其基本。这样才能使学生真正打好基础，有利于将来的长远发展。

因此，语文教材的示范功能，还表现在选文不能过难或过易，教学要求不能过高或过低，训练不能过繁或过简等。总之，语文教材应该是表达思想的范例、运用语言的范例、语文训练的范例。

（三）教育功能

语文是表情、达意、载道的工具，这就决定了学生在学习语文教材的过程中，离不开情、意、道的内容。同时，学生掌握和运用语言规律全在于交际，因此，他们必须具有正确的认识、健康的情感和端正的品德。语文教育中情、意、道决非是外加的，加强思想情感、道德意志和精神陶冶等方面的教育是语文教学的题中之义。教学具有教育性，语文教学中的教育功能主要是凭借语文教材得以实现的。中学语文教材蕴涵着极其丰富的，对学生进行思想情感、道德意志教育和精神陶冶的内容，如课文表达的爱国主义精神、共产主义思想、无私奉献的高尚情操以及科学的认识观等。教学中，我们应该紧扣这些教学内容，根据语文的特点和学生实际，充分发挥语文教材的教育功能。

（四）发展功能

现代教学论认为，教学与发展是互相联系的。这种联系的实质在于，教学是发展的因素，发展也是教学的因素；当教学的内容和物质手段具备一定的条件，教学就能够为学生的发展提供多于它自身直接接受结果的东西，才能走在发展的前面。教材是知识的载体，是人的智力活动的一种物化。好的语文教材为学生语言的发展提供了充足的材料，使学生的语言不断由贫乏走向丰富，由幼稚走向成熟，由呆板走向生动。语文教材作为民族文化和民族精神的载体，它对学生的政治品质、思想品质、道德品质以及情感、意志、性格等个性心理品质的发展有着熏陶渐染、潜移默化的作用。同时，语言和思维密不可分。语文教材的优秀作品都是善于运用语言的典范，是作家智力活动的结晶，也是开启学生思维大门的一把钥匙。语文教学凭借教材进行听、说、读、写的训练，但是，听、说、读、写的训练都离不开思维的积极参与，离不开紧张的智力活动。因此，语文教学要开发学生的智力，必须依靠语文教材才能完成。

二、中学语文教科书

中学语文教科书是中学语文教学工作中研究得最经常也是最多的文本。

中学语文教科书是中学语文教材的主体，其内容主要包括阅读、写作、口语训练、语文基础知识、语文综合活动项目等。传统的语文教科书强调读写训练，忽视听说训练，因此，听说训练的内容在教科书中没有独立的地位。现在的语文教科书把听说训练作为重要的“口语交际”内容加以强调，使语文教科书听、说、读、写的内容形成有机的整体。语文综合活动的设置是当前语文课程改革成果之一，它体现了语文课程性质及其结构的新发展。

（一）中学语文教科书的构成

从教科书内部相互关联的要素分析，语文教科书一般包含着四个系统：范文系统、知识系统、训练系统、助读系统。这些要素有机结合，形成一个有着完整体系的语文教育文本。

1. 范文系统

范文，即课文，是语文教科书的主体，是供师生阅读学习的范例。范文系统作为语文教科书主体部分形成的系统是语文教科书有别于其他教科书的一个明显特征，如数学、物理、化学、生物等自然学科的教科书以知识系统为主体，历史、地理等也以知识为主体，唯有语文教科书必须以范文来承担语文基础知识的教学和语文基本能力的训练、思想情感的陶冶、智力的开发等诸多任务。我国语文教科书自古以来就是“文选型”，至今仍保持着这一特色，选编优秀的语言作品作为范文仍是语文教科书编写的基本做法。语文教科书以范文系统为主体，这在今后很长一段时期内不会改变。范文的主要作用是示例和凭借，选什么范文，不同要求的语文教科书会有所不同，如台湾、香港、澳门以及海外华人地区的语文教科书，其范文都不尽相同，但它们的目的是一致的，即都是为了培养和提高学生的语文素养。

2. 知识系统

古代语文教学以读文为主，语文基础知识隐含在范文中由教师相机传授。从20世纪30年代始，语文基础知识自成系统编进语文教科书，成了语文教科书的一个重要元素，从而开创了语文教科书编写的新局面。中学语文教科书中的知识系统，在初中、高中各有侧重，大致有：听、说、读、写方法知识，语言知识（语音、文字、词汇、语法、修辞等），文体知识，文学知识（文学史常识及文学欣赏常识）。中学语文教科书编进语文基础知识，要贯彻“精要、好懂、有用”的基本原则，目的是让学生用知识去指导语文实践，提高听、说、读、写能力。

3. 训练系统

语文教科书中的训练系统，主要包括知识习题、作文、语文活动等。知识习题的目的是帮助知识的消化、巩固和应用，进而转化为学生的语文能力。作文的目的是培养学生的写作能力。语文活动主要作为一种载体，对学生进行专项或综合的语文训练。各种训练项目的设置都是为了形成和发展学生的语文素养。语文教科书中的训练项目一般都配合各篇课文或各个单元而设置，全书构成一个完整的系统。

4. 助读系统

如何让学生自己读懂学习材料，最好的方法就是在教科书加上“助读”内容。旧式文选读本常在文末加上一些注解，或在文字旁加评注，其作用是帮助读者读懂此文，因此，称之为“助读材料”。随着语文教科书编写的不断改进，“助读材料”的编写日益受到重视，使之成为语文课本中重要的构成元素。如我国实行九年义务教育以来的初中语文教科书，助读系统较为全面，每册有编写说明，每单元有“单元提示”，每课前有“预习提示”或“自读提示”，每课后有思考问题，外加常识、字词注释。这些助读材料是编者对整套书、一册书、一个单元、一篇课文的学习目的、学习要求、学习重点、学习方法所作的简要提示，是学生自学的好帮手。助读系统概括起来有三大好处：一是使学生知道学什么，怎样学，利于培养自学能力，养成自学习惯；二是统一要求（或叫“定向”），利于保持教学水平的平衡；三是利于把先进的教学指导思想及时反映在教科书中，固定下来，为大面积提高教学质量奠定基础。

（二）中学语文教科书的编排

中学语文教科书的编排体例一般有两种，就是分编型和合编型。

1. 分编型

分编型的教科书是根据中学语文课程的总体要求，把中学语文课程的内容按不同的性质分别编写成几种教科书。一是两分法，把教学内容一分为二，编成两套教科书，如文言和白话分编，文学和汉语分编，阅读和写作分编等。二是多分法，把教学内容分编为三种或三种以上的教科书，如20世纪80年代人民教育出版社出版的高中语文实验教科书，除《写作》外，阅读分为高中一年级使用的《文言读本》（课内）和《现代文选读》（课外），高中二年级使用的《文学读本》（课内）和《文学作品选读》（课外），高中三年级使用的《文化读本》（课内）和《文化著作》（课外）。现行的高中语文实验教科书，都是按照普通高中语文课程的基本结构，分编为必修模块和选修模块的多册教科书。分编型教科书的优点在于序列分明，眉目清楚，系统性强；它的局限在于使用多种教科书，需要教师整体把握才能求得整体综合效应。

2. 合编型

合编型的教科书兼容了所有的语文教学内容，往往统一称之为《语文》（旧时亦称《国语》或《国文》）。合编型语文教科书的原始模式是“纯文选型”。此类型只有几十篇或上百篇范文，语文知识由教师相机传授，作业也由教师随机布置。以后发展到范文的评注或夹注，编写一些思考题，渐渐形成一个粗略的作业系统。我国早期的文选读本和文选评注读本大都属于此类型。从20世纪30年代始，我国中学语文教科书的编写出现了一种“主次配合”的新格局，使语文基础知识、范文、作业和导读互相配合，以范文为主，其余为次，形成内容较丰富、体系较完善的合编型语文教科书。其中尤以1935年夏丏尊、叶圣陶合编的《国文百八课》为佳。它以一种综合组元法把语文教科书编成一个完整的语文教学体系。《国文百八课》中的108“课”，实际上是108个单元。“每书每课为一单元”，集文话、文选、文法、修辞、习问于一体。《国文百八课》实际上为合编型语文教科书的发展奠定了坚实的基础。20世纪80年代后的语文教科书大都以合编型出现，较典型的就是九年义务教育初中语文教科书和1997年开始实验的全日制普通高中语文教科书。现行的初中语文实验教科书，也是合编型的。合编型语文教科书的优点在于教师容易从整体上处理教学内容，取得较好的综合效应；其局限在于系统性不容易体现，编得不好会显得条理不清，头绪芜杂。

因此，分编型和合编型的优点、局限正好相反。两者取长补短，会使语文教科书的编写更臻完善。

三、现行语文教材的编写要求

语文教材的编写必须符合语文课程的性质，必须有效地促进语文课程目标的达成，因此，国家制定的《语文课程标准》对语文教材的编写就有着明确的要求。引述如下：

（一）《全日制义务教育语文课程标准（实验稿）》的“教材编写建议”

（1）教材编写要以马克思主义为指导，坚持面向现代化，面向世界，面向未来。

（2）教材应体现时代特点和现代意识，关注人类，关注自然，理解和尊重多元文化，有助于学生树立正确的世界观、人生观、价值观。

（3）教材要注意继承与弘扬中华民族优秀文化，有助于增强学生的民族自尊心和爱国主义感情。

（4）教材应符合学生的身心发展特点，适应学生的认知水平，密切联系学生的经验世界和想象世界，有助于激发学生的学习兴趣和创新精神。

（5）教材选文要具有典范性，文质兼美，富有文化内涵和时代气息，题材、体裁、风格丰富多样，难易适度，适合学生学习。

（6）教材应注意引导学生掌握语文学习的方法。语文知识、课文注释和练习等应少而精，具有启发性，有利于学生在探究中学会学习。

（7）教材内容的安排应避免烦琐化，简化头绪，突出重点，加强整合，注重情感态度、知识能力之间的联系，致力于学生语文素养的整体提高。

（8）教材的体例和呈现方式应灵活多样，避免模式化。注意为学生设计体验性活动和研究性专题，重视运用现代信息技术。

（9）教材要有开放性和弹性。在合理安排基本课程内容的基础上，给地方、学校和教师留有开发、选择的空间，也为学生留出选择和拓展的空间，以满足不同学生学习和发展的需要。

（二）《普通高中语文课程标准（实验）》的“教科书编写建议”

（1）教科书编写要以马克思主义为指导，坚持面向现代化、面向世界、面向未来；贯彻国家课程改革的精神，落实《普通高中语文课程标准（实验）》的要求，全面达到高中语文教育的各项目标。

（2）教科书编写应以教育科学理论为指导，充分体现时代特点和现代意识，要重视继承和弘扬中华民族优秀文化，理解和尊重多元文化，要有助于学生增强民族自尊心和爱国情感，有助于树立正确的世界观、人生观和价值观。

（3）教科书要适应高中学生身心发展的特点，符合语文能力形成和发展的规律，要有助于培养学生的实践能力和创新精神，有助于形成学生良好的个性和健全的人格。

（4）教科书应突出语文课程的特点，要便于指导学生自学。内容的确定和教学方法的选择，都要有利于学生自主、合作与探究地学习，掌握自学的方法，养成自学的习惯，不断提高独立学习和探究的能力。

（5）教科书选文要具有时代性和典范性，富于文化内涵，文质兼美，丰富多样，难易适度，能激发学生的学习兴趣，开阔学生的眼界。

（6）教科书的体例和呈现方式应灵活多样，避免模式化。要注重设计体验性活动和研究性学习专题，有助于学生创造性地学习。

（7）教科书应有开放性，在合理安排课程计划和课程内容的基础上，给地方、学校和教师留有开发和选择的空间，也要给学生留出选择和拓展的余地，以满足不同学生学习和发展的需要。

（8）教科书要重视现代信息技术的运用。

(9) 必修课教科书，可以将课程内容综合设计成五个模块；也可以按“阅读与鉴赏”、“表达与交流”的目标分编，供学校在教学中自行组合成五个模块。

(10) 选修课教科书，可以根据五个系列的课程目标，在每个系列中设计若干选修模块进行编写。学校也可以选用现成的图书作为教科书。

综观两个语文课程标准对语文教材编写的建议，国家对语文教材的编写实际上有着如下要求：

(一) 语文教材必须体现时代精神

语文可以说是母族文化的典型代表，是母族文化发展的集中表现。语文自身也是一种具有急剧发展性的文化。所以，语文教材必须与时俱进地反映时代发展的新气象，以培养学生的“现代人”素质。“编写建议”中强调“关注人类，关注自然，理解和尊重多元文化”的提法是具有时代特点的新观念，这使得教材在选文上更加贴近时代，贴近生活。而“重视现代信息技术运用”也强调了语文教材与现代科学技术发展的密切联系。另外，教材的体例、呈现方式也应具有现代认知与审美的价值取向。

(二) 语文教材必须具有丰富的人文内涵

语文是一门富于人文性的课程。“编写建议”中强调语文教材要肩负起丰富学生精神世界、加强学生文化积累的责任，应该把与时代发展息息相关的文章选入教科书。选文要融中外优秀文化于一体，体现多元性，便于学生从多方面、多角度了解人类文化；要为培养学生拥有宽阔的胸怀、炽热的爱国之心以及强烈的民族自豪感服务，提升学生的人文精神。

(三) 语文教材必须能为学生的发展服务

课程标准强调教材要有利于学生的“学”，所以教材的内容、体系要考虑中学生学习的心理特点。选文要在题材、体裁、风格上丰富多样，难易要适度，便于学生学习。教材呈现方式应能吸引学生，唤起学生的学习欲望，调动学生学习的主动性和积极性。教科书要符合学生的学习兴趣和需求，为顺利开展语文学习提供前提。要注意选取学生喜读乐学的篇章，激发学生的学习兴趣，提高他们学习语文的积极性。要为学生进一步发展语文素养提供切实有效的帮助，加强体验性的活动设计，加强教学的互动性。必须适应培养学习能力的需要，不仅授人以“鱼”，更着重授人以“渔”，帮助学生掌握学习的策略。这反映了以学生发展为本的新课程理念。

（四）语文教材必须注重培养学生的自主创新精神

倡导自主、合作、探究的学习方式是现代语文课程的重要理念之一，语文教材应该充分体现这一新理念。教材要有利于学生掌握学习过程和学习方法，内容的组织、练习的设计都“要注意引导学生掌握语文学习的方法”。要设置好语文综合性学习和研究性专题项目，并为学生进行自学提供必要的材料和指导。学习活动的内容应能够激发学生进行探索性和创造性的学习，培养学生的语文实践能力和创新精神。

（五）语文教材必须为师生留有足够的空间

新课标强调教材要有开放性和弹性，这也是教材观念的重大变革。开放而有弹性的语文教材能给师生留有空间，一方面有利于学生自主学习，促进学习的个性化，促使学生主动探究，勇于创新；另一方面也有利于激发教师的创造性，使教学灵活生动。语文教材的开放性和弹性表现在教材提示、注释系统和练习的少而精，给学生留下自学、探究的空间，给教师留下灵活处理的空间。语文教材的开放性还表现为让学生的语文学习从课本走向现实生活，从封闭走向开放。

四、中学语文教材的使用

（一）语文教材的使用理念

语文教材是语文教育内容的载体，是实现语文教学目标的凭借。使用教材，首先就要确立正确的教材理念。

1. 从“教教材”到“用教材去教”

传统的语文教育，把教学材料等同于教学内容，所以把教材直接当作学生认知的唯一对象，教师的任务就是讲清教材，而学生的任务就是读懂教材。这种传授式的教学行为反映出来的教材观就是“教教材”。

随着对教学的深入认识，人们看到，教学已不仅仅是让学生掌握知识，学生掌握知识也不仅仅是认识教材提供的材料，教学的目的应当是使学生通过对教材的学习，掌握基础知识，形成基本能力，并获得智力的发展以及思想品德的培养。因此，在教学中，教师除引导学生认真阅读教材外，应更注重从教材中提炼出深层次的观点，并使学生掌握好学科的基础知识，以及通过各种习题训练去使学生形成相关的基本能力。这种教法反映出来的就是“用教材去教”的理念。

2. 从“学教材”到“用教材去学”

过去，在传授式教学的影响下，学生的学习任务就是学好教材，掌握教材即为学生的学习目标。学生以为学好教材就是学好了知识，这种情况反映的就是“学教材”的理念。

在教师“用教材去教”的理念及启发式、引导式教学的影响下，学生的学习行为已不再指向于理解和熟记课本，而是既把教材当作认知的对象，更把教材当作学习的工具，利用教材提供的范文、资料及作业、活动设计等去开展探究性学习，从而达到形成和发展综合素养的目的。这种表现，说明学生也在发生从“学教材”到“用教材去学”的转变。

（二）语文教科书的钻研

钻研教科书是理解和用好教科书的必要前提，也是一个语文教师必须掌握的基本技能。

教科书的钻研包括：对整套教科书的钻研；对一册教科书的钻研；对一个教材单元的钻研；对一篇课文的钻研等。其中，对一篇课文的钻研是语文教师经常性的工作，也是语文教师的一项基本技能，本书特将其放在本章后“教学技能（课文分析）”中阐述，此节不作赘述。

1. 对整套教科书的钻研

对整套教科书的钻研包括：了解教科书的编写意图，从根本上认识教科书；了解整套教科书的基本构成，从总体上把握整套教学材料；了解整套教科书的基本特点，进一步认识教科书。

例如：广东教育出版社出版的《普通高中语文试验教科书》，其指导思想是：以马克思主义和教育科学理论为指导，全面落实《普通高中语文课程标准（实验）》的理念、规定和要求，从经济发达、语文水平一般的实际出发，有针对性地解决存在的问题，迅速、全面地提高学生的语文素养。整套教科书包括了5个必修模块和14个选修模块。其中必修模块有着鲜明的特点：在体例上以“三线”（活动、文体、语体）安排单元，体现出教材的基础性、传统性和时代性；在内容上强化阅读，以阅读作为提高语文素养的杠杆；在学习设计上安排语文活动，促进写作、说话、阅读能力的整体提高。

2. 对一册教科书的钻研

对一册教科书的钻研包括：认识本册教科书的内容与结构；了解本册教科书的教学目标与要求。

例如：广东教育出版社出版的《普通高中语文试验教科书（必修1）》，内容与结构由四个单元构成：第一单元“认识自我活动”，以活动为主，带动文本的阅读；第二单元“传记”、第三单元“散文（1）”、第四单元“古典诗歌（1）”，以文本阅读配合表达交流活动开展学习。内容上，“传记”单元注重从人物传记入手，感悟人生，汲取教益。“散文（1）”单元注重从日常的景、事、思中认识人生与外界的复杂联系，培养自我与世界的和谐关系。“古典诗歌（1）”单元注重从古典诗情中感知人性人情的魅力。全册书的目标与要求，人文导向方面是深化、完善学生的自我意识，培养学生的审美鉴赏力与创造力，使学生在自我与他人、自我与客观世界、自我与传统文化的多重联系中均衡而有个性地发展；语文素养方面是在阅读与鉴赏、表达与交流、现代汉语、古典诗歌等方面有侧重地加以培养。

3. 对一个教材单元的钻研

在现代语文教材中，单元是教科书的一个重要单位，因为一个教材单元就是一个教学单元，教学总是以一个单元来思考的。

对一个教材单元的钻研主要有三方面：一是单元的类型。单元主要有两种类型：一种是课文单元，即由若干篇课文组成的单元，是最基本的单元类型，用以开展文章的阅读活动；另一种是活动单元，是关于开展语文活动的说明或指引，以及相关的材料。二是单元的目标或要求。这是单元教学的核心，要注意分析单元中各种教学材料及其设计与单元教学目标与要求的联系，以便对教学材料及其设计作出恰当的处理。三是单元的构成。课文单元的构成包括课文的篇数及其在单元中的教学地位、相关的练习、其他学习材料等；活动单元的构成包括活动的主题、要求、程序、方式以及相关的材料等。

例如：广东教育出版社出版的《普通高中语文试验教科书（必修1）》第二单元，其单元类型为课文单元（传记），目标要求包括了解传记主人公的生活经历，思考传记主人公的生命价值，从中汲取人生的教益，以及了解不同的传记文体特点；学会写传记文。其单元构成包括：阅读课文（包括3篇“基本阅读”课文和2篇“扩展阅读”课文）；表达交流活动（包括“人物访谈，学写传记”和“关注自我，学写自传”）；知识性短文（关于传记文的一些基本知识）。

思考题

1. 中学语文课程内容的依据是什么？
2. 新课标提出的语文课程内容系统是怎样的？
3. 中学语文课程纲领性文件的作用是什么？
4. 中学语文教材具有哪些功能？
5. 中学语文教科书包括哪些构成要素？
6. 应当怎样使用语文教材？

【教学技能】

课文分析

对于一篇课文的分析，要从形式到内容疏通课文，从整体到局部熟悉课文，从现象到本质吃透课文。其程序包括认读通读——细读熟读——精读味读这三个步骤。

首先是认读通读，要求从形式到内容读懂课文。主要的工作包括审题解题、正音正字、解词辨义、理句析句、分层划段。审题解题——包括从文题辨认文体，领悟文旨，明确文章的出处、作者和写作背景，把握文章的对象、范围、重点和意图。正音正字——凭借工具书扫除阅读理解中的文字障碍，同时明确课文的重点字词。解词辨义——区分各类词语，确认哪些是生词，哪些是易错的熟词，哪些是画龙点睛的关键词，哪些是最富表现力的词，哪些是生僻或弃用了的词，还有哪些是知识性的名词等，以便确定教学中应让学生理解的词、会运用的词和能辨析的词，相机进行教学。理句析句——这是解词品词与求旨探法之间的桥梁，又是句子练习设计的基础。应通过整理和分析，把握重点的句子，如中心句、关键句、关联句、总提句、总结句以及传神句、独创句、典型句和易错句等。同时根据句子在文中的地位确定分析句子的角度和方法，分析其句法、句式、句型、句义、辞格、情感、风格和效果等。分层划段——根据作者的思路，理清文章的脉络和结构。通过总体感知，认真钻研，初步分析课文的段落与层次、开头与结尾、过渡与照应、铺垫与伏笔等，明确各层各段的含义，大致把握段落组合的方式和衔接的艺术，为深入钻研课文打好基础。

其次是细读熟读，熟悉教材。在疏通教材的基础上从整体到局部掌握教材，从而进入探求教材真谛的较高层次。这一步的工作主要有熟读成诵和求旨探法。熟读成诵——在通读课文的基础上反复地默读和朗读课文，达到熟读成诵的地步。对教材规定学生应背诵、应默写的课文，教师首先要能背出和默出，对虽不要求学生背诵和默写的精短课文和长篇课文的重点段落，教师也应能吟诵如流，甚至流利背诵。对于注释，教师则应铭记在心，以便融会于词、句、篇、章教学之中。求旨探法——从内容与形式两方面对课文进行钻研与分析。求旨，要求全面、正确地理解、领会文章的主题思想，正确分析和把握文旨，从不同的角度和层次进行挖掘，以拓展教材的教育启迪作用。办法有：看标题有无显示主题思想；看文首有无开宗明义、揭示文旨；看文尾有无篇末言志，等等。探法，则是在明确"作者写了些什么"的基础上，分析课文是"怎样写的"和"为什么这样写"，把握文章的写作方法，为吃透教材打下良好的基础。

再次是精读味读，吃透教材。吃透教材是研究教材的较高境界，要求从现象到本质深入理解教材。首先要求从现象研究本质。看课文用什么样的语言反映了什么样的内容，用什么样的结构体现了什么样的思路，用什么样的材料证明了什么样的观点。然后，再从本质研究现象。看文章为了反映这样的内容，采用了什么样的语言，为什么要采用这样的语言；为了体现这样的思路，采用了什么样的结构，为什么要采用这样的结构；为了证明这样的观点，采用了什么样的材料，为什么要采用这样的材料。经过这样一个来回两个回合的探究，就可以把握课文的现象和本质，既懂得课文是"怎样写的"，又懂得课文"为什么这样写"，做到知其然又知其所以然。

总之，对一篇课文的研究可以按照"通"、"熟"、"透"三个步骤去进行，从现象到本质吃透课文。在此基础上，教师就能够更好地编制教案，指导学生学习和理解教材，顺利实现教学目标。

第三章

中学语文教学与学生的发展

教育的对象是人。教育在人的发展过程中起着主导作用。中学语文教学是学校教育的重要组成部分，它以学生的全面发展为中心，对学生的发展产生重要的影响。语文具有三种功能：使用功能、发展功能和调节功能。语文教育功能的特殊性可以归纳为语文教育的基础性、整体性和终身性三方面。语文教学与德育、智育、美育、情育密切相关，必须从语文学科的特点和规律出发，注意挖掘语文教材中德、智、美、情等方面的教育因素，陶冶学生，塑造学生，有效地促进学生全面发展。

第一节　语文教学的教育功能

影响个人成长和发展的主要因素有遗传、环境、教育以及个人自身的主观能动性等。其中遗传是个人心理发展的生物前提，环境对人的发展自然地产生影响，个人自身的主观能动性是人发展的内部动因，而教育在人的发展上则起着主导作用。学校教育作为一种专门培养人的社会活动，有着专门受过教育专业训练的教育者，有着为社会所期望的教育目的，有着适合学生接受的教育内容，有着适应学生学习的教育方法，对学生施以有系统、有组织的影响，从而实现对学生发展的主导作用。这种主导作用不仅体现于使学生沿着正确、健康的方向发展，而且还体现于使学生在最短的时间内达到当代社会对人的基本要求上。学校教育为人的全面发展创造条件，也为人的终生发展奠定坚实的基础。

教学永远都具有教育性，这是近代国内外教育家普遍认同的一种极为重要的教学观念。教学之所以具有教育性，这首先是因为学习材料是文化形式与内容的有机结合，既具有认知性也具有陶冶性。其次，在人的素质结构中，“知书”与“识礼”是相辅相成的，人在吸收知识的同时也在接受道理，而且明白道理必须以理解知识为基础，而明白道理又会促进人对知识的学习和掌握。学校的学科教学都肩负着教书育人的使命，这就要求在教学过程中将学习知识与全面育人有机地结合起来。学习知识是为了发展学生对客观事物的认识，培养学生从事脑体活动的技能，从而着重解决学生对客观事物的认识和行动的效率问题，而全面育人则是使学生素质的各个方面都得到最大限度的发展。人的发展是多方面的，有身体的、智能的、情感的、意志的、行为的等。在教学过程中贯彻全面育人的思想，就是按照一定的教育目标，遵循受教育者的身心发展规律和教学规律，展开德、智、体、美等方面的教育活动，从而使受教育者得到全面的发展。

语文学科是一门基础学科，它具有三种功能：一是使用功能，能够负载、储存和传递信息，即交际工具；二是发展功能，对心理、思维有推动作用，语言能力的高低与思维能力的水平有直接关系，不同的语言也反映不同的思维方式；三是调适功能，也称为感染功能，即具有审美享受和调节塑造人的文化心理的作用。从语文学科的功能来认识语文教育功能的特殊性，可以归纳为以下三方面：

一、语文教育的基础性

《全日制义务教育语文课程标准（实验稿）》指出：“语文是最重要的交际工具”，“语文课程应致力于学生语文素养的形成和发展。语文素养是学生学好其他课程的基础，也是学生全面发展和终身发展的基础。语文课程的多重功能和奠基作用，决定了它在九年义务教育阶段的重要地位。”从生活看，语文是传递知识、吸收知识的最重要的工具，没有良好的语言文字能力，一切学习活动都难以进行。读书、作文、交际以至科学活动、生活实践都需要学好语文。从技能看，运用各种各样的工具书，熟悉各种各样的图书报刊，运用语言表达情感、思想、见解以至掌握参考、比较、演绎、归纳等技能，都以语文为基础。从习惯看，良好的语文学习习惯，是生活能力的基础。有学者认为：语言文字的学习，就理解方面说，是得到一种知识；就运用方面说，是养成一种习惯。语言文字的学习，出发点在“知”，而终极点在“行”；到了能够“行”的地步，才算具有这种生活的能力。缺乏这种能力，工作生活就失去基础。这就说明，语文之所以重要，就在于其具有基础性。基础性存在于学习，存在于生活，存在于人的各个方面，存在于人的持续发展中。因此，语文教育功能之所以有别于其他学科的教育功能，首先也就在于它对于人的发展具有多重功能和不可替代的奠基作用。

二、语文教育的整体性

语文教育应以人的全方位发展为逻辑起点及其归宿，因而必须注重语文教育功能的整体性发挥。《全日制义务教育语文课程标准（实验稿）》指出："语文课程应培育学生热爱祖国语文的思想感情，指导学生正确地理解和运用祖国语文，丰富语言的积累，培养语感，发展思维，使他们具有适应实际需要的识字写字能力、阅读能力、写作能力、口语交际能力。语文课程还应该重视提高学生的品德修养和审美情趣，使他们逐步形成良好的个性和健全的人格，促进德、智、体、美的和谐发展。"现行的《中学语文教学大纲（高中部分）》也明确提出："在教学过程中，进一步培养学生热爱祖国语言文字，热爱中华民族优秀文化的感情，培养社会主义思想道德和爱国主义精神，培养高尚的审美情趣和一定的审美能力，发展健康个性，形成健全人格。"依据教学目的，语文教学过程必须注重发挥语文教育的整体性功能，充分挖掘教材德、智、美、情等方面的内容来教育学生。如语文教材中的伦理道德因素能够提高学生的道德认识，逻辑思维因素可以发展学生的认知能力，审美因素可以优化学生的审美结构。同样地、语文教学过程确立强化学生在语文教学中的主体地位有助于培养学生的自主意识，结合作文教学能够培养学生健康、丰富的情感，让学生参与阅读规律的研究有助于培养学生的创造精神。因此，语文教学对人的发展有多方面的作用，必须重视将德、智、美、情等方面的教育有机地统一于语文教学过程，使语文教学的整体性功能充分地发挥，从而促进人的全面发展。

三、语文教育的终身性

语文教育是指中华民族共同语的教育，是母语的教育，《全日制义务教育语文课程标准（实验稿）》指出："语文课程应致力于学生语文素养的形成和发展。语文素养是学生学好其他课程的基础，也是学生全面发展和终身发展的基础。”语文学习贯穿每个人的一生，是个人接受终身教育的重要组成部分。学生随时随地都有学语文的机会。例如，逛马路，马路旁边的广告牌可以作为琢磨语言的教材；买东西，附带的说明书也可以当作语言学习材料。人们常说语文学习的外延和生活的外延相等，这说明语文学习并不局限于课堂，丰富多彩的家庭生活、社会生活的方方面面都是语文学习的广阔天地。我们正是在我们生活的语文环境中得以丰富语言、发展思维、拓展知识。因此，一个人只有终身不断地学习语文，接受语文教育，才能得到更好的发展。

第二节　中学语文教学与德育

德育，是学校对青少年学生进行政治教育、思想教育、道德教育的总称。重视德育是我国教育一贯的传统，历代的教育都强调以德育为中心，并且智育、情育、美育也渗透着德育的内容与要求。语文教育是学校教育的重要组成部分，它历来与德育有着紧密的联系。

一、语文德育的依据

（一）从我国基础教育的培养目标看

2001年6月8日我国颁发的《基础教育课程改革纲要（试行）》指出：“新课程的培养目标应体现时代要求。要使学生具有爱国主义、集体主义精神，热爱社会主义，继承和发扬中华民族的优秀传统和革命传统；具有社会主义民主法制意识，遵守国家法律和社会公德；逐步形成正确的世界观、人生观、价值观；具有社会责任感，努力为人民服务；具有初步的创新精神、实践能力、科学和人文素养以及环境意识；具有适应终身学习的基础知识、基本技能和方法；具有健壮的体魄和良好的心理素质，养成健康的审美情趣和生活方式，成为有理想、有道德、有文化、有纪律的一代新人。”德育对保证人才培养的正确方向，促进学生的全面发展起着主导的、决定的作用。因此，学校教育必须把德育放在首位，并且把德育渗透到学校的全部教育、教学活动中去。学校开设的各门学科均负有德育的任务，各学科的教学都应该结合学科知识的特点，充分挖掘教材与教学活动本身的思想、政治、道德等方面的教育因素，以引导、熏陶、感染等方式去影响学生。

（二）从语文课程的特点和教学过程来看

《全日制义务教育语文课程标准（实验稿）》指出："语文是最重要的交际工具，是人类文化的重要组成部分。工具性与人文性的统一，是语文课程的基本特点。"语文作为一门人文学科，积淀着深厚的民族文化，具有强烈而深刻的思想性、情感性。入选语文教材的典范文章，有的蕴涵着中华民族赖以生存发展、兴旺发达的重要精神，如爱国主义精神；有的具有反对剥削、反对压迫，以解放全人类为己任的共产主义思想；还有的为读者提供认识世界的科学的立场、观点、方法等。因此，语文教学过程要求遵循"文道统一"的原则，必须注意挖掘教材丰富的德育内容去教育学生。依据语文工具性与人文性统一的特点，语文教学既不允许脱离具体的语言文字进行空洞的政治说教，又不能脱离课文的思想内容单纯地进行语言文字的教育。语文教学应该缘文释道，因道解文，正如张志公先生说的："带领学生从文章里走个来回，即首先把语言文字弄清楚，从而进入文章的思想内容，再从思想内容走出来，进一步理解语言文字是怎样组织运用的。"这样，学生在获得语文知识，提高语文听、说、读、写能力的同时，他们的思想就会受到教育，情感就会受到熏陶，心灵就会得到净化。

二、语文德育的特点

语文德育必须遵循语文学科的特点和教学规律来进行。由于语文学科教学目标、教学内容、教学手段等具有特殊性，因而就决定了语文德育有下面的特点：

（一）情与理的结合

语文学科的德育是情感熏陶与观念并存，两者有机地结合在一起。

德育的本质是一种理性教育，是对教育对象灵魂的塑造。它要求建立在完备的科学理论体系的基础上。从语文教材看，语文教材的内容不仅包括形象的、艺术的内容，也有抽象的、理论性的内容。如语文课本中的议论文《拿来主义》、《在马克思墓前的讲话》、《在庆祝北京大学建校一百周年大会上的讲话》、《过秦论》，以及有关思想修养方面的杂谈《谈骨气》、《当说必说》、《想和做》，等等，都是理论性的教育内容。学生年级越高，语文教材理论性的内容就越多。这是根据中学生随着年龄的增长抽象思维愈加发达的心理规律来安排的，同时也是从培养学生正确的人生观、科学的世界观的角度来考虑的。

语文学科的理性教育内容是客观存在的，但是语文教学并不能够像政治学科的教学那样比较客观地传授理论性的知识，而是注重将理性教育和情感教育结合起来，寓教于乐，融情入理，从而达到启发人、教育人的目的。如课文《屈原列传》通过对屈原事迹和政治遭遇的记叙，表现了他在政治上、文学上的杰出才能，同时赞颂了他的爱国精神和志洁行廉、刚正不阿的高尚品德。这实际上就为学生树立了一块人物丰碑，让学生去瞻仰、去学习。教学过程中教师可引导学生认真分析屈原的形象，感悟他那种强烈的爱国主义精神，从而激发学生对屈原遭遇的同情和对屈原“不随波逐流”及其爱国主义精神的敬仰与热爱，同时也激发学生对上官大夫等人的厌恶与批判，使学生爱憎分明。教师还可联系个人与社会实际，提高学生辨别美与丑、善与恶的能力。“情必依于理，理得然后情真”，语文教学的德育应该利用这个特点，改变那种线性的逻辑分析、空洞的说教的做法，让学生眼中有形、心中有情，在感受形象和产生情感的基础上，潜移默化地接受理性的教育，提高自己的思想道德素质。

（二）德育内容的明朗性与隐蔽性

语文学科的德育内容具有明朗性与隐蔽性共存的特点。

所谓明朗性，就是文章的主题是明显的，思想教育的内容是直接地、毫不隐讳地表露出来的，学生可以从中直接受到教育和影响。如课文《反对党八股》，文章直接列举党八股的各种表现，揭露了它们的本质和危害性，旗帜鲜明地号召人们反对党八股。又如课文《在马克思墓前的讲话》，文章直接介绍马克思生前的革命实践活动和贡献，洋溢着对马克思的爱戴和崇敬之情。这些课文的主题思想十分鲜明，教育内容非常深刻，学生从中可以获得思想道德的教育。

所谓隐蔽性，是与明朗性相对而言的。语文学科的德育内容在相当多的课文尤其是文学作品中，不是明显地表露在字面上，而是隐藏在课文的字里行间。先进的思想、崇高的理想、美好的感情、高尚的情操，无不熔铸在人物的语言和行动之中。如课文《七根火柴》并没有直接地写出无名战士崇高的理想和坚强的革命意志，而是通过对他的动作和语言的描写去表现。又如课文《截肢和输血》也没有直接描写白求恩大夫崇高的国际主义精神，而是通过描写他忘我工作、舍己救人的行为和无私奉献的精神体现出来。语文学科也蕴涵着丰富的人生哲理，并且它们也隐含在作品的语言之中。如课文《故乡》的结尾写道："希望是本无所谓有，无所谓无的。这正如地上的路；其实地上本没有路，走的人多了，也便成了路。"这几句话隐含的思想内容是非常深刻的，如果依照字面解释则毫无意义，也发挥不了思想教育的作用。语文教师应该挖掘课文的深层意义，启发学生，教育学生，把思想教育寓于知识的传授之中。

三、语文德育的内容

语文教材中的德育内容是丰富多彩的，涉及人的道德成长的各个方面。具体而言，语文德育的内容包括了思想品质、政治品质、道德品质三个方面。

（一）培养学生优秀的思想品质

优秀的思想品质，主要指远大的理想、正确的人生观和科学的世界观。语文教材中有大量的表现和歌颂作者及作品主人公优秀思想品质的内容。如《生命的支柱》中表现了主人公以大多数人幸福为自己最大幸福的崇高理想；《茶花赋》歌颂了普通劳动者为实现人类美好理想而默默工作的精神；《哥白尼》则表现了伟大的科学家的人生理想。语文教材中还有一些像《变色龙》这样的作品，用生动鲜明的艺术形象揭露和讽刺资产阶级的人生目的，从反面教育学生，使学生逐步懂得人为什么活着，以及应该怎样生活。语文教材中许多议论文、说明文以及一些文言文，还体现出辩证唯物主义和历史唯物主义的世界观和方法论。抓住这些教育因素适时点拨、引导，会对学生树立远大理想，形成正确的人生观和科学的世界观产生重大影响。

由于社会发展中的种种矛盾，语文教材中的"理想世界"与学生所处的现实世界有较大的差距，如教师教育学生要学习雷锋为人民无私奉献的精神，但学生却在现实生活中看到一些损人利己、以权谋私、敲诈勒索等行为。这种反差常常使学生迷惑不解，甚至感到茫然。因此，语文教师在教育学生时，要引导学生分析、认识和解决现实中存在的矛盾，把握学生思想的航向。

（二）培养学生优良的政治品质

培养学生优良的政治品质，大致可以包括：爱党、爱社会主义、爱国主义和国际主义、遵纪守法、勇于与坏人坏事作斗争，以及敏锐的政治观察力等。

爱国主义是我们中华民族的优良传统，也是语文德育的一项基本内容。在语文教材中，爱国主义教育的内容是十分丰富的。如体现热爱祖国家园的课文有《土地》、《枣核》、《故乡的榕树》等；反映热爱自然、热爱祖国壮丽河山的课文有《长江三日》、《雄关赋》、《登泰山记》等；表达民族自豪感的课文有《活板》、《核舟记》、《中国石拱桥》等；表现热爱社会主义事业的课文有《夜走灵官峡》、《崇高的理想》、《事业篇》、《松树的风格》等。在教读这些文章时，教师带着对祖国无限热爱的感情，引导学生领会、理解、体味其中的爱国主义因素，有助于激发学生的爱国主义热情，培养学生的爱国主义思想。爱党、爱社会主义也是语文德育的主要内容。语文教材中不少课文旗帜鲜明地表达了爱党、爱社会主义的思想，如邓小平同志的《建设有中国特色的社会主义》、《人民日报》社论《只有社会主义才能发展中国》以及《我们需要什么样的民主》等。引导学生学习这些课文，有助于增强学生的爱国主义情感，坚定学生爱党、爱国的政治立场。

（三）培养学生高尚的道德品质

在语文教学中培养学生高尚的道德品质应包括：尊重他人、关心他人、助人为乐、热爱集体、全心全意为人民服务、具有社会主义的人道主义精神等。

语文教材有许多课文是反映高尚的道德品质内容的。如《人民的勤务员》写雷锋“出差一千里，好事做了一火车”；《驿路梨花》写人人学雷锋，雷锋精神照亮了整个哀牢山区；《纪念白求恩》表现白求恩同志“对工作极端负责任，对同志、对人民极端热忱”的精神。这些内容都可以激发学生对雷锋、白求恩同志的敬佩之情，将其转变为向雷锋、白求恩同志学习的态度和决心，并指导自己的行为。那些为革命英勇献身、舍己为人，在敌人面前坚贞不屈、视死如归的英雄形象，如《谁是最可爱的人》中的志愿军战士，《二六七号牢房》中忍受酷刑、坚持斗争的反法西斯战士，《母亲》中的尼洛夫娜，《坚强的战士》中的林红，《七根火柴》中的无名战士等，他们都是具有社会主义道德情操的楷模。榜样的力量是无穷的，教师要充分运用教材中的英雄人物的思想言行，对学生施以良好的影响，使学生逐步成为具有高尚道德品质的新人。

总之，语文教育中培养学生优秀的思想品质、优良的政治品质、高尚的道德品质，是语文德育的主要内容；三者彼此联系，不可分割。教师要注意遵循语文教育本身固有的规律，将思想品德教育渗透在语文教育之中，使学生在学习语文的同时，受到思想、政治、道德等方面的熏陶，逐步培养与时代相适应的优秀的品质。

第三节 中学语文教学与智育

智力是保证人们成功地进行认识活动的各种稳定的心理机能的综合。它由注意力、观察力、记忆力、思维力、想象力等基本因素组成，但并不是这些基本因素的简单相加，而是这些基本因素的有机结合，其中思维力是核心。智力的诸因素彼此相互作用，从不同角度完成对客观事物的认识，表现为一定的认识能力。

人的智力并非与生俱来，而是在后天的环境和教育的影响下发展的。心理学研究表明，人的智力的发展一般随能力的增长而发展变化。人 14 岁以前的智力发展是直线上升，以后开始变缓，到 25 岁达到最高峰，26 岁到 36 岁保持高原水平，36 岁以后有下降趋势。因此，学生时代是智力发展的最快时期。学校各学科的教学都必须重视开发学生的智力。作为一门基础学科，语文学科的教学必须在教学过程中培养和发展学生的观察力、记忆力、思维力、想象力和注意力，特别是思维力，以提高学生的认识能力。

一、语文智育的依据

（一）从语言和思维的关系看

语言和思维是密不可分的，语言是思维的外壳，而思维是语言的核心。思维是依靠语言符号进行的，思维的结果即思想是靠语言符号的物化而固定和表现的。爱因斯坦说："一个人的智力发展和他形成概念的方法，在很大程度上是取决于语言的。"可见语言对促进人的智力（主要是体现在思维能力上）的发展有着重要的作用。现在不少学者直接把语言因素当作智力结构的组成部分。其理由就在于人的观察、记忆、思维、想象和注意等智力因素不能脱离语言而存在，定义、判断、推理、分析和综合、抽象和概括等智力活动也不能脱离语言而进行。学生语言能力的高低与思维能力的强弱有着密不可分的联系。语文教育是关于祖国语言的教育，其基本任务是指导人们学习语言及其各种表现形态，形成和发展语言素养。因此，语文教学与智育有着紧密的联系，语文教学必须重视开发学生的智力，这是由语言与思维的关系所决定的。

（二）从现代教育的发展趋势看

重视智力的开发已经成为世人共同关心的课题。随着现代信息技术的开发和应用，智力在生产过程中的作用越来越大。据统计，在机械化生产的初级阶段，体力劳动和脑力劳动的消耗比例为 9∶1；在机械化生产的中级阶段，两者的比例为 6∶4；在生产高度自动化的阶段，两者的比例为 1∶9，出现智力劳动比例迅速升高的趋势。科学家认为科技和经济高速发展到一定时期就会出现资源和能源不足的恐慌，迫切需要开发人才资源。因此，从 20 世纪 50 年代开始，在世界范围内就掀起了重视智力开发的教育浪潮。瑞士的皮亚杰和苏联的维果茨基各自创立了儿童智力发展的心理学体系；美国的布鲁纳倡导结构课程和发现学习法；苏联的赞科夫开展"实验教学体系"，艾利康宁、达维多夫实行"智力加速器计划"；西德瓦根舍因和克拉夫基以教育范畴为指导，提出范例教学法，等等。这一切努力都是为了开发儿童的智力，以使他们能适应现代化科学技术发展的需要，为势必更加汹涌澎湃的新科技革命浪潮做好充足的智力准备。

二、语文智育的特点

（一）语文智育与学生的知识水平、能力水平关系紧密

智力是掌握知识的条件，知识又是发展智力的基础，两者互为条件，相辅相成。学生的智力是在掌握知识的过程中得到发展的，而智力又表现在掌握知识的过程中。一般来说，掌握知识越多、越熟练，智力发展水平也越高。如学生掌握的汉字、词汇、句式和语法、修辞、逻辑知识越多、越熟练，就越能更好地进行判断、推理和论证，抽象思维能力就越能得到发展。

一个人的认知能力的发展水平往往与他掌握知识的多寡和优劣有密切关系。智力活动是依靠知识来分析问题、解释问题的。离开了知识，智力活动就成为无源之水、无本之木了。因此，要在学生掌握知识的过程中开发他们的智力。如果离开知识的掌握这一基础，开发智力就会成为空话。

同时，学生掌握知识、技能的快慢、深刻和牢固程度，又与学生自身的智力发展水平有密切关系。智力水平低的学生思路狭窄，分析综合能力差，不善于抓主要矛盾；智力水平较高的学生思路宽广而思维敏捷，知识技能的迁移能力强，对各种材料的学习有较强的适应性。苏联教育家赞可夫着重于开发学生智力的实验，取得了巨大的成就，使苏联小学学制从原来的四年缩短为三年，即在三年内学完四年的课程，达到与四年级同样的水平。他的实验班由于重在开发智力，使俄语教学所花的时间，至少比普通班少30%。可见，智力发展水平较高，掌握知识便较快。

语文智育与学生的能力水平也有紧密联系。能力是指一个人能够成功地完成某些活动的个性心理特征。它表现在能比较迅速而容易获得知识和技能，也表现在能独立地、有效地完成某些活动、任务上。能力除了有智力这个基础外，还包括相应的知识、技能、技巧。如写作能力除了要有敏锐的观察力、丰富的想象力和严密的逻辑思维能力等以外，还必须要有审题、立意、选材、组材、遣词造句、谋篇布局等写作知识、技能和技巧。可见，能力和智力有密切的联系。在语文教学活动中开发学生的智力将有助于其能力的提高；同时，学生能力发展了，也会促进智力的开发。

（二）语文智育与学生的非智力因素关系紧密

非智力因素指接受知识、形成技能、发展能力的过程中除智力以外的各种因素，包括人的情感、意志、个性、气质等，它们与智力因素一起在智力活动中发挥着作用。现代教育的研究视野已经从智能中心转向了研究人的全面发展，不仅重视智力资源的开发，而且强调完整人格的塑造。在语文教育中开发智力，必须注意智力因素与非智力因素的整体性。智力因素在语文学习中与认识活动相联系，起认识作用，属于学习活动的操作系统；非智力因素在语文学习中与意向（人们对待或处理客观事物的态度、意愿、目的、指向等）活动相联系，起意向作用，属于学习活动的动力调节系统。但是，彼此分离的认识活动和意向活动是不存在的，任何一种高效的学习活动都是操作系统和动力调节系统的统一。

在语文教育中开发智力，还要注意智力因素与非智力因素的相互作用和转化。开展智力活动往往需要非智力因素的参与，并且对非智力因素提出一定的要求，于是，随着智力活动的开展和完成，非智力因素也得到了锻炼。同时，由于非智力因素的积极参与，智力在积极活动中也获得了相应开发。此外，非智力因素还可以弥补一个人智力方面的某些弱点，充分发挥其智力方面的某种优势；智力因素的种种稳定特征也可以直接转化为非智力因素的某些特征。

总之，在语文教育中开发智力，绝不能仅仅把目光聚集在智力因素上。要充分重视语文学习中动机、兴趣、习惯、情感、意志、性格等非智力因素与智力开发的关系，以语文学习积极性为纽带，智力因素与非智力因素协同训练、全面发展。

三、语文智育的内容

智力是一个整体，它是由观察力、记忆力、思维力、想象力、注意力等心理因素有机结合而成的，语文智育的内容，也就是围绕培养和发展智力的这些心理因素而进行。

（一）培养观察力

观察力是有目的、有计划地感知客观事物的能力，它是智力的基础，也是语文能力的基础。

语文教材中大都是名家名篇，它们反映了作家的观察方式和观察能力。如老舍的《在烈日和暴雨下》，作者把自然景物准确、细致、传神地描绘出来，并通过景物描绘烘托人物，表现人物的心理。作者选取特定的观察视角，写祥子在烈日、狂风、暴雨等恶劣天气下的行动和经历。作者写景注意动静结合，多次写到“柳”，把柳树暴雨前后的变化一点点写出来，由“懒得动”到“微微地动”，再到“摇摆”，然后“狂舞”，经过“等着”，最后是“飞”，像是有静有动的图画，表现了观察的变换性和持续性。又如朱自清的《背影》中描写父亲爬上去、跳下去买桔的情景，是作者感情的凝结点。文章通过“攀”、“缩”、“倾”等动词，写出了父亲买桔的艰难，表现出观察的深入细致和准确。语文教学应该通过这些观察范例，注意培养学生的观察能力，使他们做观察生活的有心人。

（二）培养记忆力

记忆力是人脑贮存、重现过去掌握的知识、经验的能力。它是智力活动的仓库，在学生的学习活动中有着特别重要的作用。识记可以分为机械识记和意义识记两种。机械识记往往表现为对学习材料的死记硬背，不求甚解，其记忆效果并不佳。意义识记是建立在理解基础上的记忆，其记忆效果较好，语文教材往往以单篇课文进行编排，所讲的知识呈现出零碎、分散的特点。如果一味地死记硬背，由于所记的知识在大脑中没有形成一定的联系，学生很快就会忘记。因此，教师要指导学生在对学习材料进行取舍的基础上，合理归纳，把单个项目组成较大的记忆单位，完成从整到零再到整的过程。这样对学习材料进行加工分类，使之系统化，有利于巩固知识，提高记忆的效率。如对文言文中的通假字、古今异义词、常见句型等，可以分类归纳；对不同作品所反映出的相同的、规律性的读写知识，也可以进行归纳。这样，学生的机械识记和意义识记可以有机结合起来，提高识记效果。

（三）培养思维能力

思维能力是凭借概念、判断、推理等形式认识事物本质规律的能力，它是智力的核心。思维离不开语言，语言离不开思维。语文课要结合字、词、句、篇以及写作等基础知识的教学，运用多种形式来训练学生的思维。教师要在向学生传授基础知识和基本技能的过程中，引导学生学会分析、综合、比较、抽象概括，去进行归纳推理和演绎，进而掌握科学的思维方法，提高思维的灵活性、深刻性、敏捷性、独立性。

培养学生的思维能力，首先要求教师善于创设适当的问题情境，启发思维。如教师讲授《荷塘月色》一文时，可设计以下问题：①作者为什么去荷塘边散步？②作者用哪几个词简洁地勾画出荷塘的轮廓？③作者抓住什么特征来写静态中的荷花和荷叶的？④作者是怎样写动态中的荷花和荷叶的？⑤作者独居荷塘时的心情如何？从哪里可以领会到？……通过一系列的问题解答，师生共同参与，紧凑、生动而扎实地分析了课文内容，而学生的思维能力也可以得到锻炼和发展。

其次，要求教师善于指导学生掌握思维的方法。如比较法，它既是方法，也是一种思维操作过程。

运用比较法分析课文，有助于学生掌握规律，举一反三，提高分析、概括、推理、想象的能力。在语文学习中运用比较法，应根据课文特点和学生的实际，选择可供比较的内容进行：①可以抓住课文内容的异同点进行比较；②将课文与原文进行比较；③将同一体裁的课文进行分析比较；④将同一题材或同一论题的课文进行比较；⑤将同一作者的不同作品进行比较，等等。例如，《海燕》、《白杨礼赞》、《松树的风格》三篇课文同是抒情散文，都运用了象征手法，但在运用象征手法的方法上又有所不同。《海燕》只描写了象征物；《白杨礼赞》既有象征物的具体描写，也有象征意义的揭示，但不甚显豁、具体；《松树的风格》既有象征物的具体描绘，又有对象征意义的直接揭示和点化议论。为什么会出现这种不同呢？主要原因是作品写作的时代背景不同及作者个性、写作风格的差异。在这里，通过同中求异，比较分析，即可深化学生认识的层次，提高其思维的能力。

再次，要求教师善于鼓励学生求异创新。求异思维是一种不依常规、寻求变异，从多方面探索问题答案的思维方式。这种思维方式不受现有结论的局限，不受传统习惯的约束，其结果可以由已知推出未知，发现新事物、新规律。语文教学中求异思维的训练形式主要有：多方案选择，多角度解答；变方向求解，变角度求解；审视性理解，综合性评价；创造性发挥，等等。例如，教读《谁是最可爱的人》一课，就可以让学生从多角度概括战士的品质。如概括为“战士坚韧刚强的意志，战士淳朴谦逊的品质，战士宽广坦荡的胸怀”；概括为“血染松骨峰，火猛情深，以苦为乐”；还可以概括为“血染的风采，烈火中的奉献，藏在心底的愿望”。结论虽不同，但彼此之间可以比较、分析，互相启发，以求得最完美的答案。因此，鼓励学生求异创新，有利于培养学生发散思维、求异思维的能力，让他们去发现事物之间新的关系；有利于培养学生的创造精神，发展他们的创造才能。

（四）培养想象力

想象力是根据头脑中已有的表象，经过思维加工建立新形象的能力。它是智力活动的羽翼，是创造性思维的前提条件。借助想象，人们可以把概念和形象，具体和抽象，过去、现实和未来，科学和幻想以及不同的宇宙空间巧妙地结合在一起，创造出新事物。爱因斯坦认为："想象力比知识更重要，因为知识是有限的，而想象力概括着世界上的一切，推动着进步，并且是知识进化的源泉。"因此，语文教学必须重视培养学生的想象力。

想象渗透在语文学习的整个过程中，是智力发展的一个重要方面。在学习课文时，学生想象不出文章中的人物形象、景物、场面，就难以深刻理解课文。如学习《敕勒歌》时，随着老师对"天苍苍，野茫茫，风吹草低见牛羊"诗句的讲解，学生头脑中就会浮现出大草原辽阔、壮美和牛羊成群的画面，从而会加深对这首诗的理解，激发起对草原自然景色的热爱和向往。同样，在写作文时，学生也要充分展开想象的翅膀，在记忆中提取丰富的素材，并要进一步发挥新奇、巧妙的创造性想象，才能写出生动感人的文章。语文教学培养学生的想象力，首先要注意扩大学生的知识面，丰富表象储备。人的想象不是凭空产生的，它是人脑在原有表象的基础上加工，将其改造成新形象的过程。教师要利用各种直观教材教具、现代教学媒体设备，促使学生运用多种感官进行语文学习活动，形成各种记忆的表象，为想象提供丰富的材料。教师要配合语文课外阅读，组织参观、访问、游览、实地观察等活动，尽量扩大学生的知识范围，丰富学生的感性认识。其次，教师可以让学生根据课文大胆、合理甚至创造性地展开想象，并与作文相结合，用改、扩、补、续等形式演绎课文。例如，把《伤仲永》改写成情节具体的故事，扩写《鸿门宴》中"项庄舞剑"的具体情景，补写《小橘灯》中王春林的故事，续写《项链》的各种结尾，续写《阿Q正传》中阿Q子孙的故事，等等。

此外，教师还可以训练学生写想象性作文，如写"假如我是记者"、

“假如我飞入太空”一类的假想性作文；以“我希望……”、“我祝愿……”等为题写愿望性作文，表达心目中的追求、愿望或理想；也可以写各种形式的情境作文，如听一段歌曲或声响（如动物吼叫、海浪翻涌、叫卖声等），让学生描绘想象中的画面，或概述一个故事，让学生展开想象写出具体场景、情节和人物形象，等等。

（五）培养注意力

注意力是一个人的心理活动对一定对象的指向和集中。它是智力活动的卫士。有了注意力，智力活动才能指向、集中到重要的刺激物上，才能连续不断地维持有用信息的输送，保持对第一手信息的警觉，抑制不需要的刺激物引起的智力活动。

根据有无预定目的和意志努力的参与，可以把注意分为三大类：无意注意、有意注意、有意后注意。这三种不同的注意各有不同的特点，对语文学习产生的作用各不相同。在语文教学活动中教师要注意扬长避短、区别对待，充分发挥各种注意的优势。如巧妙地利用无意注意组织教学，在讲授课文内容时，注意克服呆板的倾向，应做到抑扬顿挫，讲到重点之处，要在音调上予以突出，或放慢语速；板书也要有主次之分，增强对比度，尽可能地吸引学生的注意力。教师也可以利用有意注意、有意后注意来组织教学。由于语文教学是按计划、有目的、分步骤进行的双边活动，必须依靠学生的有意注意才能完成。因此，在教学的各个环节中，教师都要注意运用有意注意规律，激发学生的学习兴趣，调节他们的注意力。具体来说，就是要充分发挥教材的形象性特点，巧妙运用联想，创设耐人寻味、发人深思的问题情境，吸引学生的注意力。语文教材中的许多名篇如《醉翁亭记》、《岳阳楼记》、《荷塘月色》、《春》等，它们既有巧妙的构思、丰富多彩的生活画面，又有动人的故事和栩栩如生的人物。语文教学就是将无声的文字，通过教师丰富、激越的感情，绘声绘色的语言和朗读，在学生面前展示出一幅幅绚丽多姿的画面，再现那动人的故事和人物，去吸引学生的注意。

第四节　中学语文教学与美育

美育，也称为“审美教育”，是使学生掌握审美基础知识，形成相应的审美能力，培养正确的审美观点的教育。语文教学与美育的关系十分密切。语文教学是按照一定时代的审美意识，借助各种审美媒介，向学生施加审美影响，进行审美教育，培养学生审美素质和审美能力的活动。《全日制义务教育语文课程标准（试验稿）》明确提出，语文课程要“重视提高学生的品德修养和审美情趣，使他们逐步形成良好的个性和健全的人格”。依据新课程标准编写的语文教材与过去的语文教材相比，其突出特点之一就是注重选文的思想性、审美情趣和文化内涵。

一、语文美育的依据

（一）人的全面发展的需要

人的全面、和谐发展指的是人的德、智、体、美、劳的共同发展，是躯体与精神、感性和理性的和谐发展。1906 年王国维先生在《论教育之宗旨》中指出：“完全之人物不可不备真善美之三德，欲达此理想，于是教育之事起，教育之事亦分为三部：智育、德育、美育是也。”美育对于促进人的全面、和谐发展具有重要的作用。一方面，美育可以完善受教育者的审美心理结构，包括敏锐的审美感知力、丰富的审美想象力、强烈的审美情感和透彻的审美理解力；另一方面，美育仿佛是一种催化剂，它可以使各种教育因素发挥更大的能量，它与德、智、情融合为一体，像多种维生素发生着综合的效应一样。良好的审美活动，可以使人们情绪饱满、积极向上，对促进人们身心健康和智力发展都有很大的益处。马克思说，人类是按照美的规律来改造世界的。人们在改造世界的实践活动中，总是把自己的意志、道德和审美理想，以及对事物运动规律的认识统一在一起进行的。因此，我们要培养自觉地建设社会主义的新人，就不能不发展美学，不能不发展审美教育。

（二）语文学科的优越条件

从语文学科的特点看，语文学科是具有浓厚的人文性的。语文教育的内容反映着中华民族丰厚的文化底蕴，具有较高的美育价值。语文教材本身具有许许多多的审美因素，在进行审美教育方面有着得天独厚的条件。有人甚至认为语文教学进行审美教育的广泛性和深刻性可能胜过中小学其他课程，甚至超过音乐课和美术课。从美学的角度看，语文是一门充满美的魅力的学科，在语文教材中约有70%是古今中外的文学名著，这些名著都具有独特的社会美、自然美、艺术美的内容。无论从教学过程还是教学方法看，都体现着语言美、形象美、意境美、画面美、结构美、风格美、环境美等。语文教学必须充分利用教材丰富的审美因素进行美育，不断提高学生对美的感受力、鉴赏力、创造力。

二、语文美育的特点

语文美育是以美学和审美教育理论为指导，并且结合语文学科的特点来进行的。它具有如下的特点：

（一）形象生动性

语文美育一般是以审美内容鲜明、直接的形象来诱发和感染学生的。它是以展示课文中的形象为手段的审美教育，其中一篇篇课文描绘出的多种多样的艺术形象，组成绚丽多姿的人生画卷，吸引着学生去感受、去欣赏。例如，唐朝诗人张志和的《渔歌子》："西塞山前白鹭飞，桃花流水鳜鱼肥，青箬笠，绿蓑衣，斜风细雨不须归。"诗中那翱翔自如的白鹭、艳红如火的桃花、碧绿流动的春水、往来翕忽的游鱼、斜风细雨中乐而忘归的渔者，这样的画面是多么的形象生动。又如茅盾的《风景谈》通过对戈壁滩的景色、山地月夜的景色、山地傍晚的景色、荒山上的雨天景色、桃林的景色、北国朝霞的景色等六幅优美画面的描写，反映了解放区朝气蓬勃的生活情况，热情赞美革命战士艰苦朴素、积极乐观的高贵品质以及为争取民族的独立自由而奋斗的精神。再如文天祥的《过零丁洋》是一首用血泪生命写于囹圄之中的述志诗，反映了爱国将士文天祥在生死关头视死如归的光辉形象。这是凛然正气、耿耿丹心、与天共存、与日月同辉的人物美。语文教学要使学生通过景色美、人物美等形象领悟其内涵的价值。

（二）情感愉悦性

凡是美的事物，都有一种感染人、愉悦人的特性。这种特性使美的事物焕发出巨大的魅力，使人们在接触美的事物的时候，能够很快被它吸引，并且产生某种激动情感，获得精神上的愉悦和满足。语文美育就是通过美的事物激发学生的情感，唤起情感的共鸣，使人的心灵得到净化，思想得到升华。

语文教材大多数的课文是名家名作，作者把自己深刻的思想与情感注入作品里，学生阅读作品时往往会引起无穷无尽的联想，唤起情感上强烈的回应。例如，诗歌是集中反映现实生活、抒发作者思想感情的。它通过感情的交流去打动读者、感染读者。语文教师在教学诗歌时，应该想方设法再现诗歌的情感，引导学生去感受诗歌的情感，激发学生内心的情感，使文章情、教师情和学生情三者交融，和谐共鸣。在这方面特级教师于漪老师的教学为我们提供了成功的范例。如她在准备《周总理，你在哪里》这首诗的教学时，浮想联翩，想到周总理为国家大事日理万机、昼夜操劳；想到周总理对人民关怀备至；想到周总理临终时还嘱咐把自己的骨灰撒到祖国的大江南北——想到这一切，她情不自禁地热泪横流。课文情激发教师情，于老师在组织学生学习此诗时，就充分运用各种手段激发学生的感情，紧扣学生的心弦，把他们自然而然地步步引向感情的深处，使学生耳边仿佛响起高亢悲壮的旋律，进入群山回响、大海呼啸，天地万物共悼总理英灵的诗情境界。结果，课堂上一片啜泣之声，诗歌情、教师情、学生情融为一体。学生受到强大情感力量的震撼，在潜移默化中心灵获得净化，思想得到升华。

（三）个性鲜明性

语文美育的个性鲜明性主要表现在课文展示的作者个性、教师教学的个性和学生学习的个性三方面。语文课本所选文章绝大多数是文质兼美的佳作，它们是作者独特创造力的表现。以语言为例，不同的作家就表现出不同的个性特色。如鲁迅语言幽默、冷峻、深刻，嬉笑怒骂皆成文章；朱自清语言优美、清丽、隽永，善用博喻、通感等多种修辞手法；老舍语言准确、鲜明、风趣，选词用字十分考究，等等，它们都在一定意义上体现了作者的个性。所谓文如其人，风格就是人，就是对这种个性风采的实质的概括。作者凝结在作品中的个性，是语文审美教育要着力开拓并且大力张扬的课文本身的审美属性之一，是培养学生个性的最生动的材料。

教师的教学也是一种富于个性特征的创造性教育活动。教师的思想认识、气质性格、知识结构、审美修养和教学能力不同，因而在语文美育中表现出他与众不同的个性。如有的教师的教学过程能够循循善诱，巧于设疑；有的论证严密，具有逻辑的雄辩力量；有的语言风趣，富有幽默感。教师自身的个性品质是形成其教学个性的内在依据。教师的教学个性不同，即使教学内容相同、教学条件相似，教师的教学也会各具不同的特色。如果说形成独特的艺术风格是作家创作上臻于成熟的标志，那么在教学上表现出鲜明的个性色彩则是教师教学走向成熟的典型特征。如被人们称为语文教学"审美派"或"情感派"代表人物的于漪老师，她的教学始终紧扣一个"情"字，在遵循语文教育规律的基础上，全面展现个性风采。不仅文学作品她能够讲得流光溢彩、情趣盎然，就是一般人觉得枯燥无味的课文，她也能挖掘出丰富的情感内涵，讲得娓娓动听，引人入胜。从而形成了她情真意切、情深意长、以情感人的教学风格。由此可见，教师合乎语文美育规律的丰富多彩的个性表现，会给学生留下深刻的印象，直接影响教学效果，对学生个性心理品质的发展，具有潜移默化的作用。

在语文美育中，学生也有更多、更好的条件和机会表现出千差万别的个性。因为美育的媒介即审美对象往往存在着某种多义性、模糊性和不确定性，这就给受教育者留下广阔的选择空间。受教育者的审美心理各具个性特征，无法同一，同时他们又无不以自身的独特性去自由地在审美对象中"直观自身"，从而产生几乎无法简单划一的审美感受。比如同是梅花，在陆游的笔下它是寂寞苦闷独自愁的形象；在毛泽东的词里则成为傲霜斗雪、乐观进取的化身。能够激发这些鲜活灵动、新颖独特的审美感受，正是审美教育不可替代的作用。所以，审美教育不是抹杀学生的个性，而是尊重个性、发展个性，并且最终形成学生的全面、和谐发展的个性。

（四）和谐统一性

语文教学美育的和谐统一性表现为以审美为纽带，有机整合了语文审美教育系统中多种因素、多个侧面、多种矛盾对立的内容，使之成为完美统一体的特性。具体而言，语文美育中有形式的和谐，如语文审美教学节奏的安排既要使整个教学过程严密紧凑，力避松散拖沓，又要有波澜起伏，切忌平淡无奇，必要时还可以弹拨弦外之音，生发言外之意，甚至可以巧设“空白”，给学生以驰骋想象、回味的广阔天地，从而使整个教学活动动静交替、张弛相辅、疏密相间、错落有致、主次分明，形成多样统一的和谐整体；有内容与形式的和谐，这表现在教学方法的运用与语文审美教育内容的关系方面，如一位老师在讲授《桂林山水》一课时，紧扣桂林山水之美、祖国河山秀丽这一中心，分别运用了假想、挂图、旅行、朗诵、音乐、简笔画等多种教学手段，却能够多而不杂、多而不乱，始终围绕着“桂林山水甲天下”的中心，使诸多手法、诸多环节和谐统一于整个教学过程，学生从中能够开阔眼界、陶冶情操、培养爱国之情，获得了综合审美教育效应。此外，语文美育的和谐统一性还表现在教师与学生在审美活动过程中能够处于高度融合状态，最大限度地发挥各自的主动性和创造性等方面。

三、语文美育的内容

语文美育的内容是十分丰富的，我们要善于发掘教材和教学美的因素，通过教学活动，使学生掌握审美知识，培养审美能力和审美情趣。

（一）自然美

自然美是指客观世界中自然形象美和自然实体美。反映自然美的文章，在语文教材中占有相当的数量。这些文章是经过作者的审美过滤的，呈现出典型化的倾向，带有作者主观的感情色彩。这些文章能激起人们美好的遐想，使人获得精神上的愉悦和满足。特级教师陆继椿认为自然美的教学一般应抓住入画、入情、入理三个层次。入画即让学生通过课文描写的色彩、形状和状态去想象。如果描写的是单一自然物，如《白杨礼赞》中的白杨，《松树风格》中的松树，《爱莲说》中的莲，《风景谈》中的风景等，就要引导学生根据课文的有关语句去想象白杨树的傲然挺立，松树的郁郁葱葱，莲的亭亭净直等。如果描写的是综合的自然风光，如《从百草园到三味书屋》里的百草园，《苏州园林》里的园林，《沁园春·雪》里的北国风光，以及《春》、《海滨仲夏夜》、《香山红叶》、《济南的冬天》等描写的春、夏、秋、冬的季节特色等，则要引导学生身临其境，产生“身在图画中”的美感。入画是课文描写形象的再现，虽然产生了美感，但还没有达到审美主体与审美对象交融的地步。如果说入画是达到展现出画面的要求，入情则是进一步要求体味画面所表达的感情。作者写文章往往是寓情于画的，学生读文章则要进入到作者所要表达的感情中去，达到作者情与学生情的共鸣，这样获得的美感就比较丰富了。最后一个层次是入理。课文中描写的自然美跟现实中的自然美是不同的。它有着特定的意蕴。对作者而言，是借助形象或场景的画面来表现意蕴，那么学生就要通过理解画面去领悟意蕴。审美活动是由形象美——情感美——意蕴美逐层深入的。只有引导学生品味这些不同的感情焦点，才能领悟课文描写的自然美的真谛。

（二）社会美

社会美是指人类社会中的美，主要是指人的个体美和人的社会关系美。语文教材中具有多种多样的社会美内容，如劳动美、斗争美、生活美、风尚美等。美是劳动创造的，劳动实践又体现了劳动者自身创造价值的美的享受。例如，《记一辆纺车》中的“大生产运动”的火热场景，表现了延安人民跟困难斗争其乐无穷的乐观、豪迈的精神。斗争美包括人类为争取自由和尊严而进行的抗争以及改造自然的斗争等，如《第比利斯地下印刷所》、《谁是最可爱的人》、《坚强的战士》等课文所表现的机智、勇敢斗争的美。生活美主要是指人的内在美。如藤野先生的朴实正直而没有民族偏见，梁生宝的公而忘私、艰苦创业，《孔雀东南飞》中的刘兰芝，《回忆我的母亲》中的母亲等都体现了人的内在美。风尚美指人与人之间的关心和帮助，如《人民的勤务员》、《驿路梨花》、《任弼时同志二三事》、《谈骨气》、《闻一多先生的说和做》等都体现了风尚之美。

（三）艺术美

艺术美是指人们通过艺术手段，根据一定的审美观点和审美情趣创造出来的一种综合美。它包括建筑艺术美、文学艺术美、雕塑艺术美、绘画艺术美、音乐艺术美、舞蹈艺术美等。在课文中能够用于进行艺术美教学的材料主要是文学艺术、建筑艺术、雕塑艺术以及教学过程中所运用的艺术手段。众所周知，入选语文教材的文学作品都是文质兼美的。无论是诗歌、散文的意境，还是小说、剧本中的人物，本身就具有艺术魅力，能够产生美感。教学中要引导学生探索文学作品产生艺术魅力的那些原因。从作品的表现技巧去研究艺术魅力产生的原因，是使学生产生艺术美的艺术手段。艺术的表现形式不同，产生的艺术魅力的因素各异，如人物形象的描写、情节结构的安排、意境的创造、语言的运用等。文学作品的结构美一般具有匀称、和谐、完整、周密、灵活变化的特点。语言美，如诗歌和散文的语言具有声调婉转、音韵和谐、节奏鲜明、旋律优美的音乐美。意境美，如朱自清的《荷塘月色》创造的意境具有静态美，李白的《望庐山瀑布》的意境具有动态美等。人物形象美，如叶圣陶的《夜》中那感人至深的“老妇人”的形象，作者采用肖像描写、心理描写、语言描写和行动描写来塑造主人公的形象，表现出她由悲痛到愤怒、由怯弱到勇敢的心理变化过程。

第五节 中学语文教学与情育

情育即情感教育。情感教育是语文教育的重要目标之一，在语文教学中具有特殊的作用。《全日制义务教育语文课程标准（实验稿）》明确指出：“培养学生高尚的道德情操和健康的审美情趣，形成正确的价值观和积极的人生态度，是语文教学的重要内容。”因此，语文教育必须重视情感教育。

一、语文情育的依据

（一）语文情育是培养人全面发展的需要

社会主义的教育是全面发展的教育，它以培养德、智、体诸方面全面发展的人才为目标，而健康、良好的情感素质是全面发展的必备条件。列宁说过：“没有人的情感，就从来没有，也不可能有人对真理的追求。”语文作为一门基础性课程，它在学生的求知增智和人格发展过程中占有极其重要的地位，同时，在培养学生健康、良好的情感方面具有优越的条件。因为，语文学科是关于祖国语言教育的学科，作为一个民族“全部精神生活的一朵最瑰丽、永不凋萎、永远开放着的鲜花”（乌申斯基语），母语及其教育对个体精神的树立至关重要。语文学习，本质上就是形成人的独立的精神本位，就是在潜移默化中树立人的自我的精神与人格，就是陶冶人的情感和情操，最终达到整体人格的和谐健康发展。

（二）语文学科具有丰富的情育因素

语文教材入选的作品一般为名家名作，情文并茂，课文本身蕴涵着丰富的情感。这其中既有人类的本能情感：喜、怒、哀、乐、爱、惧、恶、欲；又有基础情感：骨肉情、师生情、朋友情、爱美情；还有情感范畴中处于高级阶段的理性情感：爱国情、阶级情、事业情，等等。例如，朱自清的《背影》写的是父子情，作者抓住人物在特定环境中突出的特征"背影"，将父子间的真挚情感表现得淋漓尽致，感人至深；鲁迅先生的《藤野先生》表现的是师生情；伏契克的《二六七号牢房》反映的是战友之间的感情；《小橘灯》、《人民的勤务员》表现的是人们对美好心灵的赞美之情……语文教材中每篇课文都蕴涵着丰富的情感。语文教学要依据具有丰富的情感因素的教材，采取最富情感色彩的教学方式，比如运用语言的各种表情方式，运用表情朗读和表情复述以及创设良好的教学情境等，把教材中的情感因素传递给学生，培养学生良好的情感。

（三）学生情感活动特点为情育提供条件

情感是重要的心理活动之一。它是包括内在体验、外显表情和生理激活三种成分在内的复合过程。

内在体验指心理活动的一种带有独特色调的知觉或意识，是心理的一种主观成分，具有不变性的特点。它表现在：每种具体的内在体验，尽管每次引起这一体验的情境不同，引起的情感类别和强度不同，但其所产生的特定的情感色调永远不变。这种特点为教师在语文教学中用激发学生对高尚行为产生正体验的方法实施情感教育提供了心理依据。外显表情是情绪情感的外部表现，由面部模式化活动、身体姿态反应和音调反应三种成分构成。每一种具体情感的外显表情都是特异化的，都是具体情感的客观表现，都能引起对方情绪情感的变化，起到传达情感信息的作用。外显表情的这一特点，为教师在语文教学中运用"情绪语言"辅助情感教育提供了心理依据。情感发生在一定的生理激活水平上。人的生理激活使情感的发生和活动成为可能，也为语文教育实施情育提供了生理基础。

二、语文情育的特点

语文教育本身的特点和学生在语文学习过程中情感活动的特点，决定了语文教育中的情感教育具有如下特点：

(一)语文情育以语言为媒介

语文教学不能离开语言，语文教育中的情感教育也只有借助语言为媒介才能实现。

语言是人类特有的一种符号系统，它具有表现与交际的功能。语言的表现功能是指通过语言，个体可以把自身内在精神生活的某种状态转化为能被第二者感知到的外在物质形式。

语言的交际功能指通过语言表现传递信息，并使接受信息的一方处在与发出信息一方相同或相似的状态中。“夫缀文者情动而辞发，观文者披文以入情，沿波讨源，虽幽必显”(刘勰《文心雕龙·知音》)。作者借助于语言文字，将自己的喜、怒、哀、乐等情感表现出来，创作成文章。读者也必须通过阅读文章，深入地去探寻作者的心路历程和情感体验，使自己的情感和文章中作者的情感产生共振、共鸣，这样才能够真正体会作品中蕴涵的情感。

借助语言进行情感表现，是语文教育中情感教育的基础。只有借助语言的情感表现，学生才能了解作者、教师及同学的情感，才能把握自身的情感。只有借助语言的情感表现，教师才可以充分了解学生的情感状态及发展水平，从而及时调整自己的教学以适应学生情感发展的需要。

(二)语文情育始终伴随认知教育进行

现代心理学研究表明，情感与认知总是相互联系、相互作用地存在于人的经验交流之中，任何人无法把它们严格区分开来。语文教学的情感教育始终伴随着认知教育而进行。

从语文教学目标看，语文教学可以说是在教师的主导下，通过教材中介，将学生与课文作者在认知、情感两方面联系起来，从而使学生在认知、情感两个方面都有所收益、有所长进的过程。改造学生的认知品质、提高学生的认知水平是语文教学的重要目标，改造学生的情感品质、提高学生的情感水平同样是语文教学的重要目标。两者共同贯穿于语文教学的始终。

从语文教学过程看，情感教育与认知教育在同一教学过程中完成，彼此互相交织、互相渗透。比如，教师在讲授《背影》时，启发学生分析父子之间的言谈举止，引导学生体验父子间的思想感情，从而使学生对课文有了深刻的理解，对作品中的父亲产生了敬爱之情。在这一课文的教学中，教师不可能单独设计出一套情感教育课程，专门训练学生对真挚而含蓄的情感的感受力和体验力，从而对学生的情感领域施加影响，而丝毫不涉及认知教育内容；也不可能有一套完全排除情感教育因素的认知教育课程，使学生在没有对作品感情的感受与体验的情况下能很好地认识作品。情感教育与认知教育只能在同一教学过程中完成，任何人都无法把它们从同一教学过程中分离出来。

（三）语文情育与认知教育互相促进、互相制约

语文教育中的情感过程包括情感体验—情感表现—情感交际三个阶段。在语文情育过程中，认知制约着情感体验的深刻程度，决定着情感表现和情感交际实现的可能。

在语文教育中，学生的认知过程一般可以分为感知—理解—评价三个阶段。情感在学生认知过程的不同阶段发挥着不同的作用。如在感知阶段，情感具有激发、选择和整合的作用。情感的激发作用表现在学生对语文学习内容或学习活动本身感兴趣；越赋予热情，越倾向于愿意感知，其感知效果越好。反之，学生对他们不喜欢的学习对象则尽量回避感知。情感的选择作用表现在情感把学生主体需要与学生最初的认识活动联系起来，使感知活动首先指向那些与学生主体需要相关的学习对象。情感的整合作用表现为情感通过已有经验知识的相互作用，对语文学习中感性认识的信息进行整合产生的影响。

情感在学生的语文理解过程中具有驱动、调节和诱导的作用。情感的驱动作用表现在学生对语文学习越有兴趣，学习动机越强，思维活动越易指向语文学习并能长时间保持思维热情。情感的调节作用表现在促使学生在语文理解过程中考虑改变、修正、补充甚至放弃原来的逻辑思路，以探索外部语文信息与已有信息模式间的新通路，并通过对生理和系列化方面的激活，为学生的直觉、灵感等创造性思维活动提供适宜的内部环境。情感的诱导作用，表现为在语文理解过程中，当学生的思维发生断线时，对语文理解的兴趣及强烈愿望，可以通过引发学生的想象，填补学生思维上的逻辑缺环，为语文思维提供探索目标；同时形成与之相关的情感体验，进一步诱导学生继续为达到这个目标而不懈努力。

情感在学生的语文评价过程中，具有过滤作用、激发作用和移情作用。情感的过滤作用表现在当作为评价客体的语文学习对象及学习活动本身确立后，学生就会不由自主地立即对它产生一定的情感倾向，并有意无意地受到这种情感的驱使，使语文评价活动的注意指向能满足学生主体情感需要的信息，而回避或忽略与学生主体需要相悖的信息。情感的激发作用表现为学生的情感会增强（正激发）或减弱（负激发）他在语文评价过程中的感知力、理解力、想象力、判断力等智力因素。如对阅读的兴趣能使学生在阅读中的感受力增强，思维活动灵活，对阅读对象及时作出真切、中肯的评价；反之，则会产生抑制作用，使学生感受迟钝，思维呆滞，从而影响对阅读对象的评价。情感的移情作用表现在学生把对教师的情感或对语文学习活动本身的情感迁移到语文学习对象上，从而影响学生对语文学习对象的评价。

三、语文情育的内容

语文情育的内容是由教育总目标和语文教学本身的特点决定的。它大致包括良好的情感品质、积极的情感倾向和高尚的情感三方面。

（一）良好的情感品质

良好的情感品质是衡量情感本质的标准，是情感正常发展的前提条件。通过语文教学培养学生良好的情感品质，一般包括：情感感受的灵敏、细腻，情感体验的真切、深刻，情感内容的丰富、健康。

细腻的情感感受品质使人能够感受到对方情感的细微变化，并从多样的细微变化中领略到情感世界的微妙；灵敏的情感感受品质，使人能及时发现强度不高或含而不露的情感现象，并产生一种积极探究的心理倾向，去捕捉这种感受，从而丰富自己的情感。真切、深刻的情感体验使人能够如临其境，体验到深层情感的境界。情感内容丰富，指情感内容具有多层次、多色彩、多组合的立体结构。多层次，指情感水平的多样化，即不仅有丰富多彩的情感活动，也有已经定格在人格特质中的情调反应；不仅具有高级的情感情操，也有复杂多样的一般情绪体验。多色彩，指情感表现的多样化，即不仅具有诸如喜、怒、哀、乐、爱、惧、恶、欲等不同性质的情感表现，具有诸如细腻与粗犷、含蓄与直率、平静与暴风雨式的不同方式的情感表现，又具有不同明朗程度、深刻程度、强烈程度的情感表现。多组合，指不同性质、不同层次、不同程度、不同方式的情感按照不同的形式组合在一起，形成丰富复杂的情感网络。情感内容健康，指凡是健康、美好、高尚的事物能够引发正性情感体验，反之，则引发负性情感体验。

通过对语文教材中的情感因素的感受、体验，培养学生灵敏细腻、真切深刻和丰富健康的情感，是语文教学中情育的重要内容，也是直接、有效的教学方式。教师在语文教学中应随时随地抓住时机对学生进行情感培养，使其在长期的耳濡目染、潜移默化中受到教育。

（二）积极的情感倾向

积极的情感倾向，指一个人经常处于或趋向积极情感状态的一种心理倾向。它是一个人始终保持积极向上、奋发进取的精神状态的先决条件，是以饱满热情投身于生活、学习、工作的情感基础。利用学生易从与生活内容接近的语文教材中获得情感体验的特点，培养学生积极的情感倾向，是语文教学中情感教育向积极健康的方面发展的关键。其最重要的途径是培养学生的学习兴趣。教师应善于激发学生学习的潜在兴趣。如注意良好的教学开端、选用适当新颖的教学内容、采用灵活多样的教学方法等。同时，教师应努力发展学生的学习兴趣。教师可以从培养学生良好的兴趣品质入手，引导学生已有的兴趣向更广泛、更集中、更持久、更有效的方面发展。

（三）高尚的情感

高尚情感，指在人类社会历史发展过程中形成的与人的社会需要相联系的崇高情感。它一般包括：合乎社会与时代要求的道德感、理智感和美感。

道德感是与行为的道德评价相联系的一种情感。它表现为当一个人的思想意图与行为举止符合其所遵循的道德行为准则时，就会产生肯定的情感，感到心安理得；反之，则痛苦不安。人的行为的社会价值不同，就会有不同的道德评价，有不同的道德感。语文教学应利用教材中众多的道德形象来培养学生的道德感。教师应动之以情、晓之以理，使学生对道德形象所表现出来的道德意义有比较深入的理解，能够真切地体验道德形象所体现的道德情感，从而激发起相应的道德情感。

理智感是同满足求知欲、追求真理的思维活动及其内容相联系的一种情感，表现在对合乎原则性、逻辑性的思维活动及其所导致的正确思想产生肯定的情感；反之，则产生否定的情感。理智感是在实践中随着思维活动的进行和深入而发生、发展的。在语文教学中，教师要在激发学生的思维活动、深入学生的思维活动中培养学生的理智感，并利用学生的理智感推动学生思维活动的展开与深化。

美感是主体对客体审美对象是否符合自己的需要所作出的一种心理反应，表现为审美主体对客体审美对象一定的主观态度及其体验。语文教材中的美是客观存在的，教师要充分挖掘教材的形式美、内容美，使它们和学生的心意情趣相符合，努力提高学生的审美情趣和审美能力。

（四）培养学生良好的个性品质

人的个性心理品质是多方面的，而情感、意志、性格则是它的主要成分。中学生良好的个性心理品质应该包括诸如情感方面的社会责任感、正义感、集体荣誉感、友谊感、民族自豪感等品质，性格方面的积极进取、勇于探索、自尊自强、谦虚谨慎等品质，意志方面的吃苦耐劳、顽强坚毅、知难而进等品质。语文教材涉及了很多培养学生良好个性心理品质的内容。如《筑路》中的保尔，他为革命事业克服了难以想象的困难；《老山界》、《草地晚餐》所表现的“红军不怕远征难”的坚强意志；《愚公移山》中的不屈不挠的精神等，这些内容都可以帮助学生形成良好的个性心理品质。

总之，语文教育中的情感教育是中学语文教育中必不可少的教育内容。没有情感教育，语文教育就失去了神韵，失去了灵魂。作为语文教育的重要目标之一，情感教育居于与认知教育同等重要的地位上。

思考题

1. 语文教育具有哪些特殊功能？
2. 语文教学中的德育有什么特点？
3. 语文智育的内容包括哪些？
4. 为什么要在语文教学中实施美育？语文美育的特点有哪些？
5. 语文教学与情感教育有什么联系？语文情育的内容是什么？

【教学技能】

教材处理

教材处理是指根据教学的需要对教材作出分析、选择与安排。它是备课的重要一环，关系到教学目标的实现与否及实现的水平，因为教材是教学内容的载体，而教学内容既是开展教学活动的依据，更是实现教学目标的基础。

教材处理包括教学目标、教学重点和教学难点的确定。

教学目标指教学活动所要追求的结果。它的实现以学习者的发展为标志。以课文教学为例，教学目标是学生学习课文后在认知、情感和技能等方面发生的变化。因为教学目标是教学活动的灵魂，所以确定教学目标是备课的首要环节。确定一篇课文的教学目标，首先要明确课文所属单元的教学任务，其次要清楚本篇课文在完成单元任务中具体应当承担的使命。教学目标的构成包含认知、情感、技能等方面的内容，这是由语文学科的综合性及其目标的多元性所决定的。例如，《茶花赋》一课的教学目标就可以包括：①激发学生对祖国的热爱，教育学生学习劳动人民建设祖国、美化生活的高尚行为；②理解课文巧妙的构思，学习托物言志、借物抒情的写作方法。在这里，第一条属于思想情感教育目标，第二条属于认知和技能教育的目标。

教学重点即学生需要重点学习和把握的内容。教学重点主要指向与实现教学目标关系密切的内容，对掌握学习材料（课文）起关键作用的部分等。例如，《茶花赋》的教学可以“托物言志、借物抒情”为重点，这一重点关系到认知与技能目标的实现，同时也是为了理解课文，理解作者要表达的思想感情而必须弄明白的问题。教学重点的确定使教学活动做到主次分明、内容精要，利于教学目标的实现。

教学难点主要指学生的学习难点，是学生在学习过程即走向教学目标的过程中必然碰到的坎坷。教学难点有时来自于对某种语文基础知识的理解，有时出现在对课文的理解上，有时也会出现在对某种技能的掌握上。例如，教师在讲解《茶花赋》时，从课文表情达意的手法以及学生的掌握水平看，就应该把课文“巧妙的构思”当作难点。而解决了这一难点，学生就能准确理解作者热爱祖国、赞美劳动和对祖国未来充满希望的情怀。教学难点阻碍着学生学习任务的完成，阻碍着学生的心理发展，阻碍着教学目标的实现。所以，探准难点，继而在教学过程中组织学生攻破难关，是教师必须要做的一件要事。

第四章

中学语文教学与中学语文教师

中学语文教学的任务是十分繁重和艰巨的，但又是很有意义的。要完成语文教学任务，不仅需要了解这项任务的内容，还需要熟练地掌握完成这一任务的做法，把理论运用到具体的教学实践中去。要完成中学语文教学的任务，中学语文教师就一定要在思想品德、学业知识、教学能力、个性心理等方面具有良好的素养。

第一节　中学语文教学的任务

教育是有目的的行为，任何学科都有教育目的。语文教学目的是语文教学工作的出发点和归宿。任务是根据目的确定的，是实现目的的具体指标。只有正确地认识语文教学的目的任务，才能更好地掌握教学内容，处理好教材，避免教学中的盲目性和随意性。

中学语文教学有以下六方面的任务：

一、语文知识教养

语文知识是学生学习和运用语文的基础，也是提高文化修养的重要基础。《中学语文教学大纲》对基础知识教养的基本要求是“精要、好懂、有用”。就教学内容而言，必须简明、实用，做到少而精，即“精要”；就教学方法而言，必须语言通俗，结合实际，做到“好懂”；就教学效果而言，必须做到教学目标明确，教学内容不烦琐，切合实用，教学方法学用结合，即“有用”。“精要、好懂、有用”，反映了语文基础知识教养的客观要求。

中学生要学习的语文知识一般包括读写知识、语法修辞知识、文学知识和文言知识四大类。传统的语文教学强调这四大类知识自成体系，强调学生要系统地掌握知识序列。而当前倡导的语文课程新理念则强调“语文是实践性很强的课程”，“不宜刻意追求语文知识的系统和完整”，而“应该让学生更多地直接接触语文材料，在大量的语文实践中掌握运用语文的规律”。

二、语文能力培养

语文能力培养是现代语文教育改革的重要内容，也是语文教学观念更新的标志。强调培养语文能力，体现了现代教学论的思想。《中学语文教学大纲》对培养语文能力作了原则性的规定，要求“听”、“说”、“读”、“写”协同训练，以求得语文能力的全面发展。

（一）九年义务教育对学生语文能力的要求

新的《九年义务教育语文课程标准（实验稿）》也提出要使学生“具有适应实际需要的识字写字能力、阅读能力、写作能力、口语交际能力”。

1. 识字写字能力

能熟练地使用工具书独立识字，累计识字达到 3 500 个，其中会写 3 000个左右。硬笔书写正楷字达到熟练程度，并学写规范、通行的行楷字，有较快的写字速度。初步认识书法的审美价值。

2. 阅读能力

学会运用多种阅读方法，具有独立阅读的能力，能初步理解、鉴赏文学作品。对一般现代文的阅读速度为每分钟不少于 500 字。能借助工具书阅读浅易文言文。九年课外阅读总量应在 400 万字以上，有丰富的知识积累，形成良好的语感。

3. 写作能力

能根据日常生活的需要，运用常见的表达方式进行写作。写作速度达到每 45 分钟完成 500 字以上。在写作质量上要达到“具体明确、文从字顺”的要求。

4. 口语交际能力

具有讲述、复述、即席讲话、主体演讲等日常口语交际的基本能力。

能注意对象及场合，文明得体地进行人际沟通和社会交往，合作精神得到发扬。

5. 综合实践能力

能主动对选题开展调查研究，掌握查询信息、引用资料的基本方法。能用文字、图表、照片等综合地展示学习成果。能运用语文知识和能力解决生活中的问题。

（二）《中学语文教学大纲》对高中学生语文能力的要求

《中学语文教学大纲》对高中学生的语文能力要求如下：

1. 听说能力

能自拟提纲，用普通话有条理地叙述事件、说明事物、阐述观点，语言清晰，仪态大方。能就某一个问题进行辩论，观点鲜明，思路清楚，论据比较充分，有一定说服力。能作有准备的演讲，材料充实，语言比较简练。能在一定的会议上作即席发言。

2. 阅读能力

能准确地理解字、词、句的含义及其在文章中的表达作用。能阅读比较复杂的记叙文、说明文、议论文。初步具有对文学作品的鉴别、欣赏能力。能借助工具书阅读浅易的文言文，理解文章的思想内容。能比较熟练地阅读一般政治、科技读物和文艺读物，具有一定的质疑、释疑和评析的能力。

3. 写作能力

能较好地选择和组织材料，写一般的记叙文、说明文、议论文以及常用的应用文，写一般的通讯报道、调查报告、书评、影视评论、剧评、计划和总结等。作文讲求构思，条理明晰，语句通顺，达到一定的写作速度。能比较熟练地运用各种表达方式。

三、学生智能开发

全面开发学生的智力，包括观察、记忆、思维、想象等各种能力，是中学语文教学本身的任务，也是现代教育培养创造型人才的需要。

观察力是智力的基础。只有正确地观察世界，才能认识世界。在教学过程中，要注意引导学生学习作家观察并描述客观世界的方法，从而培养学生的观察力。培养学生的观察力应着重指导学生留心观察自然和社会的一切现象，从细微处着眼，多角度地观察，发现别人没发现的东西。在观察的过程中或观察活动结束后，应指导学生作笔记、写心得，将观察到的感性材料分析、整理、归纳，以供阅读、演讲、写作之用。

在中学语文教育中，中学生听、说、读、写能力的形成需要大量的材料为基础，记忆是学习的重要手段，为此，我们应着力于学生记忆力的开发，多教给学生记忆方法，如形象记忆法、兴趣记忆法、反复诵读法、化整为零法、口念手动法等。记忆是智能的仓库。记忆多，从而积累多，才能为听、说、读、写活动源源不断地提供信息。

想象是改造旧表象，建立新形象的心理过程，是一种属于形象思维的心理活动。学习语文，可培养再造想象力，使学生做到想象丰富、生动、新奇而又合乎情理。要注意指导学生想象的正确方法，立足于现实，并在社会实践中提高想象力。

思维力是智力结构的核心。语文学科是语言学科，也是思维学科。思维的工具是语言，既指导学生学习语言的过程，也是发展思维力的过程。为完成培养思维力的任务，应有计划与目的，应注意学生的年龄、心理特征与语言训练的特点，应同学生的知识学习相结合，使学生在分析、比较、综合、概括、抽象诸方面得到训练，开发思维，增长智能。

四、品德观念影响

语文教学包含品德观念的影响，首先是由教学的教育性决定的。中学语文教学一贯强调培养学生的社会主义道德情操和爱国主义精神，现在又把“情感态度世界观”作为语文教学目标的内容，正反映了教学的教育性这一客观特点。其次，是由语文学科自身的特点所决定的。语文是表情达意的工具，语言与思维具有不可分割的联系。语文教学对学生品德观念的影响具有客观必然性，而品德观念的影响又是根据语文的特点，渗透在教学过程中，起到潜移默化的作用。

语文教学的过程都具有教育因素，听、说、读、写都包含思想性。当我们运用文质兼美的范文进行言语技能训练，当我们引导学生通过熟读背诵将范文的言语内化为自己的语言，丰富与发展自己的语感时，便包含了丰富生动的潜移默化的品德观念影响。学生说话、写文章总是要表达自己的思想感情，展示自己的观点。在经常性的言语训练中，教师对学生表达的思想感情、展示的观点，好的、美的、健康的加以鼓励、表扬；低下的、丑的加以纠正，使其受到影响，提高认识，向真、善、美转化。

中学语文教材具有形象感染性，尤其是文学教材，饱含着丰富的感情。文学是人学、是情学，文学中的人物典型，便是生活中典型人物的升华。文学通过形象来展示生活，诉诸人的视觉、人的情感，且又蕴涵着丰富的哲理。因此，应充分运用文学形象引导学生在理解、鉴别、欣赏的过程中受到教育。同时，文学语言具有特殊的感染力，应引导学生去朗读、吟咏、体味，让学生的情感与作者的情感产生共鸣，爱其所爱、憎其所憎，从中受到教育。“披文入情”的阅读过程，正是感情体验的过程。但是，塑造学生灵魂，还必须使之对事物本质有理性的认识。认识提高了，情感体验也就更深了。文质兼美的课文，既有健康的情，又有正确的理；情与理相互结合，自然能更好地影响学生的品德观念。

五、审美情操陶冶

《中学语文教学大纲》把“健康高尚的审美观”作为教学目的之一，《语文课程标准》也把“重视提高学生的品德修养和审美情趣”纳入课程的基本理念，说明审美教育符合全面发展学生素质的需要，也是语文教学人文性特点的体现。审美教育的内容主要包括如下三方面：

（一）培养学生对自然美的热爱

在语文教学中，我们要通过课文欣赏激起学生热爱自然、创造自然、热爱祖国、热爱人民的美好情感。大自然的景物千姿百态、美不胜收，它们或雄壮，或峻秀，或伟丽，或妖娆，这些在中学课文里都得到了充分的表现：《春》描写了春天的清新；《长江三日》刻画了三峡的雄奇、险峻、清秀……无不给人以美的享受。学生通过对这些课文的学习，自然感到赏心悦目，产生对大自然、祖国大好山河的热爱，这对他们的性情的陶冶、爱国主义精神的培养，都有极大的益处。

（二）培养学生对社会生活美的追求

中学课文中有许多表现社会生活美、人性美的题材：有表现先进人物的伟大理想的，如《人民的勤务员》；有表现普通劳动人民勤劳本色的，如《荔枝蜜》；有表现劳动人民对美好生活的向往的，如《桃花源记》。课文中先进人物的伟大理想、高尚情操与光辉业绩，特别是文学课文中人物形象的美好心灵，都是社会生活美的反映。即使揭露丑恶事物的文学作品，也具有深刻的审美价值，可使学生从辨别真、善、美与假、恶、丑中，激起对社会生活美的追求。

（三）培养学生对艺术美的欣赏

艺术美是自然美、社会生活美的集中反映，在文学作品和一般文章中，均有生动鲜明的表现。文学作品中所创造的优美意境、多姿形象，体现在文学作品中的精巧构思、优美语言，是艺术美的直接体现。另外，教师的语文教学也应当是一种艺术美，那令人回肠荡气的朗读、发人深思的讲解也同样能给人美的享受。

六、非智力心理因素培养

非智力心理因素指的是学生的学习动机、学习兴趣、学习情感、学习意志、学习个性品质等方面。各门学科都应培养学生具有良好的非智力心理因素，语文学科也不例外。在语文教学中，对于可塑性很强的青少年，教师必须激发他们对学习的正确动机，调动他们学习的积极性、主动性，培养他们的学习兴趣，陶冶他们的情操，培养他们克服困难的坚强意志，使他们具备富有创造力的学习个性。

多少年来，不少教师只注重对学生智力因素的培养，而忽视对学生非智力心理因素的培养。教学实践证明，许多学生学习效果差，并不是智力水平低，而恰恰是非智力心理因素差。他们有的缺乏正确的内驱力，没有明确的学习动机；有的对学习不感兴趣，无主动性；有的激发不出情感，对一切冷漠视之；有的缺乏坚强的意志，见难题就怕，见困难就退缩，没有锐意进取的精神，缺乏富有创造力的个性，等等。语文教学中，要培养学生成才，首先要培养学生成人。学生具备了成人的心理素质，才能在十磨九难中成才。对学生非智力因素的培养必须引起重视。

中学语文教学还应该重视培养学生的自学能力和学习习惯。著名教育学家叶圣陶曾说："教，是为了达到用不着教。"这句话有一定的哲理。教师的教学，不仅是讲授知识，更重要的是教给学生学习的方法，培养他们的自学能力。在语文教学中，教师必须激发学生的自我意识，加强自学方法指导，对学生进行严格的自学训练，提高学生的自学心理素质。《语文教学大纲》及《语文课程标准》都强调学生要养成学习语文的良好习惯。

习惯作为一种行为，看起来是小事，实质上影响着语文教学的质量。培养学生良好的习惯，非一朝一夕之事，而需日积月累之功。在常规教学中，教师应多加注意，正确诱导，使学生养成良好的习惯，他们在今后的工作和生活中将受益无穷。

第二节　中学语文教师的素养

一、思想品德素养

教师要塑造学生的灵魂，必须先要塑造好自己的灵魂，使自己具有高尚的思想品德素养。教师的品德素养，是指表现在教师身上的那些符合某种政治主张、思想观点、道德标准的稳固特征和倾向性。

对中学语文教师的品德素养的具体要求大致有以下四方面：

（一）必须热爱祖国、热爱社会主义

这是每个中国公民，特别是每一位教师必须具有的最起码而又最浓厚的感情、最一般而又最崇高的品质。这是由教师的历史使命、教育的阶级属性和语文教学大纲所决定的。这种感情和品质体现在教师身上，就是有坚定正确的政治方向，认真贯彻执行党的教育方针，自觉为党的教育事业贡献力量。

（二）热爱学生，期待成才

对国家民族命运的关注，对教育事业的忠诚，必然产生对学生的热爱。热爱学生是教师的天职和美德，是搞好教学工作的前提和基础，是教师职业情感的重要标志。这种爱既是一种教育手段，又是一种教育力量，更是教师对工作的高度事业心。中学语文教师热爱学生，就要在一切教学活动中，尊重学生、理解学生、信任学生，推行教学民主、师生平等，创造和谐的教学气氛，从而激发学生对语文学习的兴趣。

（三）以身作则，为人师表

教师的劳动凭借的是自身的道德和智能，劳动者和生产资料融为一

体，这个职业的特点决定了教师具有“身教”的特殊功能。古今中外的教育，都重视教师的言传身教、以身作则的表率作用，甚至强调身教重于言教。中学生正处于青春发育期，是观念、品质、性格逐渐形成的重要阶段，具有很强的可塑性和模仿性，教师的一言一行、一举一动都将是学生学习、效仿或者评说的内容和对象。所以，教师在德、才、学、识、体各个方面都必须严格要求自己，以身作则，以便在学生的心目中树立崇高形象，发挥表率作用。

（四）勤于学习，勇于创新

向学生传授知识是教师的光荣职责。知识贫乏的人是不能做教师的。当今时代，要求教师应有孜孜不倦的刻苦学习精神，不断扩大知识范围，增加知识拥有量。只有把人类知识最新的成果传授给学生，学生学到的知识才会有用。语文教师在这方面显得更为重要。语文是工具，社会性极强，人们在社会实践中新的发现、新的发明、新的创造，必须通过文字加以反映，进行交流。我们在指导学生进行语文活动时，不可避免地要接触到这些新的信息，如果语文教师对这些新的东西一无所知，是很难完成教学任务的。

语文教师不仅要勤于学习，更需要勇于创新。时代在发展，人们的观念在不断地变化，人们传递信息和获取信息的方式和手段，也必定会随之发生变化。这就要求教育的本身，无论是教育体制、教育观念、教育形式还是教育的方式方法，必须发生相应的变化，要不断改革，不断创新。只有锐意进取，勇于开拓，善于创新，才有出路，才能适应社会发展的需要，才能不断开创语文教育的新局面，才能成为一个好的语文教师。

二、学业知识素养

知识是智能形成和发展的基础。学业知识是教师进行教学的物质基础。教师学业知识的广度、深度和更新速度都要大大超过学生，否则，就难以从教。大体来说，语文教师的学业知识包括三个部分，即语文专业知识、教育理论知识和科学文化知识。

（一）深厚的语文专业知识

高等师范院校中文系是为培养合格的语文教师而专门设立的，它所开设的全部专业课，包括语言学、文字学、文章学、文艺学等方面的知识，中学语文教师都必须认真学习，牢固掌握，并且精通它们。

语言学知识。根据汉语教学的需要，中学语文教师首先要掌握和精通语言学方面的知识。除了学好语言学概论外，主要是学好现代汉语的系统知识，如语音学、词汇学、语法学、修辞学等。

文字学知识。中学语文教师要指导学生识字、写字，进行汉字教学，必须学好文字学知识。对汉字的起源、发展、演变，对汉字的形体构造与形、音、义的关系，对汉字笔画、间架结构、书写规则，对汉字简化方案和标点符号的使用方法，都要熟悉理解，了如指掌。

文章学知识。中学语文教师要指导学生读文章、写文章，这涉及文章阅读学和文章写作学，所以中学语文教师要学好文章学知识。

文艺学知识。中学语文教师必须具有比较丰富的文艺学知识，包括文学概论、中国古代文学、中国现代文学、中国当代文学和外国文学知识以及民间文学、儿童文学知识等，以便完成语文教学的任务。

（二）扎实的教育理论知识

任何学科的教学，都必须以教育理论作指导，中学语文教学也不例外。因此，中学语文教师必须具有扎实的教育理论知识。教育理论知识包括教育学、心理学、中学语文教育学（教学法）等方面的理论知识。

教育学知识。教育学是研究教育现象、揭示教育规律的科学。中学语文教师要紧密结合语文教学实际，认真学习教育学、教学论，探讨语文教学如何教书育人，培养人才。

心理学知识。心理学是研究人的心理活动规律的科学，即研究人的心理过程和个性特征发生、发展规律的科学。中学语文教师要从语文教学的实际出发，运用一般教育心理学的基本原理来研究语文教育过程中学生心理活动的特点和规律，以便根据学生的实际，循其规律，顺其自然地进行教学，更好地对其培养动机，激发兴趣，开发智能，调动积极性，从而提高学习效果和教学质量。

中学语文教育学知识。中学语文教育学是教育学科的一个分支，介于语文学科和教育学科之间。它是中学语文教师赖以组织课堂教学，进行听、说、读、写训练，开展课内外语文活动的理论依据和行动准则。

（三）广博的科学文化知识

语文学科的工具性和综合性，使它具有“超学科”的特点。语文教学的内容几乎涉及所有的知识领域，这既给语文教学提供了丰富的教学内容，又为语文教师的文化知识提出了更高的要求。这些百科知识既然进入了中学语文教材和学生的课外读物，中学语文教师就应当对这些知识广泛涉猎，博览群书，成为知识的杂家。这样，才能适应中学语文教学的实际需要，满足学生的求知欲望，从而充分发挥教师的主导作用。

三、熟练的语文教学能力

现代教育需要智能型教师，因而语文教学能力应被视为语文教师业务修养的主要部分。知识固然必不可少，而熟练的教学能力却显得更为重要。语文教学能力就是向学生传授语文知识、培养语文能力的能力。中学语文教师的教学能力，主要表现为课前的备课能力、课堂的施教能力和课后的考核能力三个方面。这三个方面共同体现了语文教学的完整过程，集中反映了语文教师的教学能力修养。

（一）语文备课能力

备课是上课前的准备工作，目的是为了保证和提高教学质量。备课是教师的一项基本功，包括领会大纲、钻研教材、了解学生、设计教学、编写教案等。

（二）语文施教能力

施教能力指教师根据课时计划组织课内外语文教学活动的能力。这种能力是体现中学语文教师业务能力、教学水平的最重要的标志。它主要表现在四个方面：①教学组织能力，主要表现在对目标、内容、步骤、进度等的控制调节上，做到教学目标明确、教学内容适度、教学步骤有序、教学进度合理。②教学表达能力，包括口头表达能力和书面表达能力。口头表达能力指教师在教学中运用口头语言传递信息，并指导学生进行说话训练的能力。教师的语言要有示范性和艺术性，做到准确、简洁、流利、生动、幽默，富有节奏感。书面表达能力包括文字书写能力和文章写作能力。教师写字要工整、规范、流利、美观，给学生以示范作用和美的享受。同时，还必须写得一手好文章，特别是应该会写教学应用文，如教学计划、教学总结、教材分析、教学方案、教学笔记、作文评语、科研论文等。③教学诱导能力，指教师善于从教学内容和学生实际出发，抓住重点，突出关键，启迪思想，诱发想象，引导学生的思维流程有效地集中的能力。它有利于激发学生思维，调动学习积极性，有利于信息的转换和知识的迁移，有利于培养学生的钻研能力和自学能力。④教学应变能力，又叫教学机智。在教学过程中，由于青少年学生活泼好动，教学情境时有变化，往往会出现一些始料不及的偶发事件，对于这些突如其来的意外“险情”，教师要沉着冷静，当机立断，迅速作出反应，理智而机巧地排除干扰、障碍，因势利导地将其引向正常的教学秩序。

（三）语文考核能力

语文考核能力是语文教师测定学生语文成绩，获取信息反馈的能力。语文考核有诊断、督促、激励、评定的作用，是集中性地对学生智能的强化训练。教师的语文考核能力包括指导复习的能力、组织考核的能力、评价解释的能力。

四、良好的职业心理品质

一个合格的中学语文教师，还要有良好的职业心理品质；这是教师在长期的教育教学实践中逐步形成的，它与教师的职业活动、劳动特点等密不可分。

（一）认知方面

（1）敏锐的观察力。敏锐的观察力对于教师获得有关学生的信息具有重要意义。在教育教学实践中，教师要善于通过学生某些细微的表情动作捕捉到学生的某些信息，获得这些信息是教师教育教学工作的基础。

（2）善于分配注意力。教育活动特别是课堂教学是一项要求教师将注意力分配到多种对象上去的复杂活动，如在课堂教学中，他们要同时注意自己的讲课（包括嘴讲、手动等）、学生的听课（包括眼观、耳听等）及其他事物。

（3）较强的记忆力。较强的记忆力是教师的一种基本的心理品质。它体现为教师在教育过程中，能迅速、准确地记住每一个学生的姓名、性别、长相、个性特征等；在教学活动中，能清晰、准确地熟记教学内容及教学设计，记住每个学生的学习特点和作业中反映出的对前一次内容的掌握情况等。

（4）富有创造性的思维和想象力。在教学活动中，教师能根据统一的教学大纲，理解教材，选择教学方法，设计教学环节，使用语言布置作业，还能根据学生不同的生理、心理及社会性特点，因材施教，开发他们的潜力，培养他们良好的个性和优良品德，而且能开展教育教学改革，探索教育教学规律。这些都充分体现了教师思维和想象的高度创造性。

（二）情感方面

（1）积极乐观的心境。教师工作的对象是一群天真烂漫的学生，受学生情绪的感染，教师也逐渐学会保持积极乐观的心境，他们大多情绪乐观、性格开朗。同时，积极愉快的心境也是教师教育教学活动顺利开展的前提，教师只有与学生的心境保持一致，才能与学生打成一片，成为学生的良师益友。

（2）博大而无私的爱。教师的爱是广博的爱，是一种面向全体学生、不偏不倚的爱。教师表扬学生的进步，为他们的成功高兴，是这种爱的表现；教师批评学生的退步，为他们的过失痛心，同样也是这种爱的表现。教师的爱是无私的。教师不是学生的父母，但能像父母那样爱学生，把自己的全部知识毫无保留地传授给学生。为了学生的迅速成长，教师竭尽所能，体现了教师的爱的高尚、纯洁和无私。

（3）较强的情感自控力。教师也有烦恼，也有痛苦、悲伤等消极情绪，但在学生面前他们很少流露自己的这种情绪。这是因为教师有着较强的自我控制能力，他们善于控制自己的不良情绪。很多教师只要一走上讲台，只要一来到学生中间，他们就能抖擞精神，把所有烦恼、痛苦抛到九霄云外。

（三）意志方面

（1）较强的自制力。教师较强的自我控制力不仅反映在对消极情绪的控制上，还反映在教师对自身行为的调节与控制上。为了集体的利益和学生的利益，教师有时会抑制自己的需要，强迫自己去做应该做但不想做的事。

（2）不屈不挠的坚定性。出于对学生的热爱和对党的教育事业的忠诚，教师不论在顺境中还是在逆境中，对工作总是充满信心和耐心。如在矫正学生的不良品德过程中常发生反复，在其他教育教学活动中也常常碰到这样那样的困难，但教师总是用自己不屈不挠的坚强意志克服它们。

五、语文教育研究能力

教学与科研关系密切，教学是科研的起点和基础，科研是教学的继续和深化。既会教学，又会科研，才算是一个称职的语文教师。只管教书，不搞科研，对自己的教学经验不能自觉地进行总结，对语文教学规律不能自觉地进行探索，对教学中出现的新问题不能作出科学的回答，教学活动就会存在极大的盲目性，提高教学质量也只能是一句空话。要搞好科研，必须具有必要的科研能力。语文教学科研能力按高层次科研活动的过程和方法来分解，有下列八项：

（一）调查研究的能力

调查是科研的第一步。语文教师应学会采用现象观察、综合考察、表格统计、抽查测验等调查方法，系统地了解语文教学现状，然后能针对调查材料，采取定性分析、定量分析等多种研究方法，深刻地认识语文教学中已有的经验和存在的问题，从而选定教改课题。

（二）选题定向的能力

选题定向是科研的关键步骤，必须结合教学工作在调查研究的基础上进行。语文教研的课题数不胜数，教师要根据语文教改的需要和实际可能去选取既有研究价值又有研究条件的课题。

在选题过程中，教师必须从语文教研的学术动态、科研的客观条件和主观素养三方面来考虑，选定大小适宜的理想课题。

（三）收集资料的能力

收集整理与课题有关的资料，是科研的基本功。语文教学科研资料包括古今中外有关文献、最新的教改信息以及调查和实验（自己的和别人的）所发现的经验材料。材料越具体、典型，越有普遍意义，研究的成果就越有价值。获得资料的手段一是阅读，二是调查。从浩如烟海的书籍中找到所需资料，从复杂的现实生活中调查到所要的东西，是一项艰苦的工作。

（四）开展实验的能力

语文教改实验是在科学设想的指导下有目的、有计划地进行的，要有明确的教改指导思想，有周密的教改实验方案。

（五）总结经验的能力

语文教学的科研工作，具有周期长的特点。一种教学方式的探讨，一种教学方法的改革，往往要经过几年时间的反复探索，但是语文教师又不能三五年、七八年地实验下去，等到若干结束后再来着手总结，这样的总结是写不好的，其实验也是无法继续的。语文教师必须养成总结点滴经验的习惯，学会在实验的过程中边实验，边总结；发现一点，总结一点；不断实践，不断总结，不断前进的本领。

（六）观察想象的能力

在进行教学科研的工作中，研究者的观察想象能力显得特别重要。因为教学活动是一项有许多人、各种因素参与的多方位信息交流的群体活动，要研究它，必须对参与活动的所有人、多种客观的和主观的因素以及活动过程的各个阶段的情况变化，进行周密细致的观察，从中发现新情况、新问题。有时许多看来与教学无关的现象，如果能留心观察，发挥联想与想象，也许在课题的突破上会收到意想不到的效果。

（七）反馈验证的能力

教学活动往往受到许多客观因素的制约。在研究工作中要尽量设法排除研究结果中的偶然性，增强必然性。要求研究者在课题研究已得出初步结论时，要能组织进行多种形式、多层次的实验，取得反馈信息，进行反馈验证。这种实验要求较高。许多语文教学改革的成功，都是经过了多次反复实验、多次移植实验后才给予认可的。教学中经常出现甲的经验乙不见得能运用自如，乙地有效的研究成果到甲地不一定有效的现象。对这种现象我们既不能轻易否定，也不可草率肯定，一定要设法组织再实验，进行反馈验证，以求取得理性认识的飞跃。

(八) 撰写论文的能力

科研工作的最后阶段，是用成篇文字把研究的成果表达出来，这种撰写语文教学科研论文的能力，是语文教师科研能力的主要标志。

思考题

1. 中学语文教学的基本任务是什么?
2. 语文教学为什么要重视学生非智力因素的培养?
3. 中学语文教师的职业素养包括哪些内容?

【教学技能】

教学评议

教学评议，目的是使教师在评议他人的同时反思自我、督促自我。一个语文教师必须学会观课、评课。教学观评能力是语文教师必须具备的能力。

观评语文课，首先必须调动相关的语文专业知识和教育学、心理学、教学法等方面的知识，特别是对语文教学的性质、目的、原则、过程和方法以及先进的语文教育思想的认识。其次，还要掌握好观课、评课的方法和标准。那么，衡量一节语文课成功与否的标准到底是什么呢？应当从哪些方面去评议呢？大致来说，应当从以下六个方面来考虑：

1. 教学目的方面

（1）是否依据课程纲领和教材内容去确立教学目的。

（2）能否根据学生实际提出恰当的教学要求。

（3）能否围绕教学目的去组织课堂教学。

2. 教学内容方面

（1）教学内容是否具有科学性。

（2）教学内容的重点和难点是否明确。

（3）教学内容的分量是否适当。

（4）知识教学和能力训练处理是否恰当。

（5）教学内容分配是否合理。

3. 教学过程方面

（1）是否体现以学生学习为主的教学理念。

（2）教学步骤是否清晰、连贯，衔接是否自然。

（3）教学节奏是否适中，能否根据学生反馈及时调整教学节奏。

（4）是否注意激发学生的学习兴趣和积极性。

（5）是否注重启发、诱导，师生交流如何。

（6）是否重视课堂管理，能否恰当处理偶发事件。

4. 教学方法方面

（1）能否根据教学内容和学生实际选择恰当的教法。

(2) 教学方法是否丰富、有效。

(3) 多媒体教学手段运用是否恰当。

(4) 教学语言、板书等是否符合规范。

(5) 是否注意引导学生掌握学习方法和养成习惯。

5. 教学效果方面

(1) 教学重点是否突出，教学难点是否清楚。

(2) 教学任务是否完成，教学目的是否达到。

(3) 教学效果是否明显，学生是否满意。

6. 教学态度方面

(1) 工作态度是否认真。

(2) 衣着打扮是否适宜。

(3) 言谈举止是否文雅。

(4) 能否尊重学生。

教学评议，既可综合、全面地就上述几个方面一一作出评议，也可就其中一两个方面进行评议。既可口头评议，也可书面评议。

第五章

语文知识和语文能力教学

语文知识和语文能力是语文素养的基本要素，也是语文教学内容的重要组成部分。语文素养是语文教育的核心，语文知识和语文能力则是语文素养的基础，因而其教学必须服务和服从于培养语文素养的需要。重视语文知识和语文能力教学，可以使学生掌握相应的理论知识，增强语文能力训练的自觉性和指导性，打下较扎实的语文素养功底，提高综合素质，为未来的学习和发展奠定基础。语文知识和语文能力教学的内容，应根据语文课程纲领性文件的规定、中学生语文素养发展的要求加以确定。语文知识的主要内容包括：汉语知识、文学知识、文体知识、读写知识等；语文能力教学的主要内容包括：识字与写字、阅读、写作和口语交际能力。语文知识和语文能力教学的特点是分散性与系统性结合，随机性与专门性结合，模仿性与实践性结合。

第一节　语文知识和语文能力教学的意义

引导学生掌握现代科学文化的基础知识和基本能力，一直是基础教育阶段各科教学的中心任务和重要内容，简称“双基”。《全日制义务教育语文课程标准（实验稿）》指出：“语文素养是学生学好其他课程的基础，也是学生全面发展和终身发展的基础。”语文知识和语文能力又是语文素养的基本要素，因而对它的教学具有十分重要的意义。

语文知识和语文能力教学的意义主要集中在“基础”二字上。基础对于任何事物的存在与发展都是至关重要的，没有坚实的基础盖不起高楼大厦，长不出参天大树。人也一样，如果学生从小没有打好语文基础，长大后要想有更大的发展也是不可能的。

语文知识是一切知识的基础，学好语文知识是学好其他各门知识的必要条件。语文能力是人类生存的根本能力，是发展其他专门能力的必要条件。中学语文课本中提供的语文知识和语文能力训练的内容虽然都是基础性的，但也相当丰富多彩、广泛实用。中学生正处于身心发展的黄金时期，这一时期也正是打基础的最佳时期，如果错过这一时期，将会影响他们一生的发展。重视语文知识和语文能力教学，既可以提高学生的语文素养，又能为他们毕业后的升学或就业后的继续自学和发展提供坚实的基础。

语文知识和语文能力教学可以帮助学生更好地掌握和具备应知、应有的语文知识和语文能力，为语文素养及综合素养的发展打好基础。语文课本的主体是一篇篇的课文。入选中学语文课本中的课文多是文质兼美、应用语文知识于实践的典范文章。如果语文教师能够明确教学目标，遵循中学生学习语文的客观规律，灵活地使用教材，在组织学生开展语文实践活动时，按照《语文课程标准》的要求，“注重语言的积累、感悟和运用，注重基本技能的训练，给学生打下扎实的语文基础”，就能促进学生语文素养的整体提高。

第二节　语文知识和语文能力教学的内容

语文知识和语文能力的范围很广泛，内容很丰富。中学教育属于基础教育，因此中学阶段学习的语文知识就只能是语文学科中最基础的部分，而要培养的语文能力也是一个公民所必须具备的最基本的语文能力。

一、《全日制义务教育语文课程标准（实验稿）》确定的有关内容

《全日制义务教育语文课程标准（实验稿）》确定的初中阶段课程目标显示了初中阶段语文知识和语文能力的基本内容，引述如下：

（一）识字与写字

（1）能熟练地使用字典、词典独立识字，会用多种检字方法。累计认

识常用汉字 3 500 个，其中会写 3 000 个左右。

（2）在使用硬笔熟练地书写正楷字的基础上，学写规范、通行的行楷字，提高书写的速度。

（3）临摹名家书法，体会书法的审美价值。

（二）阅读

（1）能用普通话正确、流利、有感情地朗读。

（2）养成默读习惯，有一定的速度，阅读一般的现代文每分钟不少于 500 字。

（3）能较熟练地运用略读与浏览的方法，扩大阅读范围，拓展自己的视野。

（4）在通读课文的基础上，理清思路，理解主要内容，体味和推敲重要词句在语言环境中的意义和作用。

（5）对课文的内容和表达有自己的心得，能提出自己的看法和疑问，并能运用合作的方式，共同探讨疑难问题。

（6）在阅读中了解叙述、描写、说明、议论、抒情等表达方式。

（7）能够区分写实作品与虚构作品，了解诗歌、散文、小说、戏剧等文学样式。

（8）欣赏文学作品，能有自己的情感体验，初步领悟作品的内涵，从中获得对自然、社会、人生的有益启示。对作品的思想感情倾向，能联系文化背景作出自己的评价；对作品中感人的情境和形象，能说出自己的体验；品味作品中富于表现力的语言。

（9）阅读科技作品，注意领会作品中所体现的科学精神和科学思想方法。

（10）阅读简单的议论文，区分观点与材料（道理、事实、数据、图表等），发现观点与材料之间的联系，并通过自己的思考，作出判断。

（11）阅读古代诗词，有意识地在积累、感悟和运用中，提高自己的欣赏品位和审美情趣。

（12）阅读浅显文言文，能借助注释和工具书理解基本内容。背诵优秀诗文 80 篇。

（13）了解基本的语法知识，用来帮助理解课文中的语言难点；了解常用的修辞方法，体会它们在课文中的表达效果；了解课文涉及的重要作家作品知识和文化常识。

(14) 能利用图书馆、网络收集自己需要的信息和资料。

(15) 学会制订自己的阅读计划，广泛阅读各种类型的读物，课外阅读总量不少于260万字，每学年阅读两三部名著。

(三) 写作

(1) 写作时考虑不同的目的和对象。

(2) 写作要感情真挚，力求表达自己对自然、社会、人生的独特感受和真切体验。

(3) 多角度地观察生活，发现生活的丰富多彩，捕捉事物的特征，力求有创意地表达。

(4) 根据表达的中心，选择恰当的表达方式。合理安排内容的先后和详略，条理清楚地表达自己的意思。运用联想和想象，表达丰富的内容。

(5) 写记叙文，做到内容具体；写简单的说明文，做到清楚明白；写简单的议论文，努力做到有理有据；根据生活需要，写日常应用文。

(6) 能从文章中提取主要信息，进行缩写；能根据文章的内在联系和自己的合理想象，进行扩写、续写；能变换文章的文体或表达方式等，进行改写。

(7) 有独立完成写作的意识，注重在写作过程中的搜集材料、构思立意、列纲起草、修改加工等环节。

(8) 养成修改自己文章的习惯，修改时能借助语感和语法修辞常识，做到文从字顺。能与他人交流写作心得，互相评改文章，以分享感受，沟通见解。

(9) 能正确使用常用的标点符号。

(10) 作文每学年不少于14次，其他练笔不少于1万字。45分钟能完成不少于500字的习作。

(四) 口语交际

(1) 能注意对象和场合，学习文明得体地进行交流。

(2) 耐心专注地倾听，能根据对方的话语、表情、手势等，理解对方的观点和意图。

(3) 自信地表达自己的观点，做到清楚、连贯，不偏离话题。

（4）注意表情和语气，使说话有感染力和说服力。

（5）在交流过程中，注意根据需要调整自己的表达内容和方式，不断提高应对能力。

（6）讲述见闻，内容具体、语言生动；复述、转述，完整准确、突出要点。

（7）能就适当的话题作即席讲话和有准备的专题演讲，有自己的观点，有一定的说服力。

（8）课堂内外讨论问题，能积极发表自己的意见，有中心、有条理、有根据；能听出讨论的焦点，并有针对性地发表意见。

（五）综合性学习

（1）能自主组织文学活动，在办刊、演出、讨论等活动过程中，体验合作与成功的喜悦。

（2）能提出学习和生活中感兴趣的问题，共同讨论，选出研究主题，制订简单的研究计划，从报刊、书籍或其他媒体中获取有关资料，讨论分析问题，独立或合作写出简单的研究报告。

（3）关心学校、本地区和国内外大事，就共同关注的热点问题，收集资料，调查访问，相互讨论，能用文字、图表图画、照片等展示学习成果。

（4）掌握查找资料、引用资料的基本方法，分清原始资料与间接资料的主要差别，学会注明所援引资料的出处。

《全日制义务教育语文课程标准（实验稿）》的“附录”部分也显示了义务教育阶段学生应掌握的语法修辞知识，引述如下：

（1）词的分类：名词、动词、形容词、数词、量词、代词、副词、介词、连词、助词、语气词、叹词。

（2）短语的结构：并列式、偏正式、主谓式、动宾式、补充式。

（3）单句的成分：主语、谓语、宾语、定语、状语、补语。

（4）复句（限于二重）的类型：并列复句、递进复句、选择复句、转折复句、因果复句、假设复句、条件复句。

（5）常见修辞格：比喻、拟人、夸张、排比、对偶、反复、设问、反问。

二、对上述内容的分析

《全日制义务教育语文课程标准（实验稿）》从五个方面规定了知识和能力教学的要点，共40项。其中体现的基础知识主要有：3 500个汉字、五种表达方式、文学样式、语法、修辞、作家和作品、文化常识。其他知识虽没有专项列出，但从能力要求中可看出其已作为基础知识的相关知识，如文体、标点符号、联想、想象等方面的知识。这一规定，体现了中学语文教学的基础教育性质，明确了语文基础知识的范围和要求。本着精简教学内容，减轻学生负担的精神，以上规定是合理的。这些基础知识内容符合初中学生的年龄特征和语言学习水平，既具有实用性，又具有可接受性。例如，语法知识的短语部分，规定只讲常见的五种，复句不超过二重，修辞格仅限于八种；文学知识和文体知识也控制在最基础的范围内。《全日制义务教育语文课程标准（实验稿）》所规定的能力训练的内容和要求，也都是基础性的，是一个人最根本的语文能力。只有将这些基础能力练得扎实，用得熟练，成了自己的习惯和本领，才能生发出高一层次的语文能力。例如，要求"能熟练地使用字典、词典独立识字，会用多种检字方法。累计认识常用汉字3 500个……"就是语文学习的最基础的知识和能力。

以上介绍的语文知识和能力教育的内容，仅限于初中部分，高中语文教学应在这个基础上有所发展。

第三节　语文知识和语文能力教学的特点及要求

一、语文知识和语文能力教学的特点

（一）教材的分散性与系统性

语文知识在课本中出现的形式大致可以分为两类，另一类是以分散的形式分别编排在课文前后的"提示"、"注释"、"思考练习"之中，这类形式介绍的知识容量小，比较零散；另一类是以短文或系列文章的形式集中编排在每个教学单元之中或每册教材的末尾，这类形式介绍的知识容量大，有系统性。

课前的“提示”，有的是就该课文介绍新接触的体裁知识，如自传、民间故事、诗话等；有的是就节选的课文介绍其所属原著的有关知识，如《红楼梦》、《水浒传》、《青春之歌》、《老残游记》等。

课文中的“注释”，主要介绍该课文作者的生卒时间、所属朝代或国别、主要代表作品等。大量零散的作家知识都分布在这里，应定期指导学生整理。偶尔也介绍一些典籍常识，如《诗经》简介之类。

课后的“思考练习”，介绍一些体裁知识及不同体裁的写作特点，如读书摘记、童话、新闻等，也介绍一些修辞方法或文言文词句的知识。

教学单元中的知识短文，是各种版本的语文课本普遍采取的编排形式，有的编在单元的开头，有的编在单元的结尾。无论在前在后，都是该单元的有机组成部分，与课文关系密切，对教师备课和学生预习起指导作用，学完该单元课文以后起归纳总结的作用。

语文基础知识在课本中应该如何编排才更科学，更合理，更有利于教和学，历来有过不同探讨，现在仍然是一个值得继续探讨的问题。

基本能力训练主要是分散编排，终成系统。这是由语文课的特点决定的。语文教学目标是多元的，其中能力目标也是多元的，目标之下又有子目标。这种分析能力与综合能力的关系决定了语文课本编排上的分散与综合（系统）的关系。能力的形成要有一个训练的过程，要举一反三，要有阶段性，要形成训练系列，所以，要做到分散性与系统性结合。

（二）教学的随机性与专门性

教学的随机性是指随时随地、机动灵活地进行知识的学习与能力的训练。这一特点是与语文知识在课本中编排的分散性相一致的。语文课本传达知识主要不是通过系统陈述的方式（“告诉你”的方式），而是通过以课文去显现的方式（“用给你看”的方式）。这是语文课本与其他科目课本在向学习者传达知识信息时截然不同的地方。这种特殊的方式决定了语文知识的学习必须随文进行。而与此相关的能力训练也必须相机进行。此外，教学的随机性也受其他因素的影响，主要有：教育对象的动态性、差异性；教育环境的多变性、复杂性；学习内容的多元性、综合性。这些因素使得语文教学不可能一成不变，而必须丰富多彩。教学的随机性还体现在课外和校外，社会是学习语文、运用语文的大舞台。所谓“得法于课内，增效于课外”。课内学习与课外活动相结合是语文教学的重要原则，课外学习绝大多数是随机的。能力形成是缓慢的，不可能一蹴而就。在这个过程中，知识的学习、能力的形成与提高，都要不断地变化，要适应新的情况。

教学的专门性是指教师在课堂上组织学生集中学习某些语文基础知识或进行某些基本技能训练。语文课的性质与教材形式决定了语文基础知识及语文基本技能的教学主要是随机进行的。但语文自独立设科以来，就一直体现出它的专门性。作为一门学科，其知识具有系统性；作为一门课程，其学业具有程序性。因此，为了帮助学生更好地进行语文基础知识的学习及语文基本技能的实践，语文课程就需要进行一些专门化的设计。这些专门化的设计，一是配合课文单元安排相关的语文知识性短文；二是在关于某类知识的作业习题中安排一些陈述相关知识的引导性文字；三是在课本的附录中安排系统陈述知识的文章，等等。在教学实践中，教师既可以使用这些材料组织专门化的学习活动，也可以另选材料去组织。

语文基础知识和语文基本技能教学的专门性与随机性要相结合。随机性学习为专门性学习作铺垫，打基础；专门性学习则是在随机性学习的基础上集大成，筑高楼，因此，在教学实际中应注意处理好两者的关系。

（三）学生的模仿性与实践性

模仿是最基本的学习方法。学生的学习也是从模仿开始的。语文学习的模仿性特点就更突出，一切语文能力的形成（甚至包括所有能力的形成）都须经过理解、模仿、运用、创造这几个不同的阶段。

阅读能力训练中的模仿，比较突出的如“朗读”，可模仿老师、同学、影视等；其他阅读技巧的运用能力如默读、速读、略读、精读等也都可以模仿。阅读理解的方法也可以模仿，如段义的归纳、中心思想的总结等。写作能力训练中的模仿，表现在对一切语言范例的模仿之中。字、词、句、段、篇都可进行模仿，如组词、造句、仿写，还可扩大到布局谋篇、选材立意，等等。教材所选课文，要求文质兼美，不仅要起到凭借作用，还要起到范例作用。交际能力训练中的模仿，“说”表现得更突出一些，如说普通话要模仿，说话的技巧也要模仿，等等。有模仿就有示范，教学中，教师掌握语文基础知识与应用知识的技能表现都会成为学生最直观的榜样。

实践出真知。语文基础知识和基本技能的形成有赖于语文实践，这是由语文课程的实践性所决定的。语文的实践性特点，较历史、地理等以陈述知识为主的课程更突出，更明显。知识转化为技能的中心环节是实践，《全日制义务教育语文课程标准（实验稿）》要求培养的各项基本素养都要通过语文实践活动得以形成。因此，语文实践活动要贯穿在语文教学的全过程，成为语文教学的主流。以往语文教学活动中容易出现的偏差，主要是在课堂上以教师的讲授取代学生的活动，违背了学生学习语文的实践性特点，同时忽略了课堂以外的语文实践，把语文基础知识及基本技能的掌握局限在课内进行，使语文教学成了以传授知识为主的活动。如何科学有效地建立语文实践系列，仍需进一步探讨。

二、语文知识和语文能力教学的要求

（一）传授知识要做到“精要、好懂、有用”

“精要、好懂、有用”是对语文基础知识和基本技能教学一贯的要求。

“精要”是对教学内容方面的要求。首先是课程在确定语文基础知识时要精选，重视知识的“质”。从各个相关的学科理论体系中选择既能反映其基本概念和原理，又切合学生实际需要的基础知识，构成语文课程内在的知识结构，并通过精选的课文将其表现其中。其次是教学实践中要做到精学要练，控制知识的“量”。在《全日制义务教育语文课程标准（实验稿）》的指引下，教师应从学生的实际需要出发，对课本中的语文基础知识作出切实的分析，精选内容，精心组织，引导学生掌握语文基础知识。选择和组织教学内容时，要注意区分语文知识和非语文知识，区分语文基础知识和非语文基础知识。例如，离开文学作品阅读的需要，过多地介绍与作家和作品联系不很密切的文学史知识，就背离了“精要”的原则。确定知识范围后，要抓住重点，突破难点，不要面面俱到，枝叶旁出，更不要随意引申，甚至涉及一些学术界争议的问题。

“好懂”是对教学措施方面的要求。第一是教师的教学语言要通俗易懂，深入浅出，简明扼要，不作烦琐论证。第二是学习知识要注意联系实际，将间接经验与直接经验联系起来，并努力做到直观有趣；要善于联系学生的生活实际、语言实际，从具体现象中引出规律，从感性上升到理性。第三还要善于总结归纳，定向量化，让学生心中有数，获得顿悟的快感，获得学会知识的满足。以往的语文知识教学像一个无底洞，永远学不完，永远学不会，极大地挫伤了学生的学习情绪。

“有用”是对教学效果方面的要求。教学中首先要使学生“知其所以然”，用语文知识的理论去认识语文现象，辨析哪些是合乎规范的、哪些是不合乎规范的，并能作出分析和解释。其次是必须令学生“化知为能”，将知道的语文基础知识直接用于学校语文实践和社会语文实践，切实提高语文能力。学以致用是关键，只有当学生感受到语文基础知识的作用时，才能发挥其积极主动性。如果学知识只为考试，不能运用，那么，学生就会产生厌学情绪。

（二）技能训练要联系读写和口语交际实际

语文基本技能的教学是指对学生进行识字写字、阅读、写作和口语交际的能力训练。这些训练必须与学生的学习、生活实际相联系，即包括学生的课内学习及课外生活。因为，言语技能是最基本的生活技能，它存在于人类生活的方方面面，作用于人类的一切活动。

识字写字、阅读、写作和口语交际活动在其他课程（非语言的）教学中只是一种手段，而在语文课程中，它既是教学手段，又是教学目的。因为语文教学既依赖它而得以进行，更以其为自己追求的结果。语文基础知识的教学要与语文基本技能训练相联系，以达到知识转化的目的。这种目的的实现，必须凭借识字写字、阅读、写作和口语交际等训练方式。而在此训练过程中，识字写字、阅读、写作和口语交际的技能，也凭借自身的活动，实现自身的形成和发展。语文课程中的这种具有双重作用的活动，要比其他课程更具有目的性、切实性，更直接，也更有效。

由于识字写字、阅读、写作和口语交际活动与现代人类的生活紧密相连，因此，无论是在课内还是课外，教师都要重视这些基本技能的训练。教师除了坚持实践第一的方针，安排好语文课堂上的各种语文活动外，更重要的是引导学生在生活实际中锻炼自己的言语技能。《全日制义务教育语文课程标准（实验稿）》建议教学要“沟通课堂内外，充分利用学校、家庭和社区等教育资源，开展综合性学习活动，拓宽学生的学习空间，增加学生语文实践的机会”。因而教师要积极组织学生开展各种社会语文活动，把语文学习延伸至社会这个大课堂，让学生在各种真实的环境中使用语文知识，不断提高社会生活所需要的识字写字、阅读、写作和口语交际技能，真正达到提高语文能力的目的。

（三）注重启发引导，讲求整体提高

《全日制义务教育语文课程标准（实验稿）》指出："努力改进课堂教学，整体考虑知识与能力、情感与态度、过程与方法的综合，提倡启发式、讨论式教学。"

启发式是最基本的教学原则之一，这在许多教育学的著作中都有论述。语文基础知识和语文基本技能的教学尤其要讲求启发引导，其主要原因在于，语言知识和言语技能都是通过在实际运用中感悟得来的。语言知识是在大量生动活泼的言语素材中概括、提炼出来的，在学生的学习过程中，活生生的言语体验与抽象的语言概念、原理之间存在着相当大的距离。教师应通过启发引导，使学生将两者联系起来，从而感悟语言规律，掌握言语逻辑。启发引导的方法很多，最基本的有：一是运用归纳思维的方法，让学生从类似的语言现象中概括出其共同特征，从而形成对语言知识的认识；二是运用演绎思维的方法，待学生对语言知识有所领会时，让其运用知识去鉴别个别语言现象，从而增强学生对语言知识的掌握。形式上，谈话、讨论都是容易引发思考的方法，所以也应当是语文基础知识和语文基本技能教学中常见的方法。

综合性是语文学科的基本性质，因此在语文教学中，任何一种知识和技能的学习都会产生辐射影响，使语文素养得以综合发展。语文素养的整体提高也是语文教育的基本目标，所以，语文教师要充分认识语文素养整体结构的内部联系，在教学中抓住关键，突出重点，由点及面，整体推动；要加强语文基础知识与语文基本技能的融会贯通，注重语文基础知识与语文基本技能的积累迁移；要根据学生的实际情况和教学内容的特点，采取合适的教学策略，促进学生语文素养的整体提高。

思考题

1. 语文知识和语文能力教学的意义是什么？
2. 语文新课标对初中阶段的基础知识和基本能力教学有哪些要求？
3. 中学语文基础知识和基本能力的教学有什么特点？

【教学技能】

语文“双基”分析

语文基础知识和语文基本技能简称语文“双基”。语文“双基”教学是指教师指导学生在语文课中学习语文基础知识及掌握运用的语言基本方法。它是提高学生语文素养的一个重要环节。

中学语文教材不是像其他学科的教材那样直接向学生阐述语文基础知识和语文基本技能的，而是通过提供语文知识与技能的结晶——文章去给学生研读，让他们领悟其中的知识与技能。因此，为了引导好学生对语文“双基”的掌握，语文教师就必须对教材进行“双基”分析，以求明确“双基”教学的内容。

(1) 语文基础知识，主要包括汉语知识、文体知识、文学知识、读写知识、文言知识等。

分析语文基础知识，首先是通过课文去分析。对课文进行分析，要“透过现象看本质”。文章是一种语用现象，从构成这些现象的成因去分析，便可看到作者运用的语文知识及方法。例如刘白羽的《长江三峡》，从“这一天，我像在一支瑰丽的交响乐中飞翔”，你可以看到作者在运用通感这种修辞方法。又如叶圣陶先生的《景泰蓝的制作》，从作者对“掐丝”这道工序的说明，你就可以分析出“下定义”、“举例子”、“打比方”等说明方法，看到作者综合运用多种说明方法的技能。

分析语文基础知识，其次还要特别注意教材的编写特点。一般来说，课本中的语言知识常常通过结合练习去介绍；文言知识多通过注释、练习或者专门介绍这些知识的短文作简要介绍；作家作品的知识多通过注释介绍；文学史的常识则多用附录材料去阐释；而各类文章的读写知识，则跟课文单元相配合，在课文学习中去把握。

(2) 语文基本技能，通常指听、说、读、写四种言语技能。

技能训练总是跟知识掌握结合在一起的，所以基本上可以通过对知识的分析去掌握技能训练的要点。当然，教材中的练习题是最能反映技能训练的内容和要求的。此外，课文的提示中也会有所反映。

一篇课文中包含的知识和技能因素是很多的，每一次的教学都不可能面面俱到。因此“双基”分析应抓要点，抓重点。通常是，抓住课文中表现最突出的知识与技能，即作者运用最精彩的、读者感受最强烈的那些知识和技能；抓住教材编者特意安排，特别要求学生学好的知识和技能，这一般可以从单元提示和单元教学要求中看到。

第六章

中学的阅读教学

阅读，几乎如同饮食和呼吸一样，构成人类的基本存在方式。广义的阅读包括一切对环境、自然、社会及其意义的解读，文字或字母阅读（也即通常意义上的阅读，有时也称文本阅读）只是它的诸多形式之一。此处所讲的阅读，也即通常意义上的阅读，作为一种书面的理解与交流形式，它与写作、听话、说话一起，构成言语交际的整体而作用于人们的生活、工作和学习。

阅读教学是学校的特殊任务，是各国中小学母语课的重要组成部分。由于阅读具有基础性和多功能性的特点，也由于阅读教学主要是通过教师引导学生研读一篇篇被选作“课文”的古今中外的名篇佳作来进行的，因而阅读教学内容在语文教学中所占的比例最重，阅读教学在整个语文教学中所花的时数和所费的精力也往往最多。阅读教学的质量与效率，在极大的程度上决定着整个语文教学的质量与效率。

第一节　中学阅读教学的作用和地位

阅读，作为人的一种基本存在方式和需要，对于个人和社会具有重要的作用。阅读教学在整个语文教学中占据举足轻重的地位，这一点是我们研究和理解阅读教学必须首先弄明白的。

一、中学阅读教学的作用

阅读，是人类认识世界的最基本的方式和途径。通过阅读，人们可以获取生存发展的信息，了解世界，认识人生，发展思维，获得审美体验等。阅读教学，作为语文教学乃至整个教育的一个重要组成部分，在促进学生的一般发展方面，具有巨大的价值和作用。

（一）开发智力，发展思维，提高理解事物和认识世界的能力

我们知道，人类规范的、系统的启蒙教育，无不是从识字、阅读开始的。读物，无论是只言片语，还是鸿篇巨制，无不是人类思维的记录，记载的都是人类认识世界的成果。因此，通过阅读，无论是品句还是析段，无论是理序还是探旨，无论是鉴赏写法还是品味思想，无不可以打开作者的思维，领略人类思想认识的成果。文章作品不仅是作者运用观察、记忆、联想、想象等多种心理能力进行判断、推理、分析、归纳、抽象、概括等思维活动的方法写照，也是作者对世界、对人生丰富的历练与关注、深刻的洞悉与体验以及独到的发现与感悟的内容展现。所以，阅读能使人明智开窍。有人说，阅读是人类通向理性世界的大门。这是不错的。中学语文阅读教学，有助于学生开发智力，发展思维，提高他们理解事物和认识世界的能力。

（二）获得综合文化素养，丰富个人精神世界，提高文化品位和审美情操

读物是人类精神世界对包括人类自身在内的客观事物的写照。中学语文阅读教学引领学生在课内外涉猎的作品，题材广泛，内容丰富，几乎涉及人类文化知识的全部领域。学生阅读这些作品，就是与历史对话，与世界交流，与时代同行。所以，中学语文阅读教学，十分有利于学生开阔视野、广博见闻，拓展其精神空间、提高其综合文化素养。同时，学生所涉猎的这些作品也含有丰富的思想、审美、道德、情感因素。学生阅读这些作品，无不是在接受一次次的情感陶冶和审美洗礼。尤其是其中代表着民族优秀文化和人类进步文化的那一部分作品，是丰富学生精神世界、提高学生文化品位和审美情操的优质“精神食粮”。

（三）建立丰厚的语言积累，形成良好的语感，获得言语文字信息加工处理能力

持续、专注、长期、大量、广泛的阅读，必然会使学生的认知结构、思想情操、人格气质和言语感受、领悟力以及对言语文字信息的加工处理能力，发生巨大的变化。正所谓“史鉴使人明智；诗歌使人巧慧；数学使人精细；博物使人深沉；伦理之学使人庄重；逻辑与修辞使人善辩”。[①]

“读书破万卷，下笔如有神。”建立丰厚的语言积累，形成良好的语感，获得言语信息加工处理能力，这既是作为工具课的中学阅读教学的根本任务，也是作为综合文化课的中学阅读教学的必然结果。

二、中学阅读教学的地位

阅读教学，是整个语文教学的基础。阅读教学是整个中小学语文教学中做得最早、最多、最持久的一件事情。这主要是由阅读教学对整个语文教学的特殊功能决定的。阅读教学对整个语文教学的特殊功能，主要表现在以下四个方面：

（一）阅读教学为整个语文教学提供识字写字基础

引导学生正确地理解和运用祖国的语言文字，是语文教学的基本任务。无论是有效地读，还是有效地写，都必须从识字写字开始。最新颁布的语文课程标准规定，九年义务教育阶段的学生应“认识 3 500 个左右常用汉字。能正确工整地书写汉字，并有一定的速度”。这既是中小学阅读教学的重要内容，也是贯穿中小学语文教学始终的任务。识字写字教学，为整个语文教学奠定了书面读写基础。

（二）阅读教学为整个语文教学提供一般知识和能力基础

语文教学既能带给学生一般知识和能力的全面增长，也对学生的一般知识和能力具有很强的依赖性。所谓一般知识，主要是指包括语文学科知识在内的各种基础科学文化知识，也即人们关于自然、社会和自我的一般知识。所谓一般能力，主要是指人们认识世界的各种基本心理能力，如观察力、记忆力、思维力、联想力、想象力等。这些基础知识和基本能力，是整个语文教学得以顺利进行的基础。而这个基础的获得，就整个语文教学的实际而言，主要是在阅读教学中，依靠有效的阅读来解决的。

---

① 水天同译：《培根论说文集》，商务印书馆，1996 年版。

（三）阅读教学为口语交际教学提供练习机会，为写作教学提供借鉴和模仿的范例

口语交际教学和写作教学，是语文教学的两个重要组成部分。口语交际教学在语文教学中虽然自成体系，但在实际操作上，每个学期除了有限的几次独立练习外，它更多的是渗透在阅读教学中进行的。在阅读教学中，教师指导学生朗诵、齐读、答问、讨论、交流对话等，除了满足阅读教学的需要外，都含有口语交际教学的目的。写作离不开借鉴和模仿，阅读教学所教的一篇篇古今中外脍炙人口的名篇佳作，正好为写作教学提供了上好的借鉴和模仿的范例。所以，在阅读教学中，教师引导学生解剖结构、揣摩语言、赏析写作特色，除了满足“精读”的需要外，大多含有指导写作的用意。

（四）阅读教学是发展学生思维、拓展学生视野、提高学生综合文化素养、对学生进行审美情操教育的主要阵地

阅读教学的独特性，就在于它的内容无所不有、无所不包。它既含有多样性、综合性很强的知识、智力、思维、技能因素，又含有丰富的审美、情感、思想、道德因素。语文教学所依靠和借重的学生综合素养，主要是通过阅读教学来获得的。

阅读教学的重要性，也是由人们总是先听读后说写这个言语能力形成与发展的基本规律和顺序所决定的。

总之，要搞好语文教学，就必须首先打好阅读教学这个基础。

第二节　中学阅读教学的目的和内容

中学阅读教学的目的和内容是什么？怎样确定它们的性质及相互之间的关系？这是我们认识了阅读教学的作用和地位以后，必须进一步研究的问题。

一、中学语文阅读教学的目的

中学语文阅读教学的目的，从根本上讲，就是培养学生的阅读能力。① 这是由中学语文课程的总的教学目标决定的。《九年义务教育语文课程标准（实验稿）》指出，语文课程“必须面向全体学生，使学生获得基本的语文素养。语文课程应培育学生热爱祖国语文的思想感情，指导学生正确理解和运用祖国语言，丰富语言的积累，培养语感，发展思维，使他们具有适应实际需要的识字写字能力、阅读能力、写作能力、口语交际能力”。口语交际能力和写作能力，是分别通过口语交际教学和写作教学来培养的，而阅读能力的培养则是阅读教学特有的任务。

阅读能力是个综合概念。文本阅读是一种通过读者原有的知识和文章信息的相互作用而建构文章的意义模式的心理活动过程。阅读能力包括和反映了这个心理活动过程的心理结构系统。根据目标分类学理论，构成阅读能力的心理因素可分为如下三种：

（一）感知认读能力

感知，即感觉器官对言语形式、音义方面的直接反映。认读，即用眼睛辨识文字，了解文字所表示的意义。对言语音义的感知认读，是阅读的第一步，也是形成丰富语感的心理活动基础。

无论进行何种形式的阅读，都必须从感知认读开始，并且做到准确、迅速。否则，正常阅读便无法顺利进行。

（二）理解能力

理解就是读者运用其原有知识解释和建构所读文章的意思，确定语言文字所包含的思想情感或社会信息。这是阅读的核心。阅读就是从书面语言中提取信息。“读书不求甚解”就达不到阅读的目的。阅读要从书面语言文字中提取信息，就要对读物从形式到内容进行全面的占有。具体地讲，就要对读物的标题、体裁、词句、段落、篇章结构、主题思想、写作

---

① 也有人提出阅读策略教学的观点。参看倪文锦、欧阳汝颖主编：《语文教育展望》，华东师范大学出版社，2002 年版，第 293～303 页。

方法技巧、作品的风格乃至作者的生平和写作背景，展开全面的分析理解。这些解题、释词、析句、划段、理篇、明旨的能力，就构成了阅读的基本能力。

（三）鉴赏评价能力

鉴赏评价是指鉴别读物内容的是与非、精华与糟粕，欣赏读物的写作技巧与语言特色，评价读物格调的高与低、社会作用的大与小或积极与消极，等等。鉴赏评价与理解不同。理解以读解和再造作品文本的意义为目的，即通常所说的“读懂”，而鉴赏评价以发表主观感受与批评意见为主。一篇有意义的读物，其思想内容与语言形式往往有好有坏，或者是好坏正误混合，需要进行分析与鉴别，这样才有利于读者进行正确的取舍。尤其是由于时代、地域或文化背景等条件的变化，读物的意蕴或审美功效往往发生偏差，更需要对其进行辨别评价。鉴赏评价能力是阅读能力的标志。鉴赏评价能力的高低，在极大的程度上表明一个人阅读水平的高低。

二、中学阅读教学的内容

阅读能力的培养，在阅读教学中主要是通过课文教学，培养学生的阅读兴趣、传授阅读知识、传习阅读方法、使学生养成阅读习惯来完成的。这就促使以课文学习为凭借的阅读兴趣的培养、阅读知识的传授、阅读方法的传习和阅读习惯的养成，构成了阅读教学的基本内容。

（一）培养阅读兴趣

中学语文阅读教学要收到真功实效，必须首先关注学生阅读兴趣的培养。良好的阅读兴趣可以确保将阅读知识和阅读方法贯彻到学生的阅读实践中去，从而转化为学生的阅读能力。

阅读兴趣的培养要求在具体的阅读教学实践中，教师不断地设法激起学生的阅读需要，让学生通过具体的阅读实践，能够经常地感受阅读的乐趣，领略阅读的妙处，并且收到阅读的实效。这就要求教师多下工夫创设热爱生活、热爱求知、热爱读书的阅读氛围，灵活运用多种阅读教学方法并始终将学生置于阅读审美求知的主体位置。

阅读兴趣的培养，既要解决阅读兴趣的范围问题，又要解决阅读兴趣的质量问题。所谓兴趣的范围，就是要求学生既要对审美性、娱乐性较好的一般文艺读物感兴趣，也不要排斥那些求知性、启蒙性较强的一般文化科技读物的阅读；既要阅读时尚，也要阅读经典；既要阅读自己钟情的作家、体裁、风格的作品，也不要排斥对其他作家、体裁、风格的注意。所谓兴趣的质量，就是要求学生对于阅读的兴趣，不仅要具有较好的广泛性，还要具有一定的深刻性和持久性。

（二）传授阅读知识

阅读主要是通过读物达到对读物所包含的思想情感的认识。读物，对学习和使用汉语言的中国学生来说，主要表现为一组组汉语书面语言文字符号系统。学生要理解并吸收读物的内容，就必须对汉语书面语言文字符号系统，包括它的成字特点，构词法则，成句、结段、完篇的法则和规律，有一个大致的了解。从汉语言知识分类学的角度来讲，这要求学生必须具备最起码的文字学、语言学、文章学、文学、写作学、逻辑学、修辞学等方面的知识。上述多方面的语文知识，可以看作是广义的阅读知识，它主要是用来帮助读者打开汉语书面语言文字“密码”的。相对于上述广义的阅读知识，那些直接用来指明阅读性质、内容、方法、策略、技巧的知识，则可以称作狭义的阅读知识，后者主要是用来直接帮助读者学习阅读方法，提高阅读质量和效率，完成阅读任务的，它们也是阅读教学中必须向学生传授的基本阅读知识。学生具有丰富的阅读知识（包括广泛的语文知识），是正确阅读的基础，是培养阅读能力，达到阅读教学目的的必要前提。

（三）传习阅读方法

阅读方法也可称阅读策略，是达到正确阅读的有效途径。能否根据阅读的需要正确熟练地选用恰当的阅读方法或策略，是一个人阅读水平高低的重要标志。中学语文阅读教学以培养学生阅读能力为基本目的，因而应该特别注重对学生进行阅读策略或方法的教学。

阅读方法种类繁多。根据中学语文阅读教学实际，默读与朗读的方法，精读与略读的方法，浏览、泛读与速读的方法，圈点、批注的方法，以及各种渗透在这些方法使用过程中的更为具体的方法，如制订阅读计划的方法、正确选择读物的方法、区分重要信息与非重要信息的方法、分析理解的方法、归纳概括的方法、质疑释疑的方法、评价鉴赏的方法、吸收贮存的方法等，应该成为中学生必须正确熟练掌握的基本阅读策略或方法。

（四）养成阅读习惯

习惯是一种定型化的行为，是在长期反复的活动中逐渐养成的一种行动的力量。习惯一经养成，有如“条件反射”，是一种不需要强制而胜于强制的自然而然的倾向。良好的阅读习惯，是正确的阅读知识和阅读方法的结晶，是有效的阅读所能达到的最高境界。中学语文阅读教学要在长期大量的阅读教学实践中，注意养成学生诸如爱书、专注、持续、有序、有目的、质疑、思考、动笔、使用工具书等基本的良好的阅读习惯。这也是中学语文阅读教学一项基本的、经常的教学内容。良好的阅读习惯亦如正确的阅读知识、科学的阅读方法和广泛、持久的阅读兴趣一样，让学生终身受益。

除此以外，中学语文阅读教学还有许多“兼职”任务，这也构成了中学语文阅读教学的必要内容。它们是：

第一，指导作文。阅读教学要与作文教学结合起来，指导学生取法于课文，学会作文。

第二，兼顾口语交际。阅读教学要在教读和自读课上，创造朗读、背诵、问答、讨论、质疑、辩驳的机会，以锻炼、发展学生的口语交际能力。

第三，进行审美教育和思想道德情操教育。阅读教学要充分利用读物丰富的人文思想资源和审美资源优势，对学生进行审美教育和思想道德情操教育。

第四，进行思维训练和智力开发。阅读教学要充分利用读物丰富的思维和智力因素，对学生进行思维训练和智力开发。

第五，进行综合文化知识教育。读物包含大量的综合文化知识内容。阅读教学也肩负着扩大学生的知识面，提高学生的综合文化知识素养的任务。

第三节 中学阅读教学的过程和方法

阅读是一个读者、作者、文本之间对话的复杂的心理活动过程。教师指导下的学生对于课文的阅读，又有着不同的规律和特点。中学语文阅读教学的过程及方法，既是对这一活动过程的规律及特点的记录和反映，又是综合运用一般阅读学与阅读教育学、心理学知识和原理的结果。

一、中学阅读教学过程

（一）一般文章阅读的心理过程

文本作品是作者把自己所要表达的思想情感加工、编码成为具有潜在意义的书面符号，阅读则是要对这些书面符号作出解码，从而获取意义或信息。简言之，阅读就是从书面语言文字符号系统获得和建构文本作品意义的心理过程。

阅读心理学家根据信息加工的认知心理学的观点和方法，对整个阅读过程进行过许多研究和分析，并提出了许多关于阅读过程的理论。综合起来可以这样说，阅读实际上存在着两种不同的活动形式：一是生理性的视觉感知活动。即阅读是以视觉感知作为活动的主要形式，通过视觉的扫视（扫描）和注视（聚焦），从书面语言中获取意义的。二是心理性的内部思维活动。即阅读不仅是以视觉感知作为其活动的主要形式，而且它还是一个复杂的思维活动过程。因为在书面语言符号通过视觉感官传入大脑后，大脑必须经过辨认、矫正、记忆、联想、判断、推理、分析、综合、比较、概括等一系列的思维活动，才能从文字符号系统中获取与建构意义。这两种活动在阅读中必须同步进行，才能产生真正的阅读。只有视觉感知活动而没有大脑的思维活动，要么就心不在焉，要么就根本没有信息输入大脑；反之，只有大脑的积极思维而视觉感知不积极工作，大脑这个信息处理装置也会因“停机待料”而“空转”。在这两种情况下，真正的阅读都不会产生。完整的阅读高级神经系统活动可以概括为：阅读材料→文字符号的光波作用于各言语中枢→视、听、动觉综合作用→积极的思维活动→理解与建构文字符号所表达的意义。从信息论角度看，这一过程也可以表述为：输入→传递→视觉感知→解码→获取与建构意义。

根据阅读的生理机制和心理活动的特点，阅读过程一般可以划分为以下五个阶段：

1. 感知认读

感知认读就是通过感觉器官辨认书面语言符号，并由字形的辨认唤起字音，理解字义。感知认读主要是通过视觉注视进行的，它带有整体性和顺序性的特点。阅读心理学家认为，阅读开始于眼的注视。这种注视首先是在一行开始的地方，然后掠过1°～4°的视角（大约需要10～23毫秒），随后新的注视开始了。若从信息论的观点看，感知认读就是从信息源即书面言语中主要通过视觉感知获取信息的过程。

2. 理解

理解就是通过分析、综合、抽象、概括等思维活动，解读或再造阅读材料中各级言语单位。若按照巴甫洛夫"联想的联想"的观点来解释，理解就是将已有的知识与阅读中可能得到的新知识建立必要的联系。这种联系愈广、愈深，达到的理解就愈全面、愈完整；反之，如果这种联系十分薄弱或者完全不能建立联系，那么就基本上或者完全不能理解阅读材料的内容。若从信息论的观点看，理解就是将感知认读阶段所获得的信息进行加工与创造，并进而使其系统化和条理化。

3. 鉴赏评价

鉴赏评价就是对阅读材料的内容、形式与风格等方面的优劣得失作出判断、鉴别、欣赏与评论，或认识其价值与意义，或识别其中的糟粕、谬论与局限性，或把玩其魅力无限的艺术与意蕴，以便合理地吸收与扬弃。理解与鉴赏评价既有联系又相互区别。理解是评价的前提，没有理解就不可能进行正确的欣赏与评价；而鉴赏评价又是对理解的深化，能够使读者对阅读材料的解读达到理性上的领悟、审美上的愉悦和情感上的沟通。有人把理解概括为"因文解道"，而把鉴赏评价概括为"因道解文"，这在一定程度上说明了两者的区别。理解主要是借助阅读期待，多角度、有创意地对阅读材料所作的认识，要求既要借助读者原有的知识，又要正视作品提供的语义信息，努力排除个人成见的干扰，力求贴近文本；而鉴赏评价则主要是借助阅读反思与批判，评估、判断阅读材料的思想内容、语言文字、技巧风格，是为了判定美丑优劣，褒扬真善美，批判假恶丑。这个过程尽管仍然强调必须以真实文本为客观基础，但又明显地会带上人类探究性、创造性的阅读特点，有时甚至难免超出时代和文本，产生美丽的“误读”，或明显地会揉进一些个人的主观思想情感或偏好。所谓“诗无达诂”的自由诠释，或者“公说公理，婆说婆理”的批判性、创造性阅读，大多产生于这个阅读阶段。高质量的阅读也往往因此而产生。

4. 存贮

存贮就是指通过笔录、脑记，将阅读材料中有价值或有用的信息，短时或长期地保留下来，待需要时能及时地提取或使用。例如中学生对于有用词汇、优秀诗文、精彩课文片断或某些基础知识、基本概念、原理、公式定理的笔录或背诵，就属于这种阅读。阅读据其目的，可以分为多种类型。中学生处在发展思维、增长知识的重要时期，所以中学阅读教学的一个重要任务是帮助学生丰富知识、开阔视野、发展个性。尤其是中学语文学习，需要学生具有丰厚的文化知识、语言词汇和思想情感积累，这更加要求中学语文阅读教学要把理解性阅读、评价性阅读、探知性阅读作为重要的阅读类型，要把积累或存贮作为重要的阅读目的加以强调。事实上，有效的阅读自身也需要读者拥有尽可能丰富的知识。从信息论角度看，存贮就是将感知认读、理解、鉴赏评价三个阶段所获得的信息存贮起来以备不时之需。

5. 应用和创新

应用和创新是指将阅读中获得的信息知识，经过同化或重组应用到实际中去，或解决某个问题，或形成某种技能或技巧，或者有所发现、有所创造。就阅读的类型来看，那种以掌握阅读方法、提高阅读技能和发展智力为主要目的的发展性阅读和以创造某种新产品或寻求新知为目的的探究性、创造性阅读，就属于这种阅读。就完整的阅读而言，除了消遣性阅读外，探究是阅读的目的，应用是阅读的终点，创新则是阅读的最高境界。

以上五个环节，构成阅读活动的完整的心理过程。其中感知认读是阅读的起点，理解是阅读的核心，鉴赏评价、存贮、应用和创新是阅读在不同层次上的延伸，同时也构成了不同的阅读终点。

（二）学习课文的行为阶段

如上所述，阅读的一般过程是：感知认读—理解—鉴赏评价—存贮—应用和创新。而学生学习课文的行为阶段，则与此有所不同。后者实质上是学生在教师指导下对课文的感知、理解、评价、吸收、运用与创新过程，通常被称为阅读教学过程。

阅读教学过程是个多层次的概念。按照系统论的整体观来看，它至少包括如下内容：整个基础阶段（从小学到中学）的阅读教学过程——一个学段（小学、初中、高中）的阅读教学过程、一个学年的阅读教学过程、一个学期的阅读教学过程、一个单元的阅读教学过程、一篇课文的阅读教学过程、一堂课的阅读教学过程、一个问题的阅读教学过程以及一种文体的阅读教学过程，等等。但在一般情况下，它主要是指一篇课文的阅读教学过程。近二十年单元教学兴起以后，阅读教学过程有时又特指一篇课文或一个单元几篇课文的教学过程。

对于阅读教学过程，古今中外都曾有过许多积极有益的探索，建立过许多阅读教学过程模式。

就国外来讲，19世纪前期，德国心理学家、教育学家赫尔巴特建立了明了、联想、系统、方法四阶段教学；19世纪末期，赫尔巴特学派的莱因建立了预备、提示、比较、概括、应用五阶段教学。该法早在洋务运动初期就传入我国，至清末废科举、兴学堂以后，广泛应用于我国中小学课堂教学。20世纪前期，苏联教育家凯洛夫创立了五环节教学：①组织教学；②复习旧课；③讲授新课；④巩固新课；⑤布置作业。五环节教学和苏联文学教学经验相结合，逐步形成一种模式，其要素有：①解题；②介绍作者和时代背景；③朗读课文；④讲解生字词；⑤分析课文；⑥概括中心思想，归纳写作特点；⑦课堂练习或布置作业。这种模式在我国20世纪50年代形成以后，迅速普及全国，成为影响我国时间最久、范围最广、程度最深的教学模式。

就我国来讲，20世纪“五四”运动后，我国一些语文教育家创立了一些阅读教学程序，较有影响的如黎锦熙的“三段六步”教程：理解（预习、整理）、练习（比较、应用）、发展（创造、活用）；王森然的“精读六步”教程：预习、指示、讨论、结束、应用、欣赏；叶圣陶、朱自清的“精读三段”教程：预习、课内讨论、练习，等等。20世纪70年代后期，上海育才中学创立了“读读、讲讲、议议、练练”的教学模式。20世纪80年代改革开放以后，单元或单篇阅读教学过程模式的创立蔚然成风，成绩斐然。单元教学较有代表性的教学模式有：黎世法的“六步单元教段”：自学、启发、复习、作业、改错、小结；吴心田的“四步多课型单元教学模式”：起领、教读、自读、总结；钟德赣的“五步三课型反刍式单元教学模式”：总览、阅读、写说、评价、补漏（20世纪80年代曾提导读、仿读、自读、检查、写评五步）。单篇教学较有代表性的教学模式有：钱梦龙的“三主四式”导读模式（“三主”：学生为主体、教师为主导、训练为主线；“四式”：自读式、教读式、练习式、复读式）；魏书生的“六步教程”：定向、自学、讨论、答疑、自测、自结；李敬尧的“六步导学式教学模式”：预习、读书、提问、讨论、作业、评改。

无论是以一组课文为一个基本单位的单元阅读教学，还是以一篇课文为基本单位的单篇阅读教学，阅读教学过程有个万变不离其宗的基本模式就是，遵循人的认知—实践活动规律。一般来说，阅读一篇文章，总要经过“感知—理解—评价”等认知心理活动阶段；教师指导学生完成一篇课文的阅读，总要经过“准备—展开—结束”等教学实践活动阶段。将这两种基本活动阶段结合起来，就构成了常规阅读教学过程的基本结构模式：预习—教读—复习与练习。

1. 预习（感知阶段）

学生按要求自读课文，借助工具书认字释词，扫除文字障碍，初步感知了解课文内容和结构并明确有疑难的地方，做好上课的准备。

预习通常是在课前进行，也有提到课堂上进行的。预习要求通常是由教师提出，也有编入教材（置于课文前）或练习手册的，教师可以对其进行补充、诠释，或者加以改造利用。

从教师布置预习、学生实施预习到教师检查预习，这整个过程基本属于课文学习的预备阶段，也可以叫感知课文阶段。在这一阶段，教师的主导作用，主要表现在“定向”、“指路”，即提出学习要求，指示学习方法，提供必要的参考资料；学生的主体作用，主要表现在按教师的预习要求，认真地初读感知课文，做好精研细读的准备，包括预备好向教师提出各种疑难问题。

2. 教读（理解阶段）

教读，过去叫“讲读”，现在也有叫“导读”的。过去只有讲读一种类型，现在则分成教读、仿读、自读等多种类型。教读特指教师引导学生精读课文，仿读特指学生按照教读课上教师所示范的方法尝试着自读课文，自读特指教师指导学生在课内外略读课文。

精读即教师引导学生深入研究课文，包括课文的思想内容、结构特点、言语形式和写作技巧等，力求突出重点、解决疑难、全景式解读课文。

精读课文是阅读教学发挥多种功能、实现阅读教学目的的最主要的教学环节。就精读一篇或一组课文而言，它既可以全面展开，也可以有所侧重；既可以以分析理解为主，也可以着重于鉴赏评价，或者吸收、运用或创新，这主要视课文特点、学生层次（认知水平）和阶段教学目标而定。

精读就其基本活动类型来讲，属于理解活动，中学低中年级偏重于理解，中高年级偏重于鉴赏评价；而通常渗透于精读活动中的吸收、运用或创新活动，只是它的拓展或延伸。就课堂教学组织而言，这个阶段则属于教学的展开阶段。在这个阶段，教师的主导作用，主要表现在组织、启发、诱导、造情、引趣、评价、激励等方面；学生的主体作用，主要表现在熟读、精思、析疑、辨难、耳听、口述、笔录、心记、联想、想象、分析、比较、归纳、抽象、概括等方面。

精读教学是阅读教学中问题最多，也是目前阅读教学改革中，人们探索新的教法、学法最热门、最活跃的一个环节。过去的问题主要在于：教师以讲为主，千篇一律，且一味地追求讲深、讲细、讲全、讲准、讲透，结果造成“满堂灌”、肢解课文、琐碎分析、过度诠释以及标准化解读、学生被动地听讲等一系列问题，阅读教学变成了枯燥乏味的“讲读教学”。这种情况至今在我国许多学校和教师中仍然普遍存在。

3. 复习与练习（巩固与运用、创新阶段）

复习主要是采用多种形式，强化或巩固对所学知识的理解与记忆，它是一种自觉地吸收与存贮有用知识信息的活动。

练习则是通过多种形式完成对知识的迁移与重建，促进知识向能力的转化。练习也具有巩固知识的作用，但它的主要价值在于形成学生良好的思维和实践的能力与品质，包括创新精神与能力。

复习与练习有时合并进行，共同完成对知识的巩固与强化任务。但最有价值的练习，是那些形成品质与能力的练习，尤其是那些能够使学生学会在新的情景与结构中，运用旧知识去解决新问题的练习。

复习与练习属于积极的阅读吸收、存贮、运用与创造活动，也是一个完整的阅读教学活动的最后阶段。

总之，阅读教学过程既是有规律的，又不是千篇一律的。如何处理好阅读教学过程的规律性与模式多样化的关系，关键是要遵循学生的认知规律，根据阅读材料的具体特点和每次阅读教学的具体目标而灵活定夺。

二、中学阅读教学的方法

（一）一般阅读方法

1. 朗读

朗读是指在视觉器官感知文字材料的基础上，由言语器官发出声来，再由听觉器官接收信息传输给大脑，最后由大脑从声音符号中释出意义来的一种阅读方式。朗读是一种眼、脑、口、耳一起活动的阅读。正确的朗读，要求读准字音，不减字、不添字、不改字、不重复、不颠倒，句读分明，停连恰当。熟练而有表情的朗读，则要求通过声调、音量、速度、停顿的变化，读出作品所要传达的感情，艺术地展现作品的意义，达到“以声传情”、“以情感人”的效果。朗读，也可称朗诵、诵读。它们共同的特征是，清晰响亮地把文本作品念出来。它们的区别是，朗读偏重于朗读一般文章，朗诵偏重于朗读诗或散文，诵读则偏重于诵读古代诗文作品。

朗读在人们日常生活、工作、学习中并不常用，但在学校教育中，尤其是在语文阅读教学中，

朗读作为一种阅读教学方法，则十分重要，应该予以高度重视。尤其是古代诗文作品的教学，熟读成诵应该成为第一位的教学方法。朗读在阅读教学中具有基础性地位。朗读在阅读教学中的作用，主要是帮助学生建立语感，加强理解和记忆，锻炼学生的口齿和听知能力，陶冶学生的性情，营造良好的阅读教学氛围。朗读作为一种阅读教学方法，又可以具体分为教师范读、学生个人朗读、集体朗读和分角色朗读。教师范读，就是教师读给学生听。它通常运用于两种情景：一是教师引导学生分析理解、评价鉴赏课文时，教师的范读具有引起注意、提示要点、促进学生对课文的认识与感受的作用；二是教师指导学生正确而有表情地朗读课文时，教师的范读具有示范朗读方法、突出朗读重点或突破朗读难点、激发学生朗读热情或兴趣的作用。教师的范读，可以是局部的，也可以是全篇的。一般来说，作为一名合格的中学语文教师，应该具有良好的朗读示范能力。学生个人朗读，就是由一个学生单独朗读（包括由几个学生轮流接续朗读）。这是训练学生个人朗读能力的最主要的方法。根据朗读的不同要求，教师应该当面给予正确、及时的指导。集体朗读，就是全班同学一齐或者

分成小组朗读。这是整体感知课文或者调节、营造课堂气氛的一种普遍使用的形式，也具有锻炼学生口齿和听知能力的作用。根据集体朗读的需要，教师应该对学生提出明确要求，给予具体指导。分角色朗读，就是由学生充当课文中某个角色的朗读。这是一种深入理解或鉴赏课文中人物语言或对白的特殊形式，一般适用于剧本教学或人物多、对白多的课文教学，它也具有锻炼学生表情朗读或创造性朗读能力的作用。

2. 默读

默读即不出声地读，是指在言语器官的发音被抑制的情况下，主要依靠视觉器官对文字材料的感知并经过思维活动所进行的阅读，是一种眼脑直映的阅读。默读要求养成良好的眼动习惯，不唇读，不指读，不默读。

默读是人们在日常生活、工作、学习中普遍采用的处理书面语言文字信息的最主要的阅读方式。可以说，今天的阅读教学，就是为了明天的默读。因此，培养学生的默读能力，应该成为学校阅读教学重要的任务之一。

默读是相对于朗读而言的。默读的主要作用是提高阅读速度、节省阅读时间并有助于对读物内容作细致的理解。根据默读的不同需要，默读又可以采用通读、概读、摘读、跳读、浏览泛读等多种阅读方式。通读，即全文阅读。要求按照由前到后、逐层逐段的顺序进行阅读，且有一定的速度；或者带着问题阅读，或者要求读后能提出一定的问题，能发表对读物的最粗浅的意见。概读，即概要式的阅读，是指通过对读物的名称标题、内容提要或序言目次的阅读，以了解读物的主要内容。它要求在较短的时间内获得对读物的大概情况的了解。摘读，即摘要式的阅读，是指在阅读材料中选择那些最基本、最重要、最关心、最感兴趣或需要作出回答或反应的部分进行阅读。跳读，即跳跃式的阅读，就是将阅读中那些非实质性的、无关紧要的或早已为自己所熟悉的内容，整句整行甚至整段整页地跳过去，只读定义、基本概念、主要论点，或新颖的见解、争论的焦点，或自己所需要的材料。浏览泛读，也可称为粗读，是指读得快而不深，但对文字都要全部归扫的一种阅读方式。浏览、泛读在对文字感知方面往往是一目十行、一扫而过，但它可以帮助人们在短时间里读到更多的文献，获得更多的信息，或者尽快找到所需要的有价值的信息材料。

以上默读方式，往往你中有我、我中有你，并没有严格的区分标准。它们的共同特点是：有一定的速度，但读得比较粗浅，常常需要配合一些精研细读的方式，才能构成人类完整的阅读活动。默读作为一种教学方法，常常应用于指导学生课内外精读和略读，一般读前有要求，读后有检查。它和朗读教学法一起，共同承担培养学生阅读能力的任务。

3. 精读

精读是指字斟句酌，边读边深入理解、思考的一种阅读方法。精读要求读得深，理解得透，不仅能懂得文字表面的意思，还要深入理解作者的原意及其作品的社会意义。

精读在人们日常生活、工作、学习中，运用并不算广泛，但精读能力是一个人阅读水平或能力的重要标志。因此，中学语文阅读教学，将精读作为阅读教学的主体，用以培养学生精研细读的能力。

在中学语文阅读教学中，精读过去被称为“讲读”，现在则被称为“教读”或“导读”。一字之差，后者体现了一种更为成熟的阅读教学思想，即中学语文阅读教学应该以教会学生阅读为其根本目的，应该以“教”给学生阅读方法为其主要教学方式。

根据我国中学语文阅读教学的一般做法，精读课一般包括文字教学、词语教学、句子教学、段落教学、中心思想教学、写作技巧教学等六项基本内容。换句话说，精读教学在认读方面、理解方面、评价鉴赏方面以及吸收存贮方面、运用创新方面，都有很具体的要求，形成了一整套较为完整、系统的教法。

在认读方面，精读教学要求按照课文顺序，仔细地看清每一个字，不允许错认和漏认。不仅如此，它还要求能够达到“读准字音，认清字形，了解字义，并能正确地书写、运用”的教学要求。按照新颁布的《全日制义务教育语文课程标准（实验稿）》规定，义务教育阶段的语文阅读教学，要求学生“认识 3 500 个左右常用汉字”。这个识字教学任务，主要是在精读课上完成的。为此，人们创造了诸如说文识字、据境认读、拆起部件、联想记忆、以音类推等许多识字教学方法，也特别强调使学生养成使用工具书的习惯。

在理解方面，精读教学要求对课文的词、句、段、篇都进行深入的分析和思考。对于词，不仅要弄懂它的表面意义，还要理解它的表达作用和感情色彩。解释词语可采用下定义、举例子、语素解析、结构分析、直观演示、追本溯源、同义互训、反义对释、古词今译、比较辨析等方法，也注重教会学生使用工具书。对于句子，不仅要求了解它表达的直接意思，还要领会它的深刻含义。理解句子可采用诸如语法分析、句式比较、辞格类析、逻辑辨析等多种方法。对于段落，不仅要理解它自身的结构和它在全篇中的地位，还要分析、理解它的意义层次，概括它的段落层次大意。分层划段主要是注意把握文体特征和结构规律，并注意寻找序次语、过渡段、中心句等语言上的外部标志。归纳段意主要是抓中心句或关键词，或者在深入理解的基础上用自己的话概括。对于全篇，不仅要能理解它的结构方式和作者的思路，还要能归纳它的中心思想。归纳中心思想就是理解、探求作品的主旨或中心意思，可以在分析人物、事件、景物的特点，整理情节、结构、线索，分析论点、论据、论证和中心句、重点段等基础上概括。不同文体的作品，中心思想的概括一般具有相对固定的模式。

在鉴赏评价方面，精读教学要求能够对课文所表达的思想内容及其社会历史意义，以及作品的表达方式、写作技巧及其审美价值、写作借鉴价值，作出客观的衡量和判断，进行必要的赏析。

在吸收存贮方面，精读教学要求通过圈点、批注、抄写、朗读、背诵、评价、赏析、质疑、问答、讨论、争辩、作读书笔记、写读后感等形式，对课文精华或有用的东西，包括好词佳句、格言警语、观点立场、各科知识、方法技巧等进行积极的吸收。

在运用创新方面，精读教学要求将精读课上所获得的综合语文素养，广泛运用于学生课内外所进行的综合性学习、研究性学习等生活实践、语言实践活动中去。

4. 略读

略读是指有目的、有重点、有取舍的一种阅读方式。略读的目的在于研究、查找有关的信息资料，或者是为了掌握有关问题的现状或动态，所以它力求尽快地抓住读物的主旨和脉络，找到自己所需要的材料。略读时可以对那些可读可不读的段落略去不读，或跳跃式地大段大段地推进，也可以对重要之处认真反复地加以注视，作深入的思考或推敲。为此，略读可以跳读，可以从某处单刀直入并向前后拓展（楔入式阅读），可以从多处入手穿错阅读（错序式阅读），也可以由后往前逆读。略读因其速度快、涉猎广、可精可粗、取舍收放自如，而成为人们日常生活、工作、学习中一种运用非常普遍的阅读方式。

就中学语文阅读教学而言，精读是主体，略读是补充；但就中学语文阅读教学目的而言，“精读是准备，略读才是应用”（叶圣陶语）。精读是培养学生读深、读细、读透能力的主要方式，略读是对精读的延伸、拓展、巩固和运用。学生无论在学校，还是将来参加工作以后；无论是为了生活、工作、学习的实际需要，还是为了满足某种个人兴趣，总是需要阅读各种书籍文章或各种书面语言文字材料。这种阅读就是所谓的“应用”。这种阅读一般采用默读和略读方式。这就要求中学语文阅读教学在这方面给学生打好基础，养成习惯。如果中学语文阅读教学“只注意于精读，而忽略了略读，功夫便只下得一半”（叶圣陶语）。同时，略读也是学生增加知识、开阔视野、丰厚积累的最主要的途径和方法。

但是，略读的作用没有引起当代中学语文阅读教学的足够重视。20世纪80年代以来，随着中学语文整体教学改革的深入开展，这种情况正在逐步得到改善。这主要表现在：新颁布的《全日制义务教育语文课程标准（实验稿）》明确提出“扩大阅读面，增加阅读量，提倡少做题，多读书，好读书，读好书，读整本的书”，同时也提高了中学生课外阅读量的要求；新面世的各种语文阅读教材普遍增加了选目，课文也被明确划分为供教读（精读）使用的“教读篇目”和供自读（略读）使用的“自读篇目”两大类；有些实验教材或实验试用教材，也从过去供教读使用的单一性教材，变成一种供教读使用的、一种供自读使用的两套读本；许多整体语文教育改革实验项目，都把推荐书目、编写读本、高度重视学生广泛的阅读摆到重要位置。这些都使略读教学在中学语文阅读教学中成为可能。

精读以教师的导读、教读为主，略读以学生的自读、自结为主。精读可以综合使用圈点、批注、质疑、评价、讨论、问答、朗读、背诵等多种阅读形式和方法，略读则可以不必去细嚼慢咽、面面俱到。略读教学主要应该教给学生迅速捕捉关键词语、摘出重点句、准确地概括中心思想、总结写作特点的方法。

5. 速读

速读即快速阅读，是指从读物中迅速吸取有用信息，每小时的读速高于3.5万字（约合每分钟600字）的阅读方法。据科学研究，人进行快速阅读是完全可能的。首先人的视觉具有很强的信息传递能力，而人的大脑语言分析中枢也能对视觉器官接收的信息敏捷地进行鉴别、编码处理。快速阅读的要领就是将逐字逐词地认读改变为逐行看读，再发展为数行直至十数行的扫读。人们只要拥有了一定的识字量，具备了相应的知识，并且掌握了快读的基本方法，就能加快阅读的速度。快速阅读作为一种方法被广泛传播并得到迅速的发展，是20世纪40年代第二次世界大战以后的事。它伴随着人类知识急剧增长时代的到来而到来，在人类迈入信息时代的今天，它必定会更加普及。

快速阅读已引起新时期中学语文教学的高度重视。现行中学语文教学大纲规定：初中阶段阅读一般的现代文每分钟500字左右，高中阶段阅读一般的现代文每分钟不少于600字。但在实际语文教学中，快速阅读教学还普遍未受到重视，上述要求还未得到落实。

掌握快速阅读方法，据专家意见，应遵循以下五条原则：

第一，注意力要高度集中。阅读时要摒弃一切与阅读目的无关的杂念。

第二，阅读时不要出声，也不动唇。朗读是快速阅读的一大障碍。

第三，阻止回读。对不清楚、不理解的地方，待看完一遍全文后再考虑是否重读。

第四，扩大视幅。阅读时要尽力扩大视读广度，尽可能地摄入较大的语言单位。这就要求变点式阅读为线式阅读和面式阅读，即以整句、整段甚至整页的文字作为一个阅读单位，一瞥之间就掌握其要点。

第五，捕捉主干。阅读时应利用已具备的有关知识，尽量从整体上理解材料的内容，把握材料的思路；只选取主要信息供大脑编码，而将次要信息和无关信息尽量排除。换句话说，阅读时要紧紧抓住读物的主题、主旨，对其名称标题、作者简况、基本观点、主要事实、争论焦点、材料特点及其价值等关键性问题，自始至终都要记住，并且还要时刻记住自己的阅读目的和意图。诸如浏览式阅读、选择式阅读、排外式阅读、鉴别式阅读等，都是快速筛选信息的有效方法。快速阅读可以帮助我们从读物中迅速地吸取有用信息，并大大提高单位时间利用率，从而使我们读到更多的读物。但是快速阅读掌握得不好，也会使人养成粗枝大叶、草率读书的毛病。因此，在考虑是否采用快速阅读时，还应把握好以下两点：

第一，注意材料的性质。被阅读的材料，如果是重要教材、经典著作、科学专著或者是以实验为根据的研究报告，或者是富有哲理意蕴的文章作品，一般不宜采用速读。

第二，注意阅读的目的。凡以学习、研究或评价为目的的阅读，不宜采用速读；而以查考、消遣、浏览为目的的阅读，则可以采用速读。

快速阅读能力的提高，必须经过严格的训练，而且要长期坚持。初学速读法，可采用计时阅读、意群阅读、变速阅读等方法进行训练，可用编写提纲、复述大意、缩写要点等方式来检查速读的效果。

（二）常规的阅读教学方法

中学语文阅读教学方法种类繁多，而且按照不同的标准，可作不同的分类。一般来说，中学语文教学的常用方法，如讲授法、问答法、讨论法、练习法，也是阅读教学的常用方法。

1. 讲授法

讲授法是教师用口头语言向学生单向输出信息的一种教学方法。它不仅是一种十分古老的教学方法，也是包括语文在内的一切学科教学普遍使用的一种教学方法。

讲授，据其内容或表现形式，又可细分为讲述、讲解与讲评。讲述，即运用叙述或描述的语言，叙述事物的发展变化，描述教学内容的外部形态特征，以引导学生感知教材或教学内容。讲解，即运用说明、解释或议论的语言，解说原理或阐明事理，以引导学生理解教材或教学内容。讲评，即运用叙述和议论相结合的语言，发表教师对教材或教学内容的评价或看法，以强化或加深学生对教材或教学内容的理解或认识。

讲授法的优点在于，有利于教师系统地向学生讲述教材、讲解教学内容或传授知识，而且可以在较大的场合或空间，对很多学生传递相同的内容，因而教学时间比较经济。同时，教师在充分准备的基础上向学生“讲课”，也便于发挥教师在理解知识与运用知识方面的示范作用。

讲授法的不足是不利于信息交流。教师单向输出信息，容易使学生处于被动接受的地位，这既不利于调动学生的学习积极性，也不利于教师及时地获得反馈信息，了解学生掌握知识的程度。讲授法也不利于培养学生主动探求知识的精神、独立分析解决问题的能力和口头表达能力。

讲授法在阅读教学中的运用是必要的，阅读教学至少在下列情景下需要运用讲授法：①导入新课，激发学生的学习兴趣，调动学生的学习积极性，明确本次（节）、本篇或本单元的教学任务、目的和要求；②介绍作家作品及其时代背景；③引导学生感知、理解、鉴赏、评价、吸收、运用教材或教学内容并帮助学生解决学习中的疑难问题；④帮助学生归纳整理或复习巩固知识；⑤组织教学。

但是，讲授法在阅读教学中的运用也最容易失当。失当的主要表现是，教师“以讲代学”、“以讲代读”，一味地讲深、讲细、讲透，造成肢解课文、标准化解读和学生被动接受的局面。失当的主要原因是教师忽略了课文的作用，迷失了阅读教学的方向并错误地使用了讲授法。

为了克服和消除阅读教学中“满堂灌”的现象，阅读教学中使用讲授法应该注意，要尽量讲得少些，讲到关键处，要给学生留出理解和思考的空间，给其他教学方法提供结合和进入的机会。

2. 问答法

问答法，也称提问法、谈话法，是一种以师生、生生互动为主要形式的双向信息交流的教学方法。问答法也具有古老的历史，它同讲授法一样，也是中学语文教学（包括阅读教学）和其他学科教学普遍使用的一种教学方法。问答法的优点是有利于调动学生的学习积极性，培养学生主动学习的精神和积极思考的习惯以及口头交谈、对话的能力；同时也有利于教师及时获得反馈信息，调整教学内容策略，改善教学活动。问答法的不足主要是，不利于系统传授知识，同时解决问题较费时，所以教学时间不经济。

问答法的运用，主要是要搞好问题设计。问什么，怎样问，要事先精心设计，仔细斟酌。首先，提问的目的要明确，所提的问题要具有思考的价值，不可信口开河，随意发问。其次，问题的多少要适量、难易要适中，不要搞“满堂问”，也不要拿问题去为难或惩罚学生。再次，要选择角度，注意梯度，讲究问题提出的逻辑顺序。提问有直问、曲问之分，也有单问、重问（迭问或连环问）之别。好的提问应该是出人意料、深入浅出、环环相扣、启迪思维的。对那些主观性、个性化、创造性解读要求较高的问题，不必事先设定标准统一的答案，要提倡多元的、有创意的解读，鼓励学生有不同的声音，有自己的看法或疑问。问答法的使用，要注意面向全体，勿厚此薄彼，勿先点名后提问，勿“逼问”、“审问”，应该给学生思考的余地，也不宜过多采用齐答方式。此外，提问的语言，要力求精练、准确、明白。

问答法在阅读教学中具有广阔的运用空间。阅读教学是教师、学生、作者和作品互动的过程。这个过程既是自由、民主、平等、开放的，也是一个多重、多义、多向的意义解构、建构过程。问答法在这个过程中，恰好可以充分发挥激发、组织、碰撞、沟通、交流、对话等桥梁或纽带作用，使教师（教学主导）、学生（阅读主体）、作者和作品（阅读客体）各得其所。

问答法在阅读教学中的运用，也容易造成“满堂问”的弊端。问答法固然有助于拓展思维、发展个性、培养学生的阅读智能，但“满堂问”则显得单调、刻板，并且容易造成对学生思维的干扰，所以反而不利于问答法教学功能的实现。

阅读教学要想消除或避免“满堂问”的弊端，主要办法是综合运用多种教学方法，勿以问答法作为单一教学方法。

3. 讨论法

讨论法是教师与学生围绕教材或教学内容，就某个问题展开师生、生生多向信息交流的一种教学方法。讨论法跟问答法一样，是作为讲授法的对立方法而出现的。由于它最能体现教学民主与平等的思想，因此，颇受现代教学青睐。

讨论法的优点是，有利于活跃学生的思想，开阔学生的视野，激发学生主动学习、合作学习和探究学习的热情，培养学生评价、批判、鉴赏作品的高品位的阅读品质，发展他们提出问题、分析问题、解决问题的能力，以及交流、对话、质疑问难的思辨口才。讨论法的不足是，比较费时，教学时间不经济；由于讨论的问题比较集中单一，所以不利于其他内容的学习；如果教师驾驭引导得不好，也容易流于形式，达不到深度学习的要求。

讨论法在阅读教学中也具有广泛的运用价值。由于阅读是一种高级复杂的心理解构、建构过程，阅读中，由于受阅读主体的知识、经验、个性、角度、需要的局限以及作品的时代、主题、题材、风格、难易程度等诸多因素的限制，阅读主体对读物往往会有许多模糊不清，或产生疑问，或带有争议的解读。这些都可以付诸讨论，发挥合作学习的优势。这样既可以活跃思想，开阔视野，又可以使知识获得深度加工，在争辩与讨论的学习中，培养学生富有个性的高品位的阅读能力。在实践中，我们也可以看到，许多阅读教学模式安排了“讨论”的环节，足见讨论的重要性。

在阅读教学中用好讨论法，主要是要求教师做好组织与引导。讨论开始前，选题要恰当。要选择那些前沿的、热门的、疑难的、富有争议的、学生有兴趣的并且跟学生的生活、学习、成长密切相关的内容作为话题。围绕选题要提前做好资料准备或发放工作。讨论展开以后，一方面要注意引导，防止跑题或在枝节问题上争论不休；另一方面，也不要人为地、刻意地限制讨论可能发生的有意义的发展方向。讨论结束后，要作出必要的评价总结。讨论的目的往往不是为了统一认识，所以，不必对问题设置标准统一的结论，讨论的问题也不必有结论。讨论结束后，要允许不同的意见继续存在，留待以后再探讨。

4. 练习法

练习法是一种教师指导学生通过一定的实践方式学习与掌握知识技能的教学方法。大凡知识的巩固、技能的形成和习惯的养成，都需要经过大量反复的实践练习活动才能实现，所以练习法也是中小学各科普遍适用的教学方法。语文学科是工具学科。语文课的练习形式和种类非常多样。这不仅表现在某个单一技能的形成方面，而且表现在读、写、听、说各个方面。

练习法在阅读教学中的表现千姿百态。从阅读的过程来讲，诸如感知认读（初读、预习）的方法、理解的方法、鉴赏评价的方法、存贮的方法、应用和创新的方法，是培养学生基本阅读能力的练习方法；从阅读的方式、技巧和速度来讲，诸如朗读的方法、默读的方法、精读的方法、略读的方法、速读的方法、浏览泛读的方法等，则是培养学生多种阅读技巧和风格的练习方法；从阅读的具体内容和形式来讲，诸如识字的方法、解词的方法、品句的方法、析段的方法、求旨（概括主题思想）的方法、归纳写作技巧的方法等，则是培养学生具体阅读能力和技巧的练习方法；从阅读的条件和手段来讲，诸如圈点的方法、批注的方法、抄录的方法、记笔记的方法、思考的方法、记忆的方法、查阅读工具书的方法等，则是培养学生各种阅读品质、能力、技巧的练习方法。在实践中，我们所见到的大量的阅读教学方法或教学模式，都无不是这千姿百态的阅读练习方法的具体展示或变化组合。在中学阅读教学实践中，除了讲授法外，一切以学生为活动主体的阅读教学方法，都被视为一种练习法，即培养学生多种阅读能力和风格的方法。亦如在整个中学语文教学中一样，练习法应该成为阅读教学方法的主体。

练习法的运用，要有计划、有步骤、有重点。练习的形式要多样，频次要恰当。同时，也要及时反馈练习的结果，并注意培养学生自练、自评、自改、自结的能力。

（三）阅读教学的多媒体方式

教师向学生发出教学信息的载体，以及学生借以向教师反馈信息的载体，统称为教学媒体。教学媒体众多，大致可以分为两类：一类是传统教学媒体，主要包括教科书、粉笔、黑板、挂图、标本、仪器等；另一类是现代教学媒体，如幻灯机、投影器、电影机、录音机、电视机、语言实验室、电子计算机等。各种教学媒体都有各自的功能和作用。在课堂教学中，教师一方面要合理使用传统教学媒体，另一方面要积极引进现代教学媒体；两者恰当结合，相辅相成，既能准确迅速地传递教学信息，又能及时反馈调节，从而实现教学过程的整体优化。这就是多媒体教学。

多媒体教学方式在阅读教学中有着重要意义。教学媒体与教学方法是实现教学目的、完成教学任务的重要手段。当教学目的和教学内容确定以后，教学媒体的选择与教学方法的运用，就关系到教学的成败。中学语文教学目的明确，内容丰富，任务繁多，各种教学媒体方法在这里具有广泛的应用价值。中学语文阅读教学以研读一篇篇具体的反映广阔而丰富的社会生活内容的文章作为基本活动方式，各种媒体，尤其是现代教学媒体，对其具有不可忽略的意义。归纳起来，现代教学媒体对中学语文阅读教学的意义，主要有如下三点：

第一，视听结合，有助于加强阅读教学的效果。中学语文阅读教学供师生研读的作品，主要是由音、形、义、象结合而成的书面语言文字作品。这些作品所反映和包含的丰富的社会生活内容情景（包括各种人物、故事、场景、画面）和人的思想情感意蕴（包括人的思维、思想、观点、情绪、意志），都可以通过现代教学手段，借声、光等第一信号系统还原为生活，从而再现语言文字作品所表现的事物。这样无声的文字，变成了有声的音像和具有生动画面的视像，并能超越时空，向学生提供闻所难闻、见所难见的机会，从而使阅读达到如临其境、如闻其声、如见其形的效果。这显然有助于增强阅读教学的感知认读、分析理解的效果。例如：教学《听潮》，向学生播放潮涨时惊涛拍岸的声音；教学《药》、《雷雨》、《母亲》、《威尼斯商人》，组织学生观看有关影片，显然有助于对这些作品进行生动的、直观的、立体的，同时也会是更加准确的、深入的、深刻的、细致的感知。

第二，缩短学程，有助于提高阅读教学的效率。现代教学手段可以使教学内容不受时空的限制，真实、准确、生动地再现信息原型。这样，原先教学中学生难以听见、看见的事物，就可以利用现代教学手段让学生看到和听到；教师难以讲解清楚的事物，也可以通过现代教学媒体演示出来。这样，学生就可以很快理解并记忆，这显然有助于缩短学时，提高效率。例如，有的教师教学《变色龙》，过去要花上3个课时，改用幻灯、录音配合教学后，只用一个课时就能讲能评，而教学效果相同。心理学研究证明，多感官配合学习比单纯只靠视或听的学习效果好。而现代教学媒体，能够使各种信号同时传递，这自然有助于缩短学时，提高效率。

第三，耳闻目睹，有助于激发学生的阅读兴趣。现代教学手段能使教学内容有声有色，栩栩如生地展现出来，这较之教师板书、口授要有趣得多，因而能够大大激发学生阅读研讨作品的兴趣。例如，利用教学片引导学生阅读《万紫千红的花》、《中国石拱桥》，可以化抽象为具体，变枯燥为生动；欣赏朱自清的《荷塘月色》和白居易的《琵琶行》，可以配上背景音乐，有助于营造全神贯注、屏息聆听、细心领略、驰骋想象的阅读氛围。利用现代教学手段，使阅读内容和它所反映的事物相互联系和映照，使学生左右脑同时发挥作用，这既有助于大大激发学生学习语文的兴趣，也有助于发挥学生的学习潜能。

适用于中学语文教学的各种媒体，同样适用于阅读教学。根据中学语文阅读教学的特点和各种媒体的主要功能作用，这里选择几种常用的现代教学媒体介绍如下：

1. 幻灯机与投影器

幻灯机是一种利用光学原理制成的能够传送静止图像的放大器。投影器则是在幻灯机的基础上发展起来的一种更为简便的映像装置。这两种设备构造简单，操作方便，是语文教学中最简单的电化教学手段之一，也被语文教学称为最简便的"常规武器"。通过幻灯与投影放大图像，可以使图像较长时间停留在墙上或银幕上，便于学生观察，也便于教师对照讲解，并可灵活控制投影次数和时间长短。这个优点是其他教学媒体所不能及的。

幻灯和投影运用于阅读教学，首先可以帮助教师创设情境，营造合适的阅读教学氛围。幻灯和投影，通过声、光、电、色使教学内容变无形为有形，变抽象为具体，变平面为立体，让教学内容所反映的人、事、景、物活起来，有助于激发学生的兴趣，引起他们的联想和想象，从而将他们带入课文学习的情境。其次，有助于突出重点，突破难点。阅读教学内容，有些内容教师用语言表达不清，用手势表演不出，用板书难以奏效，如果改用幻灯和投影，就会活脱而出、栩栩如生。这自然有助于突出重点，突破难点。例如，有位教师教学《扁鹊见蔡桓公》，用幻灯显示疾病的位置，并通过人物神态画面，把“讳疾忌医”、“病入膏肓”、“防微杜渐”几个成语所包含的道理，形象地展示出来了。再次，可以代替板书。如配合课文教学，可以设计人物形象图、故事情节图、事物说明图表、人物关系表、段落结构提纲、词语解释、词语搭配练习等。教师可以将某些板书内容事先写在投影片上，上课时边讲解边投影，既方便又省时，还可以存放起来，以后再用。阅读教学运用幻灯与投影，应该提前做好制片、选片工作；上课紧密配合教学内容，把握好投放时机；还要有针对性地指导学生观察，充分发挥媒体的直观教学效应。

2. 录音机

录音机已是相当普及的“掌中之物”。录音机具有录音、放音的功能，利用它可以对学生进行多方面的语言实践训练。由于录音机可以配备音乐，随身携带，随处使用，录音教材也较容易购置或制作，所以可以说，它比任何现代媒体都要受到师生青睐。

录音机在阅读教学中的作用，首先是可以帮助学生正音。阅读教学向学生提供标准、规范的普通话朗读或口头表达材料，经常向学生播放，有助于学生克服方言的影响，听清、发准普通话字音，起到正音作用。其次是培养学生听知、朗读和鉴赏能力。阅读教学向学生提供优秀演员、播音员、节目主持人或语文教师范读课文的录音，引导学生听知感悟，可以锻炼学生的听觉，增加语感，提高他们对语言的感受力、领悟力和鉴赏能力；听得多了，学生还会产生学习、模仿的兴趣，阅读教学又可以借此培养锻炼学生的朗读能力。再次是陶冶学生的性情，增强学生对祖国语言的热爱之情。录音朗读可以融乐、声于一体，或者说，好的朗读本身就具有音韵美和声乐美。这种朗读极易将学生带入作品，激起学生无限的遐思，引起强烈而深刻的审美愉悦。通过录音朗读教学，有助于陶冶学生性情，让学生感受到祖国语言文字的优美，从而激发对祖国语言的热爱之情。

阅读教学运用录音教学，应根据教学目的和内容的需要，精心选择或制作录音；使用前应找好带位，播放前要简要说明吟诵目的和要求；播放时间不宜过长，也不要用播放录音完全代替教师的范读和讲解。

3. 电影机、电视机与录像机、VCD 机

这里的电影机，是指专供教学用的电影机，它可停、可倒、可控制快慢。电视机有开路和闭路之分。开路电视机是通过无线电波输送音像信息，闭路电视机是通过电缆输送节目。随着电视机和录像机的普及，许多中学已经安装闭路电视系统。录像机则是经过摄像机把形象和声音录在磁带上，然后传送给电视机显示音像，也可以录放其他电影、电视节目。VCD 机则是一种功能类似于录像机而技术更先进、信息存贮量更大、声音图像更逼真的音像设备。这些现代媒体较之幻灯、投影的有形无声（声画同步自动幻灯除外）和录音的有声无形，具有声画并茂、视听同步，形象更加生动、声音更加清晰的特点，因此，利用它们进行教学，更容易激发学生的兴趣，调动多种感官，提高教学效率。随着现代教学媒体的逐渐普及，这些音像设备也会渐渐成为语文课堂教学的“常规武器”。

电影机、电视机、录像机或 VCD 机在阅读教学中的主要作用是配合课文教学，可以播放根据具体课文教学目的、内容及教学重难点制作的教学片、课本剧或课本电视剧。一部教学片，短则几分钟，长则十几分钟，用活动着的带声音的图像，生动地再现课文所描写的事物的原貌，或者向学生提供课文的背景知识，再加上画外音的解说，往往比教师娓娓动听的解说，更容易为学生所接受和理解。此外，阅读教学也可以通过电影、电视进行阅读评价与欣赏教学。

评价与欣赏的作品，可以是根据课文制作的影视作品，也可以是其他优秀的电影、电视节目。事实上，即使不是专门为语文教学拍摄的电影、电视作品，大多也能为语文教学所用。语文教师完全可以有计划地组织指导学生观看、欣赏这些作品，以丰富学生的知识，开阔他们的视野，提高他们的鉴赏水平。

阅读教学运用电影、电视或录像媒体，要注意严格选材。播放前要注意提示片、带（盘）与教学的联系，明确观看的目的，并给出适当的思考题和正确的欣赏方法；播放后，可组织复述、问答、讨论或进行分析评价，以利于学生正确理解或知识的顺利迁移。

4. 语言实验室

语言实验室是利用多种现代媒体装备起来的供语言教学用的电化教育课室。教室里每个学生有一个隔音座位，配有耳机、话筒、录音机，有的还有电视屏幕。教师通过控制台向学生授课，可以面向全班，也可以面向

小组或个别学生。教师可以向学生讲话或播放音像资料，也可以监听学生作业或跟某个学生进行对话而不影响其他人的学习；学生也可以录下教师的讲话或教师播放的学习材料或自己的口头作业，然后再放出来听。语言实验室有听音型、听说型、听说对比型和视听型等种类。语言实验室运用于阅读教学，可以在语音矫正、示范朗读及朗读欣赏等方面，发挥普通教室所发挥不了的巨大作用。

5. 电子计算机

电子计算机运用于教学，是现代教育技术发展的趋势，而且前景十分广阔，人们利用电子计算机，可以贮存、查找资料，练习对话，进行阅读、写作或网上交流、学习等。随着科学技术的不断普及，电子计算机甚至互联网像普通电视机、录像机一样运用于教学，将不会是太遥远的事。建立以计算机为主要配置，兼容投影、摄像、录音和磁带、光盘播放等多种音像输送功能的多媒体教室，是目前电子计算机运用于教学的最新尝试。将普通教学设计制作成CAI课件（计算机辅助教学软件）在多媒体教室授课，被称为计算机辅助教学。由于计算机辅助教学兼具上述众多现代媒体的优点且使用方便，所以它具有巨大的使用潜力，并将广泛运用于大、中、小学各科教学，包括中学语文阅读教学。

但是，先进的教学媒体不能代替教师，代替文字教材，代替教师对教材的深入钻研和对教学的精心设计，也不能代替教师的手写口授和学生积极主动的学习，等等。因此，运用现代教学媒体，一定要处理好人机关系：一是要目的明确，恰当选择，讲求实效，不搞形式主义；二是要各种媒体综合运用，有机结合，既不搞“为电教而电教”，也不要死守“一根粉笔一本书”的单一模式；三是要充分发挥教师的主导作用和学生的主体作用。

（四）阅读教学方法的优化组合

中学语文阅读教学方法多种多样且千变万化，这既为中学语文教师提供了便利，也提出了如何根据教学实际，恰当选择、优化组合、科学运用这些方法的问题。

“最优化”原为数学术语，广泛运用于交通运输和生产管理部门，其含义是如何按照一定标准，设计最佳方案，以求获得人力、物力消耗最低，而经济效益最高的效果。这一原理运用于教学，就产生了最优化教学理论。

最优化教学理论，是苏联教育科学院士巴班斯基最早提出的。他在论述教学过程最优化理论时，论述了教学方法的最优化问题。他提出："要自觉地选择教学方法，在课堂教学过程中，结合地、相互联系地运用它们，以便在规定的时间内，能够取得该条件下（课室教学的内容特点、班级特点等）最佳教学教育效果。"①

如何实现阅读教学方法的优化组合呢？首先是要对教学方法的一般特征和选择教学方法的一般依据具有一定的认识。

1. 教学方法的一般特征

第一，教学方法具有依存性。教学方法是实现教学目的的条件和手段，一定的教学方法取决于一定的教学内容，为学生完成一定的学习任务服务，并由一定的教师操作使用，所以教学方法依存于教学目的和教学内容，并受学生学习水平、认知水平和教师的教学风格、教学水平的限制。

第二，教学方法具有局限性。每种教学方法都既有优点又有缺点，都既有助于实现某些目的又不利于另外一些目的的实现。因此，不存在适用于任何情况的教学方法，也不存在在任何情况下都是最好的教学方法。

第三，教学方法具有互补性和发展性。某些教学方法的短处恰恰能为另外一些教学方法的长处所弥补。各种教学方法如果配合得当，可以产生优势互补、相得益彰的效应。同时，教学方法也总是在不断更新、完善和发展的。随着人的认识水平的提高和各种改造世界的物质条件或手段的不断完善，教学方法也处在"优胜劣汰"的发展变化过程中。

2. 选择教学方法的一般依据

第一，教学方法的选择要符合教学目的的需要。教学方法必须为实现教学目的服务。能保证教学目的实现的最佳方法就是最好的方法，否则就是不当的。离开教学目的的需要选择教学方法，只会导致形式主义或"为技巧而技巧"的错误。

第二，教学方法的选择要符合教学内容的特点。教学内容决定教学方法。有的教学内容浅显通俗，适合朗读；有的教学内容深奥，适合分析讲解；有的教学内容富有争议，适合讨论，等等，不一而足。教学方法要随

---

① ［俄］巴班斯基：《教学教育过程最优化问答》，教育科学出版社 1986 年版，第 53 页。

着教学内容的变化而灵活变化。

第三，教学方法的选择要适应学习对象的学习心理和认知水平。学生的心理活动特点和知识能力状况，是选择教学方法的重要依据。例如，对于中学低年级学生，因其热情外向、注意力保持时间短、知识面有限，宜多采用讲述法、问答法、朗读背诵法；对中学高年级学生，因其知识面宽、独立思考能力加强，宜多选用讲解法、讨论法、自学法等。即使是面对同一个年级、同一个班，也要因班级和学生的风格和水平差异，选择不同的教法。

第四，教学方法的选择要适合教师本人的特点。每个教师的知识修养、能力素质、风格、特长各不相同，选择教学方法要有利于教师扬长避短，发挥自己的特长优势，取得最佳教学效果。

第五，教学方法的选择还要考虑教学环境、教学设备等物质条件。例如讨论法的运用易受课堂教学时间限制，各种电化教学手段的选择易受学校办学条件限制等。因此，教学方法的选择还要因时、因地制宜。

3. 阅读教学方法优化组合的原则

作为教学方法的一个组成部分，阅读教学方法也具有上述一般教学方法的诸多特征；选择阅读教学方法，也要遵循一般教学方法所遵循的原则。据此，实现阅读教学方法的优化组合，应该注意如下四点：

第一，选择阅读教学方法的思路要开阔。要尽可能多地想到多种可供选择的方法。方法越多，越有利于综合比较，实现优化组合。

第二，要清楚认识每种阅读教学方法的优缺点。巴班斯基说："最优化的出发点是：每一种教学方法都旨在完成一定范围的教学任务，同时也能附带完成一些其他任务，但完成附带任务的程度达不到运用其他方法所达到的水平。因此，有必要评价每一种教学方法的运用可能性，了解它的优缺点，在此基础上选出最优的结合形式。"①

第三，要综合考虑选择教学方面的五项依据，并按照一定的运动层次或逻辑顺序将所选的方法进行优化组合。所选方法要既有利于教学目的的实现，又符合教学内容的特点，同时也有利于师生积极性的发挥；要相互协调、相得益彰，有利于整体效能的最佳发挥。

---

① ［俄］巴班斯基：《教学教育过程最优化问答》，教育科学出版社 1986 年版，第 53 页。

第四，优化组合的方式要灵活。或新旧搭配、动静结合；或疾徐有致、深浅有序；或一法为主、他法为辅，或多种方法交替并用。要综合运用各种方式去调动学生的多种感官和思维，从而达到最大化教学效果的目的。

第四节　各类课文的阅读教学

课文是阅读教学的基本内容。中学语文阅读教学目的的实现，主要是以一篇篇课文的阅读教学为基本模式的。中学语文教材中的课文，题材丰富，体裁多样，按教学习惯一般划分为实用文、文学作品和文言文三大类。教读这些不同体裁或类型的课文，既要遵循阅读教学的一般规律，又要具体体现不同体裁或类型课文的要求。

一、实用文的阅读教学

实用文通常指人们日常生活、工作、学习中常见、常用的记叙文、说明文、议论文和应用文等写实作品，它是相对于文学作品而言的。

实用文占阅读教学内容的主要份额，这说明现代语文教学高度重视培养学生面向实际生活的精神和适应现实社会需要的实用语文能力。

实用文阅读教学的主要任务是，指导学生正确阅读和写作现代一般实用文，培养学生掌握现代一般实用文的正确读写方法，培养学生良好的读写兴趣、习惯和技能，并在这个过程中，开拓学生视野，增长学生知识，开发学生智力，陶冶学生的道德情操。

（一）记叙文的阅读教学

中学语文教材中选用的现代记叙文，主要是指新文化运动以来各个时期形成的那些以记叙、描写为主要表达方式的写实性文章，其中有些与散文、新闻、传记类文章很难划清界限。

在中学语文阅读教学中，记叙文的读写教学占有基础性地位。学生读写其他实用文体的文章，必须首先打好记叙文的读写基础，因为记叙文的叙述、描写等表达方式，是理解和掌握其他文体和表达方式的基础。

记叙文的阅读教学首先要引导学生准确理解和掌握一般记叙文的知

识，包括记叙文的类别、记叙的要素、记叙的顺序、叙述描写的表达方式、选材剪裁和布局谋篇的方式、多种表达方式和修辞手法的综合运用等，培养学生阅读记叙文的能力；其次要引导学生认真感受、把玩和领略记叙文丰富的思想情感和社会历史价值，使学生受到良好的思想道德情感熏陶和审美教育；再次要利用记叙文丰富的社会历史生活画面、生动的故事情节和人物形象，引导学生体验和感悟社会生活、思索人生、探求真理，影响他们的人生观、价值观，发展他们的观察力、思维力、联想力和想象力，提高他们的认识水平或思考、辨别生活的能力；最后要引导学生认真钻研、揣摩、学习或借鉴记叙文写人记事、描景状物、选材构思、遣词造句的方法技巧，培养学生写作记叙文的能力。

记叙文的阅读教学，主要是引导学生理清作品线索，理解人物形象，探讨作品主旨，评论作品的思想内容，总结作品的写作手法，等等。可多采用情节、线索梳理法，人物、事件、景物分析法，语言、结构、手法鉴赏法以及复述、表演、朗读、摘抄、背诵、社会调查、生活实践等多种教学方法。

记叙文的阅读教学容易使学生只沉迷于人物形象和故事情节，而忽略潜藏在人物形象和故事背后的思想意蕴。所以，教学中要注意联系历史和现实的生活实际引导学生进行深入、细致的解析。

（二）说明文的阅读教学

说明文是以说明为主要表达方式，阐明事理，解说事物的一般科技作品。说明文一般以介绍事物、说明原理、普及客观知识为写作宗旨，因而它具有客观、科学、真实、严密、准确等特点。说明文在中学语文阅读教材中占有仅次于记叙文和议论文的份额。中学语文教材选择说明文作为学生的基本阅读文体之一，有助于学生认识世界，培养学生对科学的兴趣和求真务实、严谨细致的科学精神和治学态度。

说明文的阅读教学，首先要正确引导学生准确理解和掌握一般说明文的知识，包括说明文的类别，说明文的表达方式，说明的对象、顺序和方法，说明文的语言特点等，培养学生阅读说明文的能力；其次要利用说明文内容的知识性、科学性、条理性等特点，对学生进行正确的自然观、世界观教育以及热爱科学、科学方法和科学精神的教育，并且发展学生的逻辑思维能力；再次要积极引导学生学习和借鉴说明文的写作方法，培养学生写作说明文的能力。说明文的阅读教学，主要是引导学生明确说明的对象、说明的顺序和说明的方法，理解和学习说明文的语言和说明文的写作方法。可多采用说明对象（事物特征）分析法、说明顺序整理法、说明方法归纳整理法、说明语言评价鉴赏法以及课题研究、撰写研究报告或小论文等教学方法。

说明文的阅读教学，容易使学生感到单调、枯燥，所以教学中要注意密切联系人们的生产、生活实际，激发、调动学生认识世界、探求知识的兴趣。

（三）议论文的阅读教学

议论文是以议论为主要表达方式，阐明主张，论述道理的文章。入选中学语文教材的古代议论文，一般有“论”、“说”、“对”、“表”、“疏”、“序”等文体样式；现代议论文，则有政论、专论、评论、报告、演讲稿、读后感、专业论文、序、跋、杂文等样式。议论文和记叙文、说明文一样，是中学语文阅读教材中三大实用文基本阅读文体之一。阅读各种观点鲜明、思想深邃、语言犀利的优秀议论文，有利于使学生形成正确的世界观和方法论，提高学生分辨事物的能力，发展学生的抽象思维能力。尤其是中学高年级学生正处在积极地独立思考和探索的时期，他们应该更加重视议论文的学习。

议论文的阅读教学，首先要引导学生准确理解和掌握一般议论文的知识，包括议论文的类别、议论文的基本要素和表达方式、议论文的结构和语言、论证的方式和方法等，培养学生阅读议论文的能力；其次要充分利用议论文所表达的各种立场、观点、方法以及议论文在议论说理上的思辨性、条理性、深刻性和独特性，活跃学生的思想，开发学生的智力，对学生进行正确的人生观、世界观和方法论教育，引导学生关注人生、关心社会、热爱真理、热爱思辨，发展他们的判断、推理、分析、比较、归纳、抽象、概括等抽象思维（包括逻辑思维和辩证思维）能力；再次要引导学生认真揣摩、学习和借鉴议论文的写作方法，培养学生写作议论文的能力。

议论文的阅读教学，主要是引导学生明确议论文的论点、论据、论证过程和论证方法，理解和评价议论文的思想内容及其社会历史意义，理解和学习议论文的语言、思维方法和写作方法。议论文的阅读教学可多采用论点、论据、论证分析法，观点、立场、方法评价法，语言和技巧鉴赏法，专题研究，讨论，演讲，辩论等教学方法。

议论文的阅读教学，容易使学生感到抽象枯燥，所以教学中应注意联系社会生活现象及人们的思想实际，激发和培养学生议论、思辨的兴趣。

（四）应用文的阅读教学

应用文是一种处理公私事务，具有特定格式和写作要求的文体。它广泛应用于人们的日常生活、工作和学习，是与人们的生产、生活联系最为密切的一种文体。

应用文教学是语文教学的薄弱环节，应用文作为课文选入中学语文教材的也较少，大多是应用文、作文练习，并附相应例文，供学生学习、练习。目前，中学阶段要求学生必须掌握的应用文大致有新闻报道、广播稿、计划、总结、合同、协议、说明书、广告、书信、小传、调查报告、研究报告等20多种。教师还可以根据学生读写应用文的实际，增加一些应用文品种和实例，加强应用文训练。

应用文的阅读教学，首先要引导学生准确理解和掌握常见应用文的基本知识，包括各种应用文的适用范围、使用场合、写作方法、基本格式和应用文的语言要求等，培养学生阅读应用文的能力；其次要指导学生认真学习写作、运用各种应用文，并在读写应用文的过程中，利用应用文的规范性、实用性、简明性特点，对学生进行法制、纪律观念教育和严谨、务实的思想作风教育。

应用文的阅读教学，主要是引导学生理解和掌握各种应用文的惯用格式和特定结构，学习应用文的语言和写法，可多采用讲解法和练习法进行教学。

应用文的阅读教学，容易让学生感到烦琐枯燥，所以在教学中教师要结合人们的社会生产、生活实际，引导学生高度重视个人的社会语言实践能力的培养。

二、文学作品的阅读教学

文学是语言的艺术。文学作品是作家通过形象思维，运用夸张、象征、联想与想象等手法反映生活，揭示社会和人生的虚构作品。与一般实用文相比，文学作品更为一般读者所喜闻乐见，更适合作为学习、借鉴、模仿的典范的语言文字作品，也更适合对学生进行综合人文素养教育。

文学作品在中学语文课本中，范围涉及古今中外，体裁主要包括诗歌、小说、散文、剧本等。

文学作品的阅读教学在中学语文教学中的主要任务是向学生传授文学基本知识，培养学生初步的文学鉴赏能力，通过对文学作品的学习，提高学生写作实用文的能力，并在这个过程中，使学生学会观察世界，认识社会，了解人生，辨别真假、是非、美丑，获得良好的人格塑造、情感陶冶和审美愉悦，同时发展学生的形象思维能力。

（一）诗歌的阅读教学

诗歌是用凝练而富有韵律的语言创造意境，反映社会生活的一种文学样式。诗歌因其语言精美，篇幅短小，在中学语文文学教育中所占数量比例最大。诗歌教学对于培养学生遣词造句、精心构思与艺术概括能力，陶冶学生性情，美化学生心灵，发展学生的想象力，具有独特的功效。

诗歌阅读教学首先要引导学生认识诗歌的体裁特征，获得有关诗歌的基础知识，包括诗歌的种类，诗歌的节奏、韵律，诗歌的意象、意境与修辞以及诗歌的阅读与鉴赏等，培养学生阅读鉴赏诗歌的初步能力；其次要利用诗歌的节奏、韵律和意境之美，训练学生朗读，发展学生的口语能力；再次要利用诗歌的高度概括、联想丰富、感情强烈等特点，发展学生的语言能力、思维能力，陶冶学生的性情。诗歌阅读教学在方法上要注意调动学生感情，发挥学生想象力，让学生反复吟咏、记诵，引导学生感受诗情，领悟诗意。要善于抓住关键字眼点拨、启发学生。诗歌创造性的审美解读、自由诠释的空间大，除一般词句疏通外，不宜作精细讲解，更不提倡作“千篇一律”、“千人一腔”的刻板、机械的释读。

（二）小说的阅读教学

小说是通过生动的人物形象塑造、完整的故事情节叙述和具体的环境描写来反映社会生活的一种文学样式，历来有“生活教科书”之称。小说因其人物形象丰富、故事情节生动、取材广泛、风格多样、语言生动，在中学语文阅读教学中占有很大的比重，也是中学语文文学作品中所占课文篇幅最大的一种文学样式。中学生正处在求知欲旺盛、形象思维发达、爱听故事、渴望了解社会人生的重要发展阶段，在课内外指导他们多读小说，对于丰富他们的精神世界，发展他们的认识能力、思维能力和语言能力，都具有重要意义。

小说的阅读教学首先要引导学生正确认识小说的体裁特征，获得有关小说的基本知识，包括小说的类别、小说的要素、小说的社会功能、小说塑造人物形象的方法、小说的语言以及小说的阅读与欣赏等，培养学生初步阅读鉴赏小说的能力；其次要利用小说所反映的丰富的社会生活内容及其所包含的深刻的社会历史含义，引导学生感受生活、体验人生、认识社会、了解历史，发展学生的认识能力，培养学生辨别真假、善恶、美丑的能力；再次要利用小说丰富的形象、曲折的情节、生动的画面，丰富学生的审美体验，发展学生的观察力、思维力、联想力和想象力；再次要引导学生学习借鉴小说构思的艺术，刻画人物、描写场面或景物的语言艺术，促进个人实用语言能力的发展。小说阅读教学也可以多引导学生复述故事、讨论人物形象和作品的社会历史含义，发展学生的口语交际能力。

小说阅读教学在方法上主要是利用学生高涨的阅读热情，引导学生梳理故事情节，分析人物形象，品评作品主旨，赏析小说的语言和写作技巧，也可采用角色朗读和表演的形式，引导学生学习、鉴赏小说的精彩片段或情节。小说也是一种可多元解读且解读空间大的作品，所以小说教学要多鼓励学生对作品作出自己的评价，说出自己的体验。

（三）散文的阅读教学

现代散文是指与诗歌、小说、剧本并列的一种文学样式，它用精练、生动的文学语言叙事、记人、摹景、状物、议论、抒情，篇幅短小，取材广泛，结构形式自由，表现手法多样。

除了体裁标志明确的叙事散文、抒情散文、议论散文外，一般将杂文、短评、小品、随笔、速写、报告文学、游记和回忆录等，也列入散文的范畴。

散文在中学语文教材中占有重要地位。散文教学有利于开阔学生视野、丰富学生精神世界、陶冶学生性情、发展学生个性、全面提高学生的文学鉴赏水平、培养学生的多种阅读风格和写作风格。

散文教学首先要引导学生正确认识散文的文体特征，获得有关散文的基础知识，包括散文的类别，散文的特点，散文的题材、语言及表达方式，散文的阅读与欣赏等，培养学生阅读鉴赏散文的初步能力；其次要利用散文广泛的题材、精粹的语言、自由灵活的形式以及丰富细腻的思想内容，发展学生的思维、个性，优化学生的审美情趣，促进学生的应用语言能力的发展。

散文阅读教学在方法上可以借鉴诗歌和小说的教学方法，对那些语言隽永、意境优美、情思细腻的抒情散文，要反复朗读、记诵，多作整体把握感知，少进行细致分析；对那些人物形象生动、叙事情节完整并蕴涵着丰富、深刻的思想内容的散文，则可以适当运用分析、评价的方法。对散文的语言和技法，可以抓住关键词句和精彩片段，进行重点赏析或品味。散文解读，要提倡和鼓励独特的体验和有创意的理解，反对机械、划一的教读。

（四）剧本的阅读教学

戏剧、电影是综合艺术。剧本是供戏剧演出或电影拍摄用的脚本。选入中学语文课本的剧本，主要是戏剧（如话剧、歌剧、戏曲）文学选本，也有电影文学选本。

剧本教学，同诗歌、小说、散文教学一样，可以提高学生的文学修养，培养学生健康、高尚的审美情操，增强他们辨别真假、是非、善恶、美丑的能力，促进学生实用语言能力的提高。

剧本阅读教学首先是要引导学生正确认识剧本的体裁特征，获得有关戏剧、电影和电视的基础知识，培养学生初步阅读鉴赏剧本文学的能力；其次要利用剧本所反映的丰富的社会生活，引导学生认识社会人生，发展他们的认识能力，利用剧本人物富有个性化的语言对白，开发学生的语言潜能，发展学生的实用语言能力。

剧本阅读教学在方法上除了采用讲解法引导学生分析剧中矛盾冲突和富有个性的人物台词，理解戏剧的主题外，可多采用分角色朗读和分小组表演的形式进行教学，也可以采用组织观看电影或电视，指导学生写观后感的形式进行。

三、文言文的阅读教学

文言文是指用古代汉语书面语言写成的文章。我国古代社会文化灿烂、历史悠久，引导学生通过阅读文言文继承丰富的文化遗产，无论对促进学生的语言发展，提高他们的道德修养、文化品位和审美情趣，还是对激发他们的爱国主义热情，提高他们的民族自信心和自豪感，都具有重要的意义。

文言文在我国当代语文教学中的地位，处于摇摆不定的状态，根据最新颁布的《全日制普通高级中学语文教学大纲》的规定，高中语文教材中的阅读课文，我国现代作品、古代作品和外国作品的比例可以为5∶4∶1。由此可见，文言文的比例在现行高中语文教材中明显上升。

文言文阅读教学的主要任务是，指导学生正确认识我国古今汉语的差异，感受文言文的特点，理解和掌握一些常用的文言实词、虚词和文言句式，培养学生阅读浅易文言文的能力，为将来进一步阅读古籍打下一定的基础。在这一过程中，帮助学生从典范的文言作品中吸取富有生命力和表现力的语言，借鉴古人的精于遣词造句、巧于布局谋篇的写作技法，促进提高学生阅读和写作现代文的水平；同时，帮助学生开阔视野，认识我国古代社会，了解我国古代灿烂的文化成就，批判地继承我国丰富的文化遗产，进行爱国主义教育和审美情操教育。

文言文阅读教学在方法上，首先要强调熟读、背诵。熟读、背诵有助于破除生涩、培养语感、帮助理解，是培养学生阅读浅易文言文能力的基本途径。其次是串讲和语译。在学生借助工具书和注释，通过熟读、背诵，对课文已有初步理解的基础上，教师可指导学生跟自己一起，对课文进行句意疏通。在疏通句意的基础上再指导学生进行笔译或口译。在学生能够对课文进行笔译或口译的基础上，教师可再指导学生深入研讨一些问题，或归纳总结文言作品的一些词法和句法规律。此外也可以通过复述、改写等练习，发展和巩固阅读成果。

第五节　中学阅读教学的备课

备课是上课前的准备。它与上课、批改作业、辅导学生学习和组织复习考试等一起，构成中学语文教师日常教学工作的基本环节。中学语文教学备课，有广、狭义之分。广义的备课，包括一个学期或一个学年乃至一个学段的教学工作计划。狭义的备课主要是指对一个单元、一篇课文或一节课的教学准备。平时主要是在狭义上使用“备课”一词。

中学语文教学备课，从内容上也可以分为阅读教学备课、作文教学备课、口语教学备课、知识短文教学备课、课外语文活动备课和指导复习备课等。其中教师费力、费时最多，也最能体现教师学风和教态的备课功力的，是阅读教学备课。

一、备课的意义

备课的程度和方式因人而异，但备课的意义对于所有的教师都相同。

（一）备课是上好课的前提

俗话说："不打无准备之仗。"备课犹如备战，它是决定一堂课成败胜负的关键。那些耕耘在教坛十几年甚至几十年的教师，都有这样的经验：有时即使下了十二分工夫备课，待到上课时却仍然感到准备不充分。教学愈久的教师，愈知教学之不易，愈加重视备课。有人认为，只有新教师才需要认真备课，老教师则可以免矣。其实，新、老教师都需要备课，两者的差异只在于备课的速度与质量：新教师备课慢而涉入得浅，老教师备得快而钻研得深。许多教师都深知"没有永不褪色的教案"这个道理。时代在变，学生在变，教师自己的学力、境界也在不断地发生变化。因此，要旧课新备，常教常新。

（二）备课有助于提高教师业务修养

正如毛泽东所说："常常不是学好了再干，而是干起来再学，干就是学习。"对于在职教师来讲，备课就是一条"急用先学"的重要途径。教师们常有这样的经验，即明天就要上课了，今天还有一个问题没有弄清楚，那么，今晚即便是挑灯夜战，也要将这个问题弄明白，否则，明天就会"以其昏昏，使人昭昭"。教师备课就是这样，常常为了理解一句话的含义、弄清一个事实的出处或验证一个结论的正误，需要翻阅许多书或查找许多资料，有时则需要冥思苦索，斟酌再三。就这样锱铢必较，日积月累，经过几年或几十年的磨砺，教师的知识丰富了，专业悟通了，学术水平提高了，讲课时也就能够做到融会贯通，信手拈来，"随心所欲而不逾矩"。这在极大的程度上，应归功于长期的备课实践。

二、备课的内容和步骤

备课一般包括熟悉大纲、钻研教材、了解学生、设计教学、编写教案等环节。

（一）熟悉大纲

中学语文课程标准是国家教育厅行政部门制定的指导中学语文教学实践的纲领性文件，是中学语文教学的指南和依据，它的要求具体通过编写教材、备课和上课落实到中学语文教学的实处。因此，教师备课、要学习、研究大纲，这样备课、上课才有明确的方向和科学的依据。

（二）钻研教材

教材是教学的凭借。钻研教材是教师备课工作中最重要的一环。

中学语文教材包括读、写、听、说能力训练和知识传授等多方面的内容，语文教师都要钻研，以明确概念、理解原理、选择教法。中学语文教师做得最多，也最不应该忽视的备课，是对语文课文的钻研，也即阅读教学的备课。这是传统的备课讲得最多的一个方面。

对课文的钻研，首先要求初读，即浏览泛读全篇，初步熟悉课文，包括明确文体，熟悉和了解作者和写作背景。这要求能够正确地朗读课文，无生字、生词障碍，无读音错误，能大致明确课文的内容特点和写作主旨。其次是细读，即全面分析、理解课文，并归纳段意，归纳文章的中心思想和写作特点，解释课文的词语和句子的含义。再次是精读，即仔细琢磨，反复研读，力求对课文有比较透彻的理解。

对课文的钻研，总的来说，要达到“懂、透、化”的要求。所谓“懂”，就是理解、明白；所谓“透”，就是透彻地理解；所谓“化”，就是达到融会贯通的程度。教师因文解道，娓娓道来，亦如自己心中所出。这就要求教师必须在课文中“走几个来回”，浅尝辄止或一蹴而就则不行。

（三）了解学生

俗话说：“备课要吃透两头。”即熟悉教材，了解学生。又有俗语云：“教学要做到心中有学生。”可见了解学生跟钻研教材同等重要。

了解学生首先要了解学生关于本学科的知识技能状况，其次要了解学生对于本学科的学习兴趣、态度、方法和潜能，再次是了解关于学生学习本学科的环境和条件。学生是农家子弟还是城镇子弟，对语文课的认识和语文教师的评价等，都应该是中学语文教师关注的内容。

了解学生的途径首先是观察，通过课上课下或课内课外，观察学生听课、回答问题和完成作业情况，其次是交谈，可以在课内外通过口头或笔头与全体学生或个别学生交谈他们学习语文课的情况，他们的评价或反映、意见或建议；再次是通过作业、家访和测验、考试，了解学生的学习态度、方法、基础以及共同存在的问题。

了解学生要全面细致、客观科学，分清主流和支流、本质与现象、个别与一般，防止以偏概全或草率下结论，盲目乐观或全盘否定都是有害的。

（四）设计教学

“吃透两头”以后，就要着手考虑教学上的问题，也即通常所说的“处理教材”。

教学设计要考虑如下问题：

1. 确定课型

课型即课的类型。根据教学内容和活动方式分，有以讲授为主的讲授课型，有以练习为主的练习课型，有以复习为主的复习课型，有以参观、访问、调查、竞赛为主的活动课型或实践课型。目前阅读教学中，主要是以教师教读为主的教读课型和以学生自学为主的自读课型。课型的确立要综合考虑教材内容、教学目的和学生实际。

2. 确立教学目的

教学目的就是一篇课文或一节课所要发挥的作用。一篇课文或任何形式的教学内容，根据不同的年级、班级、对象和教师的主观认识，可以发挥完全不同的作用。教学目的的确立，准确地说，不是一篇课文或教材所能发挥的作用，而是教师打算（计划）让其发挥的作用。所以中学语文教学目的的设计，要具体依据年级或单元教学要求、本篇课文或教材所具有的特色、本班学生知识和技能状况而定。教学目的的设计应包括认知、情感、技能三个领域的基本内容，一组目标应该是一个功能多元的教学目标群。教学目的的确立还要求科学严密、明确具体、大小适宜、突出重点，不面面俱到、贪多求全，应经过努力能够切实做到，一般能用比较概括、精练、简短、明确、具体的语言来表述。

3. 明确重点、难点

教学重点是指实现教学目的的过程中必须着重解决的问题。教学难点是指实现教学的过程中，相对于学生的理解力或知识能力状况较难解决的问题。重点可能就是难点，但难点不一定是重点。一篇课文或一节课的教学，可能没有难点，但绝对不能没有重点。教学就是要突出重点，突破难点。教学重点、难点的确立依据，主要是教材内容、教学目的和学生实际。

4. 选择教学内容

跟一篇课文或一节课的教学目的有关的内容很多，教师绝对不能有什么教什么、见什么教什么，更不能随意发挥。精选教学内容的标准是：与本篇课文或本节课的教学目的和教学重点、难点直接相关的；属于本篇课文或本节课所特有的；在本篇课文或本节课中学生应知、应会的。教学内容的选择要防止“胡子眉毛一把抓”，面面俱到，贪多求全。

5. 设计教学步骤

教学步骤即教学内容的具体展开。一篇课文或一节课究竟先做什么，再做什么，形式或做法很多。但总的来说，教学步骤的安排，要依据具体的教学内容、教学目的，要合乎学生的认识规律，步骤要完整、有条理、层次分明，步骤之间要合逻辑、不颠倒、不重复。

6. 选择教学方法

教学方法的选择有两重意思：一是处理全篇或整节课的方法，二是处理具体教学内容和步骤的方法。处理全篇或整节课的方法，一般是依据课型而定，如教读法、自读法等。处理个别内容或步骤的方法，一般是选择那些单一的教学方法，如讲授法、问答法、讨论法等。方法的选择，要求灵活多样，突出教师的主导作用和学生的主体地位，防止“满堂灌”或出现教师“一言堂”。

7. 安排教学时间

安排教学时间有两重意思：一是指安排全篇课文或一个完整教学内容的教学时间表，一般以“课时”或“节”为单位；二是指各个具体教学内容或步骤所需要的时间，一般以“分（钟）”为单位。教学时间的安排是一门艺术。课堂教学在极大程度上，可以看作是一门时间的艺术。教学时间安排，要求确保重点，有张有弛并留有余地，不能过紧，也不能太松。

三、教案的编写和使用

专家指出：教师要上好课，必须理清三条思路并使之协调统一。这三条思路即教材的思路、学生的思路及教师的教学思路。备课就是对这三条思路的准备，而教案编写则是对这三条思路的记录和整理。故有人称教案是教师的“教学备忘录”或“施教蓝本”。

（一）教案的种类

教学从内容上，可分为阅读教学教案、作文教学教案、口语交际训练教案和语文知识教案等；从形式上，可分为叙述式教案、问答式教案、提纲式教案、卡片式教案等；从繁简程度上，可分为详案、简案和微型教案等。以下是对这一分法种类的分析：

详案类似讲稿，教案的基本格式及其构成部分一应俱全，课堂用语、问题答案、板书设计全都写在教案里。它主要适用于新教材、新教师、教读课、公开课，或公开发表、供上级检查等。

简案相当于教学说明，主要是将主要教学步骤、材料、观点及方法写在教案里。它适用于处理较熟悉的教材、自读课、复习课，适合有经验的教师使用。

微型教案，近似于板书提纲，内容、文字均简略，往往置于卡片、单面纸或者教材的一角，也可以用图表或符号表示。一般适用于浅显课文或有经验的教师。

从形式上讲，详案一般采用叙述式或问答式，简案和微型教案一般采用提纲式或卡片式，后者也多用图表和符号等表达方式。

（二）教案的格式

简案、微型教案一般没有固定的格式。详案的格式一般包括标题、课题计划、课时计划和附录四个部分，如下所示：

《×××》教案

一、课型

二、教学目的

三、教学重点、难点

四、教学方法

五、教学时数

六、预习要求

第×课时

一、教学要点

二、教学内容及步骤

整体板书计划

练习参考答案

教后感

标题一般提行置于教案纸的正中显要位置。

课题计划就是对于一篇课文或一个完整、独立的教学内容的总体教学设计，一般包括课型、教学目的、教学重点和难点、教学方法、教学时数等内容，也可以附上预习要求，置于课题计划部分。

课时计划就是对一节课的教学内容和步骤的具体展开。教学要点要求用十分简略的语言指出。具体的教学内容及步骤的展开，是课时计划的主要内容，要求使用概略的书面语言明确、具体表述。

附录无固定项目，可大致包括整体板书计划、练习参考答案及教后感等内容。

（三）教案编写的注意事项

教案主要是供教师上课自用的，也有发表、交流、保存以供查找、参考、研究的价值。

教案编写总的来讲，要严谨、规范、简明、工整、切实、合用。具体来讲，要注意以下事项：

（1）编入教案的材料和观点，必须是经过严格筛选的，适合教学并能为本教案设计教学目的和教学重点、难点服务的，切忌“天下教案一大抄”，弄成前后矛盾的“大拼盘”。

（2）课时计划部分的具体内容和步骤的展开，必须紧扣课题计划部分的教学目的和重点、难点，切忌导致两者互不相关、各唱各调，造成教学目的和教学重点、难点成为虚设。

(3) 教案语言要简洁。教案应使用概略的说明式的书面语言，切忌搞成“课堂教学实录”，即将上课要说的每一句话都写在纸上。

此外，教案还要参照课本有关教学章节，精心设计导入语、问答、板书和练习。

(四) 教案的使用

教案是教师课前钻研教材、设计教学的书面方案。编写教案的意义在于，它明确规定了教学目的和要求，确定了教学内容和重点，确定了教学步骤与方法，能够使教学目标明晰化、教学内容条理化，确保教学的方向性和计划性。使用教案要求注意以下事项：

(1) 施教之前要认真熟悉教案。要将教案的重要部分或容易遗漏、出错的部分，用彩笔作下特殊记号，以便提醒自己。而教案的基本内容和步骤，应该力求记在脑海里；上课应该脱离教案，而不是照本宣科，一字不漏地背诵教案则更加可笑。

(2) 既凭借教案，又不可被教案束缚。教案是授课前的主观设计，而课堂情况是千变万化的。因此，即凭借教案，又不可被教案束缚；对可能遇到的意外情况应充分准备，有所考虑，不打无准备之仗。

(3) 要将教案语言转换成生动活泼的口语。教案一般使用简洁概括的书面语，写得集中凝练，而上课使用的则是明白、通俗、流畅的口语，所以要将教案书面语转换成教学口语。

(4) 要学会使用简案。一般教师（包括实习教师）应先写详案，因为这对培养新教师严谨的学风、端正的教态和常规教学的规范意识大有必要。但当详案已熟记于心，运用自如之时，应学会将详案变为简案，以锻炼自己概括、浓缩的能力，也可以提高备课的效率。好的简案应该是“抓住是条纲，摊开是堂课”。

思考题

1. 中学阅读教学的作用和地位是什么？

2. 中学阅读教学的目的和内容是什么？

3. 阅读的一般心理过程由哪些环节或阶段构成？中学语文阅读教学过程可以划分为哪几个基本阶段？

4. 一般阅读方法有哪些？常规的中学阅读教学方法有哪些？中学阅读教学的多媒体方式有哪些？以上这些方法各有什么作用、特点和运用要求？怎样实行中学阅读教学方法的优化组合？

5. 各类课文的阅读教学目的和方法各有什么异同？

6. 中学阅读教学备课的意义、内容和步骤是什么？怎样编写和使用教案？

【教学技能】

板书设计

板书是重要的教学辅助工具。它可以加强教学的直观性，突出教学重点，帮助学生整理知识，方便学生作笔记。板书从作用上分，有整理知识型、突出讲解型、启发思维型和方便笔记型；从表达形式上分，有文字式、图表式、线条符号式；从形成过程和方式上分，有整体式与分布式、固定式与流水式、渐成式与速成式。

板书的设计，要掌握一定的要领，遵循一定的原则：

第一，板书设计要有明确的目的性。板书写不写，写什么，写多少，怎样写，事先都要有个明确的计划。一般来说，面对高年级的学生可以少写，而对低年级的学生则要勤写；能听记的内容尽量听记，这样也可以锻炼学生听知和笔录的能力。

第二，板书设计要有清晰的条理性和高度的概括性。例如《林教头风雪山神庙》的板书：

林教头风雪山神庙
忍————————→反
逼

整个板书设计共计 11 字、一条线和一个箭头，就把林冲复仇前后的性格特征及其性格演变的原因交代得一清二楚，既线索清楚又高度概括。板书作为一种特殊的表达，要求条理清楚且高度概括（能用字则不用词，能用单音节词则不用双音节或多音节词，能用简单句或紧缩句则不用长句或复句）。

第三，板书设计要具有科学性和严密性。板书作为一种特殊的书面表达，无论使用文字、图表还是线条符号，都应该是科学、严密、准确、明白的。文字部分要合语法、合逻辑，文字或图表、线条、符号、括号之间（上下、左右、内外之间），应该隶属有序、层次分明。板书遵循着跟书面语完全相同的表达规则。

第四，板书设计要具有启发性和灵活性。例如《义理·考据·辞章》一文，在阐述“观点与材料要统一”的论题时，作者先否定了几种表现，然后再表明自己的主张。教师将其板书为：

1. ○○○○（×）
2. ————（×）
3. ○○○○（×）
4. ○○○○（√）
（○表示材料，—表示观点，×和√分别表示肯定与否定）

这个板书可谓“一字不着，尽得风流”。作者反对什么、主张什么，一目了然。它既巧妙地整理了课文内容，又形象直观地告诉学生作文时应该怎样正确处理“观点与材料”的关系。像这样的板书，属于艺术性与实用性结合得很好的板书。板书也是一门艺术。好的板书，应该既服务于教学，又具有审美性，发挥认知和审美的双重功效。

第七章

中学的作文教学

作文教学是中学语文教学的重要组成部分。学生语文素养如何，作文可以作为衡量的重要尺度，因此应十分重视。作文教学的目的是培养学生的写作能力，促进学生形成健康的人格。

在作文教学中要让学生学习基本的写作知识，实践常见的写作技法，形成良好的写作心理。

教师应掌握作文教学的一般要求，按照学生写作能力发展的基本规律，采用多样化的训练方式，指导学生进行作文实践，使学生的作文能力得到提高和发展。

第一节　中学作文教学的目的和内容

一、作文教学的目的

作文教学就是教师指导学生学会运用文字表达思想，以及形成与之相适应的写作心理的活动。作文是一种综合的言语活动，因而作文教学的目的是多元的。

（一）培养写作能力

作文教学的直接目的是培养学生的写作能力。随着信息社会的到来，写作能力的内涵也愈加丰富。学生的写作能力是一种综合能力，包括作文的专门能力和基本能力。

1. 作文的专门能力

作文是语言和思维交互作用的复杂的心智活动，它需要学生识字、写字、用词、造句、布局、谋篇。因此，作文教学中要培养的专门能力有以下五种：①审题能力，即根据要求，弄清题意，打开思路，并且防止离题偏题的能力。②立意选材能力，即确定中心（或主题），选择材料、组织材料的能力。在已经到来的信息时代，这种能力表现为迅速定向信息、获取信息、分析信息、加工信息的能力。③谋篇布局能力，即在确定了中心（主题）之后，解决材料安排的条理、次序、详略等问题的能力。④语言表达能力，即使用书面语言准确、鲜明、生动地表达思想的能力。⑤修改文章的能力，即对写就的文章进行修改润色的能力。

2. 作文的基本能力

作文教学要培养的作文基本能力主要有：①观察社会生活、抓住事物特征、积累写作素材的观察力；②运用分析、归纳等思维方法进行审题、立意，确立文章的题材和体裁，明确写作中心，进而选材、组材的思考力；③在已有表象的基础上，创造出新形象来丰富材料、拓展思路的想象力；④由眼前感知事物而想起相关的其他事物，因而使文章的立意新颖的联想力。

心理学告诉我们，智力是由观察力、注意力、记忆力、思维力、想象力等构成的整体。据此，我们可以说，作文教学可以促进学生智力的开发。这是因为，写作前，需要深入生活，观察事物，认识事物，需要调查研究，需要博览群书，积累写作素材；写作中，要将思想感情、知识经验以文字的形式有条理地表达出来，成为书面语言文字，这是思考过程。在写作过程中，学生的观察力、注意力、记忆力、思维力、想象力等各种智力因素都可以得到训练，从而得到和谐、全面的发展。因此，作文也是一种智力开发活动。

总的来说，作文教学可以把文字、词汇、语法、修辞和各种语言表达方式，以及观察力、记忆力、思维力、想象力等智力因素熔于一炉，进行多种因素的综合训练，从而达到培养学生写作能力的目的。这对于学生正确运用祖国的语言文字，特别是书面语言，具有重要意义。

（二）促进学生健康人格的形成

人格，是指一个人具有一定倾向性的心理特征的总和，主要包括动机、兴趣、理想、信念以及行为方式等。“健康人格”在21世纪的含义是具有“关心自己的健康，关心自己的家庭、朋友和同行，关心他人，关心社会和国家的经济和生态利益，关心人权，关心其他物种，关心地球的生活条件，关心真理、知识和学习”的心理品质。今天科学技术发展了，经济发展了，人们的生活水平也越来越高了，但越来越多的人却出现人格障碍，他们不会处理自己和他人、个体和群体的关系，造成了这样的局面：人与人的关系不和谐，表现为道德滑坡、色情暴力泛滥；人与自然的关系不和谐，表现为污染严重、物种灭绝、生态不平衡。因此，特别要强调加强对学生健康人格的塑造，培养社会主义事业合格的接班人。

作文教学在促进学生健康人格形成方面有独到之处，这是因为学生在作文过程中会受到思想、品德、意志、审美、情操和习惯态度的教育。

作文中包含着对事物的认识、感受，必然反映出自己的观念信仰、思想感情和态度。《穆斯林的葬礼》一书的作者霍达在这部书的后记中写道：“我在写作中净化自己的心灵。文学来不得虚伪、欺诈和装腔作势，也容不得污秽、肮脏和居心不良。”

“文如其人”，作家赤诚与否，是瞒不过任何人的眼睛的，怀着一颗卑劣的心的人是不可能写出真、善、美的好文字。作文和做人是可以和谐地统一起来的。朱自清说：“作文是生活技术的训练，说是做人的训练也无不可。”因此，在作文中应教育学生说真话、实话、心里话，不说假话、空话、套话，做一个言行一致的人。

总之，作文教学在现代社会中具有重要意义，它在切实提高学生的语言表达能力的同时，还会促进学生德、智、体、美的全面发展，促进学生健康人格的形成。因此，在狠抓“素质教育”的今天，作文教学具有重要的地位。

二、中学作文教学的内容

（一）写作知识的学习

任何能力的形成和发展都需要知识作基础，作文能力的培养也是这样。作文教学的效果如何，在很大程度上视乎学生对写作知识的掌握。作文的综合性以及作文过程的复杂性，决定了写作知识的广泛性。主要的写作知识包括以下内容：

1. 与语言表达相关的知识

从语言表达的手段看，作文可以分为口头作文和书面作文，这其中就要涉及音、字、词、句等方面的知识，因为字、词、句是构成文章的基本单位。基于这一点，在阅读教学中，教师要根据学生作文的实际讲授炼字、选词、造句的知识，并使学生认识和掌握不同句式、句型的特点，以利于表达复杂的思想感情。

2. 与内容表达相关的知识

从作文内容的表达看，写文章要有文体感，也就是遵从各类文章的约定俗成的表达体例、模式，要运用各种不同的表达手段。因此，要教给学生记叙、说明、议论等各种文体知识，并向他们讲清楚叙述、描写、议论、说明、抒情等各种表达方式的知识。

3. 与文章组织相关的知识

从文章组织的形式看，学生写文章时要运用逻辑思维来安排文章结构及段落层次安排的问题。因此要教给学生逻辑方面的知识。

4. 与作文过程相关的知识

从作文实践的过程看，学生写作前，要有准备地深入生活，观察事物，认识事物，需要调查研究，需要博览群书，摄取写作材料；写作中要审题、选材、组材、修改，然后成文。因此，要教给学生观察、分析、联想、想象等方面的知识，也要向学生讲清作文写作的专门知识。写作知识是广泛的，但是写作知识的教学不可能面面俱到和讲求系统、完整，我们要根据中学生语文学习的特点，在阅读积累的过程中，让学生掌握精要、有用的写作知识，并重视写作知识对写作实践的指导作用。

（二）写作方法的实践

中学语文课程要求学生能根据日常生活需要运用常见的表达方式写作，初中生能写一般的记叙文、说明文、议论文和常用的应用文，高中生能写较复杂的记叙文、说明文、议论文和应用文。中学作文教学要指导学生通过实践掌握一些基本的方法。

中学阶段要求学生掌握的写作方法主要有：

（1）记叙的方法：顺叙、倒叙、插叙、略写、详写；叙述描写中的议论与抒情。

（2）描写的方法：环境勾勒与具体景物描写；人物形象描写；抓住特点进行描写；正面描写和侧面描写。

（3）抒情的方法：在叙事中抒情；在描写中抒情；在论理中抒情；直抒胸臆。

（4）说明的方法：解说与阐释；比较、引用、运用数字、举例、分类、下定义、设计图表等。

（5）议论的方法：正反论证；反驳论证；并列论证；层递论证。

（6）构思的方法：对比、衬托、抑扬、照应、铺陈、象征等。

（三）写作心理的养成

如果一个学生对作文不感兴趣，甚至惧怕作文，那他自然也写不好作文。因此，良好的写作心理对作文教学至关重要。写作心理是指学生在写作活动中所表现出来的心理特征，主要表现有：

1. 热爱自然，留心自己周围的生活

法国艺术家罗丹说过，美是到处存在的，对于我们的眼睛来说，不是缺少美，而是缺少发现。学生处在丰富多彩的社会生活、集体生活、家庭生活之中，只要他们留心生活，坚持多观察、多思考、多记日记、多积累，他们对社会生活的理解和感受能力就一定会慢慢提高。事实上，对事物的理解和感受越强烈，越能引发写作欲望；对事物的理解和感受越深刻，写的东西就越刻骨铭心、生动逼真。

2. 对写作感兴趣，大胆表现

兴趣是最好的老师。学生对写作感兴趣，并敢于表现，是作文教学成功的前提。教师要鼓励学生正确地认识自我，积极地塑造自我，大胆地表现自我。对于对写作缺乏兴趣的学生的作文，不要只是指出不足，更重要的是肯定长处。德国教育家第斯多惠说得好，“教育的艺术不在于传授了多少本领，而在于激励、唤醒、鼓舞”，“有时一两句鼓励的批语，胜过一大堆指指点点”。要帮助他们逐步树立自信心，培养起对作文的兴趣。对一般的学生要鼓励他们向更高的目标挺进。

3. 意志信念坚定不移

在写作时要精神集中，不受外界干扰，遇到困难能积极主动地寻求解决的办法。

4. 思维的创新性

在写作时要富于创造性思维和创造性想象，并做到有创意地表达。学生敢于创造出自己未曾感知过的新形象，就会使文章变得内容丰富、思路宽广、结构严密。

作文教学中也应该注意学生的一些不良写作心理。比如，写作前不观察或者观察不深入、不细致，不重视感受、体验，感情贫乏而又不重视感情积累，记忆力差而记忆方法又不科学，思维迟钝、呆板，常受心理定势的束缚，不会联想更不善于想象，语言方式缺少变化，等等。对有不良写作心理的学生，教师要对其进行辅导。

即使学生有良好的先天素质，也不一定就能自然形成良好的写作心理。良好的写作心理需要写作者所处环境的影响和自己的强化，对于中学生来说，则是需要教师在作文训练中运用多种办法来进行培养。

第二节　中学作文训练的要求及方式

写作能力是在历练中形成和发展的，中学作文教学主要是通过中学生的写作实践进行的，因而有着比较严格的训练要求、训练方式。

一、中学作文训练的要求

中学语文课程要求学生能在作文中具体明确、文从字顺地表述自己的思想。初中生写一般文章要做到观点正确、内容具体、条理清楚、语句通顺，会使用标点符号，字写得正确整齐。高中生写比较复杂的文章要做到观点鲜明、内容充实、结构完整、中心明确、语句通畅。下面从五个方面来阐述对中学作文训练的具体要求：

（一）文体方面

中学生作文应强调实用性。实用文体是指我们日常生活中使用较多的记叙文、说明文、议论文和应用文。许多人以为强调实用性，就是强调应用文，就是要训练书写便条、汇款单、建议书、倡议书之类的应用文。这样的理解是狭隘的。记叙文、说明文、议论文和应用文是我国文章的基本文体，也是我们生活中不可缺少的书面表达形式，因此要求学生一定要掌握好。随着生活中双向交流的日益频繁，应用文的使用率越来越高。至于文学体裁如小说、诗歌、散文、剧本等，因有助于引导学生关心生活、领悟生活以及发展学生的创造力，也可适当训练，但因难度太大，故对学生不作硬性要求。

（二）文风方面

中学生作文应强调真实性。什么是真实性？真人真事无疑具有真实性。那么假人假事呢？由生活中大量活生生的现象汇聚而成的文学典型，明明属于假人假事，却具有真实性。因此我们强调作文的真实性并不等同于写真人真事。作文教学要让学生准确把握真实性与真实的区别。强调学生作文真实性的时候，要注意训练技巧。这个技巧是：当学生的观察习作练到一定程度后，教师就必须引导学生向写浓缩生活真谛的“假人假事”转化。如果不是这样，那么学生的作文就只能停留在“照相”式的复制生活现象阶段，或写毛笔字的“描红”阶段。这样学生就会缺乏想象力，缺乏虚构本领，缺乏创造力。其实，孩子们是不缺乏想象力的。上小学时，让学生看图说话来训练想象力和虚构力，但上了中学以后，就要求他们只能写真人真事，这是错误的观念。

（三）篇幅方面

国家颁布的语文课程及教学纲领性文件从不对学生的习作篇幅作出明确规定，但各种语文考试，特别是中考和高考中的语文考试，一般规定作文的篇幅分别在500字和800字以上。（考场作文与时间限制密切相关，而平时作文时间相对宽松，故以上数字仅为参考。）

（四）速度方面

古人写文章讲究文思敏捷、一挥而就。李白《与韩荆州书》中的：“请日试万言，倚马可待”说的就是这个意思。《全日制义务教育语文课程标准（实验稿）》要求初中学生“45分钟能完成不少于500字的习作”，初中作文教学应按此标准去努力。高中学生的作文速度还应在此基础上提高一些。辽宁省特级教师魏书生要求高中学生书面作文每小时1 000字，这是一个较高的标准。为了提高学生作文的速度，作文教学应培养学生不写草稿下笔成文的习惯。

（五）态度方面

《全日制义务教育语文课程标准（实验稿）》要求学生“树立语文学习的自信心和养成良好习惯”。中学作文教学要重视培养学生自信和认真的作文态度，使学生加强独立完成写作的意识和养成认真修改自己作文的习惯；要求文字书写认真工整，标点符号使用正确，并使学生乐于与他人进行习作分享及交流写作心得。

二、中学作文训练的方式

中学作文训练的方式遵循作文的方式进行，主要有：

（一）命题作文

命题作文是教师提出作文题目，学生按题目要求写作的传统训练方式。命题作文对学生的作文要求比较固定，从题材、体裁到表现手法都不能让学生充分地发挥自己的才智，写出富有个性和创意的文章来，所以会出现这样的情况：教师让学生写的文章，不一定是学生自己想写的，而写出来的文章往往是应对之作，缺乏真情实感，反映不了学生的“最佳水准”。但命题作文没有因为其缺点而遭到废弃，相反，从古代一直沿用至今，成了一种采用时间最为久远的训练方式。这是因为中学阶段仍然是学生打基础的时期，反映在中学生作文训练方面，则要全面打好常用文体的写作基础，所以必须安排必要的命题作文，有计划、有步骤地对学生进行各种体裁、表达方式的命题作文训练。此外，命题作文训练方式方便实施统一的教和练。方便教，就是便于统一目标、统一步骤，这在班级教学的形式中是有必要的。教师让全班学生写同一个题目的作文，有利于教学活动的组织，也有利于从批改中对比其异同、得失、好坏，便于随后的作文讲评；方便练，就是命题作文的命题一般要和阅读教学训练重点密切配合，这有利于学生的知识迁移，巩固阅读教学的成果。

命题作文这种训练方式有利有弊，教师在运用时要对其中的命题环节给予特别关注：

1. 命题的计划性

命题作文是打好写作基础的训练，每一次命题作文是整个作文目标中的一个环节。因此，命题要考虑训练目标的达成，不要随意命题和盲目命题。

2. 命题的切合性

命题既要切合学生心理和生活实践，又要切合学生的学习实践。切合学生心理和生活实践的题目，能够触动学生的感情，引起学生的共鸣，情动而辞发；否则，没有知识和经验储备，没有心理需求，学生只好说大话、空话，或者无话可说。切合学生学习实践的题目是指结合学生的学习内容和活动来命的题，学生写这样的作文，容易把学到的知识和能力迁移到写作中去。

3. 命题的新颖性和启发性

命题最忌陈旧俗套。陈旧俗套的题目，容易让学生产生厌烦心理，也容易陷入思维定式。写这样的题目，学生往往会出现思维闭塞、词句贫乏、语言不畅，或者把以前写过的文章抄上，如“最难忘的一天”、“一件小事”。好的题目还要有启发性，学生一看到题目就容易产生激情，不仅有话说，而且不吐不快。这种情况下写出的文章一定是词汇丰富、语言流畅的，如“班主任笑了”、“真想出去走走”等。

（二）看图作文

看图作文是依据提供的图画材料进行书面描述或评介的作文训练方式。可供训练的图画材料很多，如相片、邮票、年画、漫画、连环画等。图画是作者对生活反复观察、体验、分析，经过周密的思考创作出来的，是浓缩的生活场景，也是作者情感的真实写照，其内涵丰富，而要准确看出“图”意，是需要下一番工夫的。因此，这种练习有助于培养学生观察、分析和综合的能力，有利于启发学生的形象思维，发展学生的逻辑思维，提高学生联想和想象能力，以及培养学生的情感。

看图作文的训练要从以下三个方面进行：

（1）要引导学生观察画面，搞清楚图画的内容及结构，如：画面画了什么？主要部分是什么？背景是什么？画面有什么特征？这一步是看图作文的基础。

（2）要引导学生深入分析，弄清作者意图，可以借助画面上的标题、画面上带有提示性的文字说明，以及画面中的各种形象在总体上所表达的意思。这一步是看图作文的关键。

(3) 要引导学生展开合理的想象和联想。画面提供的内容是精要的、有限的，仅有这些内容是不足以写成文章的，必须以画面内容为触发点，把自己感知的与画面相关的事物印象引发出来，联想出画面上没有展现的景象。因而可以对画面进行适当的补充和生发，想象成活动的形象。这一步是看图作文的重点。

经过以上三个步骤，可让学生形诸于文，动笔写作。在训练时要注意由易而难地进行。初中阶段宜从描述性表达向评介性表达发展，可多选择故事性、形象性强的图画材料，逐步提高训练的难度。

（三）给材料作文

给材料作文，即教师给学生提供适当的文字或图表材料，同时提出要求，让学生按要求进行写作的一种训练方式。与命题作文相比，这种训练方式既有一定的限制性，又有灵活性。限制性是指必须在给定的材料上做文章，否则就算走题；灵活性是指对同一材料，可以多角度立意，充分发挥学生的想象力，为学生提供更多的空间。

进行这种作文，首先要认真阅读所提供的材料，并进行深入的分析，搞清楚材料的要点和意图，研究如何从材料中提炼主题，现有的材料为写作提供了哪些根据，等等。

给材料作文主要有读后感、缩写、扩写、改写等具体训练样式。

1. 读后感

读后感即根据材料写出阅读后的感想、体会。这种作文训练方式有利于提高学生的独立阅读能力，培养其分析问题、解决问题的能力。读后感以议论为主，结合叙事、抒情。

写读后感的方法是：首先指导学生读原文，深入理解原文内容，能准确地分析、归纳原文的中心和要点；其次，运用夹叙夹议的方法引述原文，并展开分析；再次，要联系生活实际，写出真情实感。

2. 缩写

缩写即采用保留主干、剪除枝叶的方法把所给的较长的文字材料，按要求压缩成短文的一种训练方法。这种练习既可以训练学生的阅读能力，又可以训练其综合能力和文字处理能力。缩写的要求：首先，明确缩写的要求，如要求缩为多少字，采用什么体裁以及缩写的重点；其次，必须忠实于原文的中心和主要内容，不得改变原文结构；再次，在语言运用上，可以摘录原文的重点段落、重点句子，也可以自己组织语言，最好把两者结合起来，使语言精练流畅。缩写不同文体的文章，应有所区别。缩写议论文时，应抓住原文的中心论点、分论点以及主要论据。缩写叙事的记叙文时，应保留其主要事件的时间、地点、人物以及事情的发生、发展、结果过程中的主要情节。缩写记人的记叙文时，应保留其描绘人物形象、刻画人物性格的主要部分，次要人物及与中心思想关系不大的细节描写、环境描写可以省略；人物对话可以改为概括叙述。

3. 扩写

扩写是在所提供的较短的简括性文字材料的基础上，进行扩展和生发，写成一篇较长的同时内容更为丰富完整的文章。进行扩写训练有利于培养学生的想象力和创造力。扩写的要求：首先要引导学生领会扩写的要求；其次要引导学生认真阅读原文，准确把握基本内容，确定扩写的重点。可以通过增加适量的细节描写、议论、抒情等手段来扩展篇幅。但不能改变原文的中心思想、基本情节，以及语言风格。扩写不同文体的文章，也是有所区别的。扩写记叙文时，可以增加叙述和描写的分量，并且适当进行议论和抒情；扩写议论文时，可补充必要的、典型的论据。

4. 改写

改写是对原文从内容到形式进行某种改变的训练形式。改写要比缩写、扩写的难度大得多，改写需要学生进行较多的再创造，学生可以有比缩写和扩写更大的自由度。改写练习有利于提高学生想象力和文字组织能力。改写的常见形式有：改变体裁，如把寓言改为小说，把剧本改为文学故事，把诗歌改成散文等；改人称，如把第三人称改为第一人称，把第一人称改为第三人称等；改写法，如把顺叙改为倒叙，把某个次要人物改为主要人物，把对话改为叙述，把侧面描写改为正面描写等；改变语体，如把文言文改为现代文等。

改写的要求：首先要认真阅读原文，把握原文的主题、情节、人物等要素；其次要明确改写要求；再次要确定自己文章的中心与标题。

（四）话题作文

话题作文，就是要求学生写出与所提供的话题有关的内容的作文形式。话题作文是最近几年出现的一种作文训练方式。

话题作文不同于命题作文。首先，话题作文提供一个写作范围，其题目仅仅是提示一下内容指向，而命题作文一般提供的是中心意思（当然命题本身是话题的除外）；其次，话题作文要求所写的内容与之相关即可，而命题作文一般要求紧扣标题写；再次，话题作文的写作范围一般来说要远远大于某些命题作文；最后，话题作文作者可以自拟文题，而命题作文作者不可以另命文题。可见，话题作文是一种自由度比较大的作文练习方式，可以使学生在较大范围内发挥自己的创造力。因此话题作文有利于培养学生的创新思维能力。

教师组织学生进行话题作文训练时，一定要把话题作文同命题作文区分清楚。有些命题可以是话题，如“说‘机遇’”，但有些命题却不能把它仅仅理解为话题，如“机遇偏爱有准备的头脑”，该题目本身就是作者的观点或者主张了。2000 年全国高考作文是话题作文，话题是“答案是丰富多彩的”，它并不是什么观点或主张，不能把它视作命题。如果把它视作命题，思路的扩展会大受影响，如有的考生的作文从头到尾写成“答案是丰富多彩的”的解说或佐证等。而如果认真审题，抓住话题作文的要求，明白只要与“答案是丰富多彩的”有关的内容都符合题意，这样思路就会开阔得多。

（五）自由拟题作文

自由拟题作文又称自由作文，由学生自行拟定题目，进行写作。这种写作方式比较受学生欢迎，因为它可以按照学生的写作需要来写——认为什么好，就写什么；认为怎么写好，就怎么写。这样的方式不受命题作文的限制，避免无东西可写的矛盾，有利于调动各种水平层次学生的写作积极性，培养其写作兴趣和爱好，有利于发展学生的个性特长。

进行自由拟题作文训练时，教师关键要给学生讲清楚拟题的要求和方法。

自由拟题的要求：①题目要醒目，能吸引读者，打动读者；②题目要有一定的概括性，读者可以从题目中了解文章的主旨或大意；③题目大小要适中，题目过大写起来容易空泛，不着边际，让人不得要领，而题目过小又会导致没东西好写，学生提不起兴趣。

从表达需要出发，可运用多种方法拟题，常见的有：①以情节命题，如“关键的一球”；②以时间命题，如“五月三十日风雨中”；③以故事发生地命题，如“放学路上”、“大榕树下”；④以主要人物命题，如“快乐的冬冬”；⑤以名言名句命题，如“‘有志不在年高’”；⑥以比喻的事物命题，如“春天的脚步”；⑦以矛盾的概念命题，如“不是文凭的文凭”。

（六）多媒体网络作文

多媒体网络作文是随着信息技术的发展而产生的一种全新的作文训练方式，它的出现为传统的作文训练方式注入了新的活力。多媒体网络作文不仅仅是把多媒体网络当作辅助写作的工具，而是以现代教育思想为指导，以多媒体网络（指校园网和国际互联网）为教学环境，充分发挥学生的主动性和创造性，培养其信息能力（包括获取、分析、加工信息）和创造能力的训练方式。

多媒体网络作文训练方式与传统作文训练方式相比有着许多优势。第一，多媒体网络拥有丰富的信息资源，学生可以在网络中随心所欲地查阅到各种各样与所写题目有关的信息。例如，一位老师在指导学生写作“植物王国漫游记”时，就指导学生上网查找资料。有的学生到校园网的电子图书馆里去查，有的在互联网上查。有位学生到“昆明世界园艺博览会中心”观光了一圈，还有的学生进入了“英国剑桥大学植物百科全书大全”网站。漫游之后，同学们收集了各种各样的资料，并且将自己感兴趣的内容及自己的感受写入了自己的文章。可见，多媒体网络给学生提供了丰富、快捷的信息资源。第二，多媒体网络作文训练方式给学生以充分的自主权，便于培养学生的创造力。多媒体网络作文不以教师为中心，而以学生为本体。学生或单独作文，或小组讨论作文。教师的任务便是给学生提供导航、提示和服务。这样，学生可以从独立思考中获得创作的知识和能力，还可以从同学们的观点中获取创作的灵感；同学之间则培养了互相合作的团队精神。

多媒体网络作文形式灵活多样，不一而足。为便于操作，教学上常常采用两种具体形式：

1. 主题作文

就是针对某一主题利用多媒体网络进行创作。例如，主题作文题目为“关于海”，要求大家围绕该主题在网上搜集各种材料之后，写成多种体裁的作文。如有的学生写看大海，有的写海的童话，有的写海底世界，有的写关于海洋环境保护的论文。作文前，教师可以在网上向全班学生征集作文题；同学们根据个人兴趣，向老师提供大量作文题，以供教师从中选择。教师在选题时要尽量选择与学生的生活息息相关的问题、学生感兴趣的问题、激起学生社会责任感的问题，等等。

2. 无主题作文

这里的无主题，主要指教师不给学生定主题，不作任何限制，学生可以自由从网络中搜索自己感兴趣的信息进行创作。这近乎是一种休闲式的写作。例如，一位学生从网上下载了一幅图片，整个图片是蓝色的背景，地面上是一层厚厚的白雪，雪地里，有一辆落满白雪的自行车。他就此展开想象，写这辆自行车如何为爸爸提供方便，想到爸爸工作如何辛苦，又想到爸爸是如何爱他；想到这些，他热泪盈眶。可见，一幅富有感情的图片，也能激起学生创作的灵感。

第三节　中学作文训练的科学序列

作文训练序列，广义上指中小学期间培养学生作文能力全过程的科学安排；狭义上指一次作文教学的过程。我们这里讲广义的序列。

中学作文教学要培养的能力包括写作的专门能力（审题、立意、选材、布局、表达、修改以及驾驭各种实用文体的能力）和基本能力（观察、分析、抽象、概括、想象、联想等能力）。

要使这些能力都能得到和谐、统一的发展，就必须要有一个科学的序列。鲁迅曾对旧式学堂的作文教学作过生动的描述："从前教我们作文的先生，并不传授什么《马氏文通》、《文章作法》之流，一天到晚只是读做读做。做得不好，又读又做。先生决不说坏处在哪里，作文要怎样。一条暗胡同，一任你自己去摸索，走得通与否，大家听天由命。"可以说那时的作文训练是没有什么序列的。没有科学序列的作文训练，虽然也培养了一些名人学者，但从广大学生的发展来说，这种训练的效率是低下的。现代心理学的研究成果已经证明，任何言语素养的形成和发展都有其特殊的规律。因此，遵循写作能力发展的规律，探索和建立作文训练的科学序列，是提高作文教学效率的必由之路，也是当今语文教学研究的重大课题。

一、作文训练的序列

探索作文训练的序列是很困难的事，一是需要作大量的总结研究，二是要花费很长的时间，三是初步探索出的序列还只是一种假说，还需要进一步作实验研究，来证实其效果。

国内外语文教育专家探索了许多训练序列，现介绍如下：

（一）从心理层面划分的序列

1. 知识技能型

这种序列的倡导者认为，语文学科是工具学科，主要任务是培养理解和运用语言文字的能力，而语言知识是语言能力的基础。具体地说，知识技能型的训练序列，是按文章的结构单位和文章体裁的种类排列训练内容的先后次序。例如，初中按一般的记叙、说明、议论三种文体训练，高中进行比较复杂的记叙、说明、议论三种文体的训练。现行的中学作文教学大都采用这种序列。

2. 心理能力型

这种训练序列的倡导者认为，语文学科是工具学科，应该发展学生的语言能力。但是，发展语言能力的心理学前提是要发展一般心理能力（包括智力、情感和意志活动的能力）。因此，应在发展语言能力的同时，又发展一般心理能力。如北京的刘朏朏、高原是中学阶段心理能力型训练序列的代表，他们确定的训练序列如下：初一着重培养观察能力，写观察日记（侧重练习记叙与描写），初二着重培养分析能力（侧重练习议论与说明），初三着重提高表达能力，写表达随笔（综合练习各种表达方式）。

3. 写作能力型

这种序列的倡导者认为，要培养独立的写作能力。所谓独立写作能力，就是作文的知识技能和心理活动（首先是智力活动）在作文过程中的辩证统一。苏联教学法专家拉德任斯卡通过分析写作过程中的智力活动，认为最基本的写作能力共有七种：审题能力、表现中心思想的能力、搜集材料的能力、系统整理材料的能力、修改文章的能力、语言表达能力、选择文章体裁的能力。

(二)从操作层面划分的序列

1. 从说到写

这主要是小学作文训练的大体顺序。它包含两层意思：第一是作文训练的过程和形式，即从看图说话到看图写话，再到命题作文；第二是一堂课的作文指导，即先训练学生说话，然后让他们动笔写文章。中学低年级也可以采用这种顺序。

2. 从述到作

“述”就是口头或书面的复述。“述”的内容是学生自己阅读的和别人朗读、讲述的材料，它的题目、内容、词汇和组织顺序都是现成的，学生只需要用自己的语言，不歪曲原意地把原材料转述出来。“作”是口头或书面的作文。学生在作文时往往只有题目，至于材料、中心思想、组织顺序、表达方法以及词汇，要靠自己独立观察和独立思考来确定。由此可以看出从述到作是逐步培养学生作文的独立性和创造性的训练序列。

3. 从仿到创

“仿”是仿作，即主要依据范文的写作方法习作。“创”不是指文学创作，而是带有创作因素的独立习作。“仿”是手段，“创”是目的；“仿”是条件，“创”是结果。从仿到创是学习作文的规律，因为学生原来不会写作，通过模仿和借鉴，他们就能掌握书面表达的要领，把范文的表达技巧转化为自己的能运用自如的表达技能。

4. 从放到收

“放”就是让学生自由写作，写“放胆文”，即由学生根据自己的经验和感受，或自定题目，或自选题材，有时连作文时间和场合也不严格规定。“收”就是在教师的指导下按照规定的顺序和方法，严格地进行作文训练。如北京景山学校就是这样做的。先放后收就是先解决“写什么”的问题，后解决“怎样写”的问题；先激发写作的兴趣，后掌握写作的规律，这基本上符合学生习作的心理规律。

5. 从分到合

从分到合即把文章结构单位和文体的技能训练先分解成一个一个的单项，然后按“从部分到整体”的规律进行训练。

二、遵循知能转换规律建构写作能力培养程序

写作能力，是指能自动化地运用各种书面言语方式撰写文章的能力。按照心理科学对技能的分类，写作虽然也包含书写这一动作技能，但本质上它是一种综合性的智力技能。智力技能的培养需要经历由知到能的心理转换过程，即智力技能的形成和发展是以掌握知识为基础的，因此，培养写作能力就应当遵循知能转换的规律。前人的写作实践及其理论概括为后人学习写作提供了大量感性和理性的写作知识，现代语文教学应当充分利用这些知识，按照知能转换的规律建立“感悟—明理—尝试—转换”的写作训练程序，引导学生由知而能地形成和发展写作能力。

（一）引导学生从课文中感悟写作知识

书面言语是作者将自己的所见、所闻、所感、所想写成文字以呈现给他人的过程。从内部语言转换为外部语言的主要心理活动是思维。写作过程中的思维活动不仅指向作者想要表达的事物，同时也指向作者希望表达得令读者更易接受的方法。所以，语文教科书中的课文就不仅向学生呈现了思想内容，而且也向学生展示了写作手法或者说写作手法的运用。例如：毕淑敏的《我很重要》不仅呈现了作者对个体生命的价值和意义的思考、对社会僵化思想的不满、对个体生命价值的尊重，而且展示了先抑后扬以及理性分析和情感渲染相结合的写作手法；《北大是我美丽羞涩的梦》不仅向学生呈现了一个高中生面对成功、面对实现自己理想时的内心感受，而且也向学生展示了“自述散文”的写作方式。实际上，从教科书编写的角度说，健康向上的思想内容与恰当有效的写作手法也正是课文选择时的重要取向。所以，语文教学应当注意引导学生从课文阅读中感悟写作的知识。

客观地说，课文只是为学生获取写作知识提供了一个信道，而怎样使学生从课文中取得这些知识，才是语文教学能否积极、有效地影响学生写作能力形成和发展的关键。在以教师分析课文为主的讲授式教学中，学生得到的只不过是一些写作方法上的名词：那些诸如“间接描写”、“情景交融”、“夹叙夹议”、“直抒胸臆”、“层层推进”等之类的写作术语，只不过是教师硬贴到学生脑门上的标签而已。这些术语充其量只会在学生面对那些封闭型的客观试题时才被想起，而在作文时，能自觉地想到并运用这些

方法的学生恐怕实在是难得一见。所以，语文教学应当彻底废除那种由教师去讲解课文写作特点的做法，而应遵循人类获取知识的基本思维方式——观察发现——去引导学生从课文提供的言语现象中自觉地丰富写作表象，认知写作知识。规律出自于众多的同一与反复之中，学生可以从大量的课文阅读中感受写作的“门道”，领悟写作的“诀窍”。无论是发现学习还是同化学习，自觉的知识都能有效地改变学习者的认知结构，如果能让学生从文章现象中感悟到写作的知识，就能有效地促进其写作知能的转化。

（二）引导学生从知识短文中掌握写作理论

如果说课文只是给学生提供了写作表象和感性知识的话，那么，语文教学就应当引导学生利用语文教科书中提供的知识短文或其他相关资料，将对写作的感性认识上升到理性认识，因为只有对写作有理性认识才能更好地引发写作行为的质的变化。

我国现行的中学语文教科书，大都围绕着课文系统编写了一些跟课文的知识特点相关的短文（或“文话”）。例如，过去人民教育出版社出版的语文教科书中有“记叙的顺序”、“说明的方法”、“观点与材料的联系”等，现在广东教育出版社出版的语文教科书中有“叙述纵横求变化（注：关于叙述的技巧）”、“浓妆淡抹总相宜（注：关于描写的知识）”、“评事论理表见解（注：关于议论文的写作）”等。这些短文，主要是为构成教科书的知识系统而设置的，也就是说，是为学生形成清晰的理论认识服务的。

然而，语文教学中仍存在着不重视知识短文学习的现象。如有的老师随意处理这些短文的内容和教学时机，有的老师甚至旁搁这些短文，这是很不应该的。客观上，这些知识短文既有知识功能，也有助读作用。如果教师引导学生在阅读课文时参考这些短文，其功能就主要是帮助理解课文，而当教师利用这些短文来引导学生掌握知识时，其功能就主要是提升学生的理论认知水平。其实，这些短文主要是作为教科书的知识载体而设置的。所以，只有正确理解这些知识短文的功能属性，将其纳入教学内容的范畴，在通过课文学习丰富学生言语表象的基础上，引导学生认真学习这些短文，才能帮助学生将作为书面言语策略的写作知识提升到理性认识水平，融入其认知结构，为其写作能力的发展打下基础。

（三）引导学生在习作中进行知能结合尝试

写作知识的掌握并不是写作教学的终极目标，而只是写作能力培养的必要渠道。现代语文学习中，有效的写作能力培养不能指望对范文的简单模仿，也不能局限于教师个性的评价导向，而应当谋求在运用写作知识中掌握写作策略，进而形成创造性的写作素养。所以，作文教学不应跟写作知识相脱离。

要改变写作知识教学与学生习作训练相脱离的现状，首先应将写作知识纳入作文教学的范畴，在学生习作过程中贯穿写作知识的运用。在语文教学中，写作知识的教学大多局限于阅读教学时对课文写作特点的分析概括。理论上，阅读教学当然也有语文基础知识包括写作知识的教学任务，教师们也知道“读写结合”、“以读带写”的必要性，但实际上，由于文本解读的复杂性以及“策略学习”意识的淡薄，阅读教学的大量时间被用于对课文内容的分析和概括，而对写作特点的教学，无论是在教学内容还是教学用时的处理上都是被忽略的，更何况，这样的写作特点教学，我们还很难把它界定为写作知识的教学。而与此相应的作文教学则是以“练”为主的，教师有限的指导也大多指向“写什么”，特别是面对现时流行而内容宽泛的话题作文，选材问题更是几乎成了唯一的指导内容。我们应当知道，这样的教学已经导致了学生作文能力形成发展中的一个断层，即学生缺乏对写作知识的理性学习，而直接从阅读课文时获得的写作表象进入了写作过程。这样的写作训练，充其量也不过是一种对于间接经验的简单模仿，要想转换为写作知能是极其困难的。

写作能力的培养要求我们把作文教学变为知能结合的尝试过程。配合习作任务进行写作理论的学习，或配合写作理论的学习布置习作任务，这是将写作知识的教学纳入作文教学的必要而有效的方法。将写作知识的运用作为习作评价的标准之一，也是推动学生写作知能转换的必须而有效的手段。由此形成的作文教学，能有效地增强学生的写作策略意识，为他们消化写作知识，形成和发展作文能力搭建了一座通畅的桥梁。

（四）引导学生在综合实践活动中完成知能转换

语文课堂教学中的习作训练，只是对写作知识的一种有意尝试。从心理发展的过程看，写作能力的最终形成，应当是在写作知识的运用达到了自动化程度的时候，此时，写作知识的运用已经进入无意注意的状态。语文教学应当引导学生超越课堂训练的局限，在更接近于实际生活需要的学习情境中逐渐淡化写作过程中的写作概念活动，强化写作过程中的行为操作方式，以实现写作的知能转换，形成写作素养。

在现时语文课程的结构中，语文综合实践活动可以说是最为接近生活实际的一个板块。因为，语文综合实践活动不仅突破了其他诸如阅读、写作、口语交际等学习领域的相对单一性，能够较全面地调动并整合学生各方面的素养，为写作能力的形成和发展提供更为厚实的基础，而且语文综合实践活动也突破了课堂训练的封闭性，促进了学生写作能力的形成和发展，向生活拓展了学习空间，使学生能够将写作知识、写作技能与实际生活的需要结合起来，在社会价值取向的引领下提高写作的自觉性。

在语文综合实践活动中培养写作能力，教师首先要布置并指导好活动各环节的写作任务，如活动方案、活动中的文字记录、活动后的文字成果等。教师设计这些任务时要将写作知识、写作方法、文本形式等考虑在内，以保证对写作知能转换的有意推动。其次，教师要重视在活动过程中培养学生的写作心理和写作技术。写作心理方面主要是写作动机、写作自信、写作态度等非智力因素和观察、分析、概括、推理等智力因素；写作技术则主要是指写作资料的收集和处理以及写作方法和方式的灵活运用。写作心理和写作技术的成熟是写作知能转换的必要条件。再次，教师应鼓励学生公开发表自己的文字成果，因为发表前的欲望和发表后的成功感都有助于学生主动地收获经验，而不断积累的经验又会生成写作知能，实现写作知能的最终转换，成为写作素养。

总而言之，现代写作能力是一种心智技能，其培养就必须经历一个由知而能的过程。作文教学的任务，就是要根据知能转换的规律，利用课程及教材提供的条件，建立合理的教学程序，使写作理论融入学生的写作实践中，变为学生的写作素养。

第四节 一次作文教学的过程和课型

一、一次作文教学的过程

一次作文教学的过程，从教师教的方面来说，有命题、指导、批改、讲评四个环节；从学生学的方面来说，则有审题、构思、起草、修改誊清四个环节。把教与学结合起来，就构成了一次作文教学的全过程。下面从教师教学的角度，阐述一次作文教学的过程：

（一）命题

命题即教师确定学生训练的作文题。命题是作文教学的最初环节，具有定向的意义。命题既要符合教学大纲的要求与教学计划的需要，又要联系学生的实际，并能引起他们的兴趣。可见命题恰当与否，直接影响到作文的质量和教学目标的达成。

命题的方式有直接命题和间接命题。直接命题就是由教师直接确定作文题，要求学生按题作文，不能走题、偏题。直接命题的具体方式有：①全命题，即命题完整，如“我的爸爸”、“谈勤奋”；②半命题，即提供一个不完整的标题，然后让学生根据自己的作文需要补足标题，如“当________的时候”、“我心目中的________（同学、朋友、父母等）”。半命题作文的自由度比全命题大一些，学生可以有更多的发挥。间接命题就是不直接提出作文题，而是提供相关材料或范围、要求，由学生自行拟题作文。间接命题的常见方式有提供文字材料、提供图片、缩写、扩写、改写等。间接命题比直接命题更能激起学生的想象和思考，提高学生的写作兴趣。

（二）指导

作文指导是整个作文教学的重要环节。教师要以认真负责的态度，做好作文指导工作，使学生顺利地完成写作过程。

作文指导有广义和狭义之分。广义的作文指导指的是语文教学中的对学生写作有帮助的一切指点。例如，讲读课文时，通过对范文写作特点的分析来指导作文；以作文批改时的圈点、评注、增删等来指导作文；结合课外的阅读来观察指导作文等。狭义的作文指导是指命题之后写作之前针对具体写作内容所作的指导。这是学生写好作文的关键。

作文指导至少要有以下内容：

1. 使学生明确作文的目的要求

目的要求越明确，效果越显著。学生每次的作文训练，都是整个作文训练计划中的一个组成部分。每次作文都有特定的目的要求，一定要让学生了解本次作文在整个作文训练中所占的位置，以及进行本次训练的意义，这样有助于他们积极主动地完成练习。

2. 指导学生审题

审题就是搞清楚题目的含义和要求，并以此弄清选材和行文的角度。

如果对题目不够理解就贸然下笔，则容易犯“下笔千言，离题万里”的毛病。无论是直接命题还是间接命题的作文，都必须搞清楚题目的含义和要求，领会命题的意图。指导学生审题，要做好四方面的事情：第一是审清内容。审清题目对内容的要求，弄清写作的对象是人，是物，还是理。第二是辨明体裁，即弄清题目要求的体裁。一般来说，凡是文题中有“谈”、“评”、“论”“……的启示”、“从……说起”等字眼都是议论文；题目中有“忆”、“记”“访”等字眼的都是记叙文；有“颂”、“赞”等字眼的都是抒情文。但并不是所有的题目都有提示体裁的字眼，如果没有这些字眼，判定文体就要靠题目之外的说明；没有说明，那就可以写成任何一种文体。第三是明确题材范围。题材范围包括对象范围、时间范围、空间范围、数量范围等。大多数题目对题材范围都有限定。第四是决定行文角度。这就是用第几人称来写的问题。一般来说，记叙文、抒情散文常用第一、三人称；议论文常用第一人称；说明文多为第三人称。如果题目中确定了人称，就用确定的人称，否则可以自己根据题材的内容、体裁的特点和主题的需要选定合适的人称。

审题的具体方法很多；常用的有分析题目的语言结构、补充题目所缺的内容、联想类比题目的内容等。这些方法适用于不同的题目。例如，“我的第一个带路人”可以用分析语言结构的方法，这个作文题是多重偏正结构，中心词既限定了写作的中心人物（带路人），又限定了文章的体裁（写人的记叙文）。中心词的三个定语，限定了中心人物和“我”的关系以及时间、空间和数量范围。对于作文题目中没有限定的内容，如“带路人是谁”、是在思想方面还是学习方面“带路”等问题就可以由作者自由发挥。再如题目是“习惯”，只有一个词。这就要用补充法，作者可以根据个人的生活经验和知识水平，来确定文体和内容。这个题目既可以写成议论文，如“养成良好习惯对学习的重要性”，也可以写成记叙文，如“我在学习上有个好习惯”。对于象征、比喻类性质的题目，在指导审题时，要引导学生运用联想类比法，启发学生理解题目中词语所反映的事物的本质、特征，明确题目的字面意思，并将其与自己经历的某些事件联系起来，进而体会出人为赋予的、不是这个词语所固有的意义。由于赋予的意义不同，题目的范围和要求也就不同。如“路”，可以写科学家科学探索的道路，也可以写开创前所未有的路，还可以写红军二万五千里征途。

3. 指导学生立意

立意与审题是紧密联系着的，立意就是根据题目的要求确立文章的中心思想。立意的要求有三点：正确、深刻、新颖。如果中心错误或立意肤浅，文章就没有什么价值。必须指导学生以正确的思想和方法去认识周围事物，才能发掘出事物的本质意义。

立意常用的两种方法有：一是以小见大法，通过具体的、平凡的事物反映深刻的、不平凡的道理。有的作文题目本来就很平常，只要求写某个人的某件事。写这类作文需要引导学生通过细小的事件表现崇高的主题。以小见大并不是任意拔高，要注意防止空发议论，说大话、假话、空话。二是多角度立意法，鼓励学生开阔视野，发展求异思维，突破旧有框框，大胆表达自己对生活事物的看法和体会，从不同侧面探索事物规律，做到立意独特，别开生面。

4. 指导学生选材

确立了明确的、集中的、有积极意义的中心思想之后，就要围绕这个中心对材料进行选择和取舍。如何选择材料呢？首先要紧紧围绕主题，为表现主题服务。凡是不能表现主题的材料要毫不吝惜地舍弃。其次，要选最有说服力的材料。不是“捡到篮子里的都是菜”，应对现有的能表现中心的材料加以比较，从中选出最有说服力的材料。再次，材料要真实。最后，材料要新颖、有特色、引人注目。

5. 指导学生构思

上述准备工作做好后，就可进入构思阶段。构思就是打腹稿，在头脑里整理材料，把文章的轮廓想好。指导学生构思要帮助学生解决以下四个问题：一是写作顺序问题。即先写什么，后写什么；按照事情发展的顺序，按照空间顺序，还是按照逻辑顺序。二是详略的处理问题。即什么内容详写，什么内容略写。能突出中心思想的要详写，否则要略写。三是段落、层次过渡问题。文章是由段落、层次构成的，段落、层次之间要有衔接，否则显得意思突兀。四是处理好开头和结尾的问题。

（三）批改

作文批改包括批和改两个方面。批就是对学生的作文进行评论和说明，改就是对作文的有关部分作必要的增补、删减、调整和修正。作文批改是作文指导的继续和深化，是对作文指导效果的检查和鉴定。教师要根据本次作文的目的和要求，对学生的作文进行批改，指出学生作文的进步之处和存在的问题，并评定作文的成绩。

1. 批

批有眉批和总批两种。眉批也叫旁批，就是对作文的某一方面进行点评，着重解决个别和局部的问题；总批也叫总评，就是对整篇作文的优缺点作总的评价，并给学生指出今后努力的方向。眉批要有启发性，总批要有针对性。批语要写得具体、简明、准确、实事求是。

2. 改

改包括增、删、调、换等。增指增加必要的字、词、句、段，使文章连贯、周密；删，指删去多余的字、词、句、段，使文章生动、简明；调指调动字、词、句、段的顺序，使文章通顺、合理；换指改换字、词、句、段的内容，使文章确切、生动。

作文批改的内容与方法见本章后“教学技能：作文批改”。

（四）讲评

讲评就是对学生作文中的优缺点和普遍存在的问题进行分析、归纳。

讲评是批改的继续和发展，是作文教学的总结和提高阶段，对于学生在以后的作文中发扬优点、克服缺点、增强能力、提高信心具有重要作用。

讲评有以下三点要求：一是既要注意思想内容，又要注意语言表达方式；二是既要考虑本次指导要求的重点，又要结合实际问题，集中解决一两个带有普遍性的问题；三是坚持正面教育，要多给予热情的鼓励和表扬，批评则要慎重，以免影响到学生的自尊心和作文的积极性。

讲评的一般步骤是：第一，积累讲评资料。在批改学生作文时，教师要随时记下作文的有关情况，如主要优缺点、典型的例子、某种有倾向性的问题等，为讲评准备好资料。第二，上好讲评课。第三，引导学生写好作文后记。为使学生认真体会、消化作文批改、讲评的内容，可要求学生写出自己对批改、讲评的看法，小结这次作文的得失和经验教训，提出今后的打算。

二、作文教学的主要课型

（一）作文指导课

作文指导课是作文教学重要的形式之一。由于学生处在学习写作的阶段，作文时还存在许多困难，在不知道为什么写、写什么、怎么写的时候，迫切需要教师的指导；在思考最紧张、注意力最集中的时候，也需要得到老师的指导，此时留下的印象最深刻，也最容易心领神会。教师通过恰当的作文指导，可以让学生觉得有话可说、有法可循，从而大大调动起他们作文的积极性，有效地培养他们作文的兴趣。

作文指导课的具体做法有四种：

1. 范文指导法

范文指导法即利用刚刚学习过的范文为例子，指导学生仿写。语文教材中的课文，大都是有定论的名家名篇。教师利用名家名篇，引导学生领悟其中写作的奥妙，在作文时借鉴其写法，逐步学会作文。

2. 情景指导法

情景指导法即在作文前，教师给学生创设写作的情景、气氛，激起学生写作的热情，进入作文状态。该法要求教师首先要给学生树立“假想读者”，让他们搞清楚文章是写给谁看的，然后精心设计一段导语，以创设一种诱发学生写作动机的情景、气氛，引导学生进入角色。

3. 讲评指导法

讲评指导法即结合作文讲评进行指导。即运用前次学生的作文，指导这次作文。这种指导能紧密结合学生作文实际，针对性强，有利于及时提醒学生改正作文中的毛病。

4. 教师示范指导法

教师示范指导法即教师在确定题目后，自己先写一篇，通过亲身实践，更准确地发现作文的难点，便于有针对性地指导，也便于学生克服作文的畏难情绪。

虽然作文指导课的做法不一，但其基本结构是一致的：①布置写作任务；②交代训练目的和要求；③复习相关写作知识或者提供范文；④启发谈话（或创设情景），激起写作兴趣，打开学生思路。

（二）作文讲评课

作文讲评课是教师在课堂上按照作文教学计划和本次作文训练的要求，针对学生的习作情况所作的讲析、评议。它是写作教学的又一个重要环节，与作文指导、作文批改共同构成作文教学的全过程。作文讲评课，是对学生写作实践全面检查分析之后的总结，也是一次再指导。

作文讲评课要发挥多种功能作用，提高讲评效率，让学生多方面受益。因此，作文讲评不能就文论文，停留在某次训练本身上；要就文论理，从具体材料上升到写作规律上来认识。作文讲评也不能光拘泥于对文字表达的评价，要注意开拓学生的思路，发展学生的观察力、思考力、想象力和记忆力。作文讲评还不应局限于文章本身，应包括对学生的写作态度、写作习惯、文德文风的评价。作文讲评应是对学生在写作方面的经验、认识、技能和行为的综合指导和评价。

讲评课的具体样式有以下四种：

1. 专题讲评课

专题讲评课即根据作文计划中的专题或者学生作文里集中出现的主要问题进行的讲析和评议。进行专题讲评时，可先概述本次作文总的情况，并作出总评价。然后，再就准备的专题，结合有关语文知识，以范文或学生的习作为例证，进行理论联系实际的讲析，以使他们对问题有比较系统、深入的领会。最后，还可以布置一些专门的练习，以巩固、消化知识，锻炼运用知识的能力。

2. 佳作讲评课

佳作讲评课即根据作文教学计划和本次作文训练的具体要求，选出好的习作进行讲评，以起到示范作用。进行佳作讲评时，选出的作文可以是最好的，也可以是某个方面写得好的，也可以是进步明显的作文。如有可能，可以事先将作文印发，以利于学生仔细分析及全班讨论、评议。有时还可以约请这些作文的小作者们向全班介绍写作的过程和体会。

3. 对比讲评课

对比讲评课即把学生的好文章同差文章、把学生作文同课文或例文、把原稿同修改稿作对比进行讲评。运用对比讲评可使学生从比较中进行鉴别，从鉴别中进一步分析产生优劣的原因，从而找出差距，激发写好作文的进取心。由于这种讲评运用的是具体的材料，学生易于接受，也会印象深刻。对比讲评要注意慎重选择对比的材料，尤其在选用差的习作时，切不可伤害学生的自尊心，要保护学生写作的积极性。

4. 综合讲评课

综合讲评课即对全班学生作文的优缺点以及暴露出来的问题进行分类归纳后而进行的综合评议。对作文进行全面的分析评议，既要评议内容方面的中心思想和情感倾向等问题，也要评议文章形式方面的结构、语言、表达等问题，还要注意一般与重点的关系，做到有主有次、有详有略，不能泛泛而谈、面面俱到、平均用力。

讲评课常见的结构为：①回顾本次作文的目标要求；②简要总结本次作文的情况；③专题讲评（或佳作讲评，或对比讲评，或综合讲评）；④教师总结，针对存在问题作出评议，进一步强调训练应注意的问题；⑤学生总结，修改自己的作文或写作文后记。

第五节 中学作文教学的备课

一、作文教学备课的内容

（一）明确作文教学的基本要求

这项工作是在研究语文教学的纲领性文件中完成的。要从中明确语文课的目标和任务，并在此基础上，重点研究作文教学的具体目标和要求，以确定作文训练的内容、形式、次数、进度等。

（二）研究语文课本

语文课本是教师作文备课时要重点研究的材料之一，因为我国现行中学语文课本多把阅读训练和写作训练的内容结合起来编写，以利用两者的相互促进和合力作用。只有深入研究课本，切实把握课本内容，才有可能使作文教学与阅读教学紧密结合起来，使学生在阅读教学中学到的知识技能能够有效地迁移到作文的学习中来，从而提高作文教学的质量。

（三）了解学生的作文水平

首先，看看学生总的情况。例如，语文基础知识和基本技能的现状怎样，观察力、记忆力、思维力、想象力等素质如何，对作文的目的、态度、习惯以及兴趣、爱好、情感、意志等心理品质良好与否。其次，了解其写作的具体情况。例如，写过哪些文章，写作技法的运用水平如何，哪些技法训练过、哪些技法没有，哪些同学在某种技法的运用上尚有困难。

（四）制订作文教学计划

作文教学计划是克服作文教学盲目性和随意性，提高作文教学质量的重要举措。

1. 制订作文计划的要求

（1）要提出明确的教学目标。目标是制订计划首先要明确的内容。作文教学的目标决定着作文训练内容的确定、作文训练方法的选择以及作文教学进程的安排。

（2）要具体规定训练的内容和形式以及指导重点。

（3）要系统、科学、切实可行。制订作文教学计划要考虑到学生写作能力的发展规律。一般来说，学生写作能力的发展遵循着从简单到复杂、从模仿到创造，循序渐进、逐步提高的规律。根据这一点，计划要体现出阶段性和连续性，另外还要体现训练的难度、次数等要求。

2. 作文教学计划的常见形式

（1）学期作文教学计划。学期作文教学计划是指一学期作文训练的安排。它是由语文教研组或年级备课组全体教师根据课程总体要求和学生实际等情况讨论制订的。

学期作文教学计划通常采用表格式。如下表所示（内容省略）：

周次	课时	训练目标	作文方式	指导要点	备注

上表所示的格式能够比较清楚地反映一个学期作文教学的目标、内容及进程。

（2）学时作文教学计划。这是为一次作文训练编制的指导方案，即作文教案，包括作文指导课和作文讲评课的教案。编写作文教案是作文备课的最后一道工序。教师备课自然要作一番思考、研究，思考、研究的成果以书面文字加以固化，有利于课堂教学活动的顺利开展，保证教学质量和教学效率。

二、作文课的教案编写

在作文教学中，作文指导课和作文讲评课都应当编写教案。

（一）作文指导课的教案编写

作文指导课教案包括以下四项内容：

1. 目标

作文目标通常包含知识掌握的目标、能力发展的目标、人格教育的目标。确定一次作文训练的目标仍然要依据语文课程的总目标、作文教学的总要求、作文训练的内容、学生的作文水平及教学环境等实际因素。确定的训练目标要具体、明确、可操作性强。

2. 重点、难点

重点，就是通过训练，学生必须掌握的知识和技能。难点，是指训练中学生通常难以把握和不易达成的内容。难点是因学生个体的水平高低而定的，不同层次的学生有不同层次的难点。如何确定重点难点呢？首先要看本次训练在整个训练体系的地位，其次要考虑大多数学生的实际需要和不同层次学生之间的差异。

3. 程序

训练程序包括训练过程中的各个环节及其过渡与衔接，它以训练指导的内容作为主体，还包括训练方法、训练手段、师生活动以及训练时间的分配等内容。设计训练程序要依据训练目标和训练重点、难点。作文指导方式可以多样化：既可以是内容方面的，也可以是形式方面的；既可以是全面的，也可以是局部的。

4. 训练后记

这是在作文训练结束后写的，是对整个训练过程作出的总结评价和改进与提高的意见，可作为以后的借鉴。

（二）作文讲评课的教案编写

作文讲评课教案的内容包括：

1. 目的

阐述讲评的目的，主要是明确讲评要使学生明白什么、做到什么。

2. 内容

讲评课的内容，一般包括：作文完成的基本情况；突出进步与典型问题的分析；努力的方向以及引导学生理解批语并修改习作。此外还可结合习作实际，复习相关的写作知识和鉴赏范文等。

3. 步骤

将上述讲评内容按步骤、方法等进行程序安排。

思考题

1. 写作能力包括哪些内容？
2. 作文教学的内容有哪些？
3. 良好的写作心理有哪些表现？
4. 中学作文训练有哪些方式？
5. 话题作文和命题作文有哪些区别？
6. 作文训练有哪些序列？
7. 作文教学的过程与课型是怎样的？

【教学技能】

作文批改

作文批改的内容有：①批改内容，看看中心是否正确、清楚、突出；感情是否真实、真诚；表现中心思想的材料是否真实、典型，等等。②批改结构，看看开头、结尾安排得怎么样，过渡、照应怎么样；段落安排得怎么样；层次是否清楚；结构是否完整，等等。③批改语言文字，看看语句是否通顺，词语是否恰当；标点符号是否正确；行文格式是否符合规范，等等。

作文批改的常用方法有：①全批全改。对全班作文全部进行批改。学期开始，或者刚接手一个班时，应该用这种方法，可以了解全班学生的写作水平、写作态度等基本情况，便于有的放矢地对学生进行作文指导。学年结束时，利用全批全改，可以具体了解学生的写作所取得的进步和尚存在的不足。但这种方法教师的工作量太大，也难以保证质量。②部分批改。即一次作文只批改其中的一部分，下次批改另一部分，以此类推，轮流进行。还可以从全班同学的作文中选择一两篇特点突出的，对其从内容到形式进行精批细改，然后将原文及教师的批语印发给学生，以启发学生自改作文。③当面批改。叶圣陶先生特别倡导当面批改方法，他认为当面批改是批改作文效果最好的方法，“当面批改可以提起笔来就改，也可以跟学生同念文稿，遇到要改的地方就停住，向学生提出问题”，启发学生思考。但这种方法很费时。④学生批改。这种方法比较灵活，可以让学生分成若干学习小组，互相批改各组作文；可以选出一两篇有代表性的作文，组织学生集中批改；还可以让学生自批自改，培养他们自改文章的能力。

作文批改有约定俗成的符号，利用符号批改作文既省笔墨又清晰明了。常见的符号有：

（1）增补号：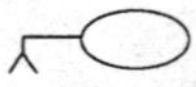，表示增删或补充。

（2）删除号：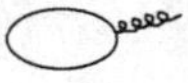，表示删除多余之处。

（3）对调号： 或 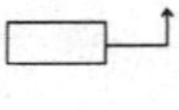，表示前后或上下对调。

（4）复原号：△△△，表示保留删改之处。

（5）另起行号：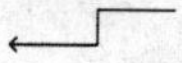，表示另起一段或分行。

（6）紧接号：，表示下文应紧接上文。

（7）后移号：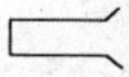，表示此处文字应向后移。

（8）嘉赞号：  或 ，表示这里的文字应以赞扬。

（9）考虑号：——或？，表示上面的文字有问题，提出疑问。

（10）错别字号：×，表示此处的字写错了。

第八章

中学的口语交际训练

口语交际训练是中学语文教学的重要组成部分。能听会说是人类运用语言进行社会交流的最基本能力，在现代信息社会中更是不可或缺的基本素养。培养中学生具有良好的口语交际能力，既是社会发展的需要，也是他们自身发展的需要。口语交际训练对于发展学生的智力，促进他们的读写能力，使其语文素养得到协调发展，具有十分重要的作用。

与其他语文教学活动一样，口语交际训练也有其鲜明的特点。中学语文教学必须根据它的特点，有的放矢地组织学生进行实践，才能收到更为显著的效果。口语交际训练具有很强的技能性、技巧性，要进行反复的实践。为此，要想实现中学语文口语交际训练的目标，就得认真探讨科学的训练方法，制订出切实可行的训练方案。

第一节　中学口语交际训练的意义和任务

随着时代的发展，口语交际在人们交往中的作用显得越来越重要；社会交往的频繁，生活节奏的加快，都对人的口语交际能力提出了很高的要求。如果一个人听到别人的话而不能迅速作出反应，或不能把话说得准确、明晰、简洁，就势必会在现代生活中处处碰壁。为此，中学语文教学要适应时代的需求，培养适应新世纪要求的人才，必须加强口语交际训练，提高学生运用口头语言的能力。

一、中学口语交际训练的意义

（一）从中学生的年龄阶段看

12～18岁这个年龄段，正是人生中训听力、学说话、练口才的黄金时期和关键时期。因为这一时期的学生比少年时期知识增多了，感情丰富了，思维能力的提高速度加快了，尤其是独立的意识和遇事想要表达自己见解的愿望大大增强了；这一时期的学生性格尚未完全定型，可塑性很强；这一时期的学生依然较天真，在说话和交际方面没有成人那种复杂的心理障碍；这一时期的学生正在长身体，全部器官的发育正在加速，但尚未完全成熟，因而听力特别灵敏、分辨度极强，舌头不硬、嘴巴不僵，纠正听说中的各种毛病较为容易。所以，抓紧这一时期向他们进行规范的、严格的口语交际训练，有助于他们学会运用口语，学会与人交往，实现自我价值。这对他们一生的发展将产生巨大而深远的影响。

（二）从学生发展的角度看

进行口语交际训练是学会生存、发展的需要。在日常生活和学习中，听与说的使用频率是极高的。国外有关学者曾经作过统计，结果是：听占45%，说占30%，读占16%，而写仅占9%。在国外，口语交际能力的培养一直受到社会的高度重视，就说话而言，从古代的埃及、巴比伦、希腊、罗马，到现在的欧美各国，一再把“讲演”作为一个重要的学问来看待。据有关资料介绍，美国在第二次世界大战时把原子、金钱、演讲列为三大战略武器。今天，他们仍把舌头、美元、电脑当作最重要的战略武器。把说话能力列在战略高度的首位，其重视程度便可想而知了。现在，人类社会又发展到了高社交化、高效率化、高信息化的时代，我们的青少年正在面临现代化社会生活的严峻挑战，如果我们的语文教学只重视培养学生的读写能力而不重视提高学生的口语交际能力，那么，我们的学生就会成为现代社会交往中的聋子和哑巴，成为不会与人沟通、不能跟人合作的人。

（三）从开发智力的角度看

培养学生良好的口语交际能力是开发他们智力的强有力手段。作为口语交际中的两种基本活动，听与说都是十分复杂的生理和心理活动过程。听话人凭借听觉分析器接收到有声信息，并通过思维加以理解、筛选强化，故听说时须将说话人的外部语言（有声语言）迅速转化成自己的内部语言（思维），才能实现听知；听的活动往往是瞬时的，因而要求听话者具有快速的语言编码能力、准确使用概念的能力、严密的判断推理能力、丰富的想象能力等。可见这是一个十分紧张的心理过程。人们都承认这种事实：语言的准确性体现了思维的敏捷性和周密性，语言的条理性体现了思维的明确性和连贯性，语言的流畅性体现了思维的逻辑性和严谨性，语言的生动性体现了思维的灵活性和形象性。现实中也不乏这样的例证：一个听知能力强、能言善辩的人往往头脑灵活、反应敏捷、学习成绩较好，而那些鼓捣半天也听不懂一句话，嗫嚅许久也说不出一个连贯句子的人往往智力较低或成绩较差。

所以说，加强口语交际训练，也可以十分有效地锻炼学生敏锐的观察力、专一的注意力、快速的记忆力、敏捷的反应力和丰富的联想力、想象力。

二、中学口语交际训练的任务

《全日制义务教育语文课程标准（实验稿）》在课程总目标中指出，语文课程要使学生“具有日常口语交际的基本能力，在各种交际活动中，学会倾听、表达与交流，初步学会文明地进行人际沟通和社会交往，发展合作精神”，并在课程阶段目标中对初中口语交际教学提出了具体要求。中学口语交际训练的任务应当根据这些目标去确立。

口语交际中，听是信息输入，是将外部语言（有声语言）转化为内部语言（思维）的过程；说是信息输出，是将内部语言（思维）转化为外部语言（有声语言）的过程，故两者是有区别的。下面为了方便需要将听与说分开来阐述。

（一）口语交际态度和习惯的培养

1. 听话态度和习惯的培养

听话态度的培养主要表现在两方面：第一是谦虚。听话要礼貌待人，尊重他人的劳动成果。对方说话，就是将其思考的过程和结果用言语传递出来，这是需要经过一番复杂的脑力劳动的。只有从心里尊敬对方，珍惜别人的劳动，才能听得进对方说的话。同时要认识到听别人说话是一种最直接的学习行为，是接受信息、增长知识的捷径。第二是积极。听话要善于使用大脑。谦虚地听话并不等于被动地接受，听话时大脑也不能只起“录音机”的作用。应把大脑当作“检测器”，要自觉地用客观标准去评判对方的话语，或者用自己的见解与之比较，寻找差异，还可以推测对方将会说些什么。同时要善于配合和支持对方。当说话人言语中断，但还要继续说下去时，应采取谅解和鼓励的态度。必要时，也可作些提示，让对方顺利地把话说完。

听话习惯的培养应注意下面六点：

第一，认真地听，明宗旨。听别人讲话，要全神贯注，尽力抓住对方表达主旨的关键词语和句子；如果这类词句一下子找不准，就得仔细琢磨一些重要的话语，并反复地推敲。这样，才能把握其主旨。养成这种琢磨、推敲的习惯，才算具备了听的一般能力。

第二，冷静地听，辨是非。听别人说话、与别人聊天，碰到的是非问题较多，特别是在随意交谈时，更会暴露出许多模糊的甚至是错误的认识。如果听的时候不动脑筋或头脑不冷静，感情用事，就会轻易附和，颠倒是非，以讹传讹。因此要把听话的过程当作过滤思想的过程：一边听，一边辨别真假、善恶、美丑。要多一些冷静的思考，少一些轻信；多想些为什么，少一些苟同。养成了这种明辨是非的习惯，认识能力也就能有所提高。

第三，细心地听，记要点。有的人讲话条理清晰，有的人讲话可能会颠三倒四，后者就要求听话人在听的时候要努力捕捉其要点，稍有疏忽，就有可能造成遗漏或误解。所以，听别人讲话，应养成理要点、记要点的习惯，不仅可以全面正确地理解别人的意思，防止断章取义、挂一漏万，而且可以加速双方的思想交流和信息交流，提高学习和工作的效率。

第四，虚心地听，作对照。听别人讲话、与别人交谈，也要虚心谦和，应该以渴求知识的态度向别人学习，在聆听中养成自我对照的习惯，一边听别人讲话，一边找自己的不足。只有养成这种虚心倾听别人讲话的习惯，才能受用终生。这其实也是一种有教养的表现，如果听别人讲话时心不在焉、不以为然，甚至不时打断别人的话头，不仅没有礼貌，而且也失去了向别人学习的良好机会。

第五，耐心地听，重细节。不管别人的讲话是言简意赅还是冗长啰唆，是条理清楚还是颠三倒四，是生动传神还是平淡无味，是浅显易懂还是晦涩艰深，我们都应该耐心地听；即使是细节，也不轻易放过。是叙述性的，要弄清时间、地点及事情的起因、经过和结果；是议论性的，要弄清观点、依据和结论；是说明性的，要弄清性质、特点、原理、方法和注意事项。听别人讲话时不耐烦甚至开小差、做小动作，是一种不良习惯。

第六，用心地听，品滋味。听别人讲话，是一种难得的学习机会，听的时候应做热情求知、品评语言、虚心求教的有心人。要从聆听中学知识、明道理，还要养成品评的习惯，体会语言的滋味，增强自己的感知能力；无论是精辟的、典雅的、朴实的还是通俗的语言，只要我们养成揣摩、体味的习惯，就可以从中学到许多有用的东西，并逐步内化为自己的能力。

2. 说话态度和习惯的培养

说话是主体以有声语言实现人际间的思想交流，以使别人了解自己为目的的活动，因此说话的态度十分重要。对中学生来说，说话态度的培养主要在于诚实有礼貌，积极、主动与自信以及谦虚好学与勤于反思等方面。

第一，说话应诚实有礼貌。“出言以诚”是为人的根本，也是说话训练的道德基础。无论在什么场合，言谈的内容都要实实在在，即从实际出发，实事求是，不虚伪、不油滑、不夸饰。不能为了某种目的去说违背事实、违心的话，不去说自己还未弄明白的话，不信口开河去讲那些假话、大话、空话、废话。以诚实的态度说话，必然包含对听者的尊重，这是养成有礼貌说话习惯的基础和前提。有礼貌地说话，包括称谓上的礼貌、体态上的礼貌，也包括语言本身的诚挚、得体，仪表的大方、自然。这些都是为人修养很重要的内容。

第二，说话应有积极性、主动性与自信心。中学生当众讲话最大的不适表现为紧张、胆怯。造成这种现象的原因有二：一是心理上不想说或不敢说。中学生由于年龄增长开始发育，导致大部分人不愿意在公众场合说话，既害怕说得不好而在同学尤其是异性面前丢脸，又害怕说得太多而被人误认为“好出风头”，干脆“少说为佳”或“沉默是金”。二是思想上不重视。有的学生认为只要不是哑巴都会说话，无师可自通，没有什么可练的；有的则认为语文考试只考笔头不考口头，练不练说话没有关系。针对上述情况，教师要花大力气培养学生健康的发表欲，帮助他们克服自卑、畏难的心理障碍，培养当众讲话的胆量和勇气，使他们想讲话、敢讲话、好讲话、讲好话。

第三，说话应谦虚好学、勤于反思。学习说话，不断提高自己的说话能力是一辈子的事，即使是说话能力较强的人，也要不间断地学习和提高，才能使自己的口头表达更臻完美。在中学阶段，应引导学生从以下两方面入手：一是要善于发现别人说话的各种长处，善于博采众长丰富自己；二是要善于发现自己讲话的毛病、弱点，对症下药，力求不断完善、提高自己的说话能力。

培养良好的说话习惯要注意以下六个方面：

第一，大胆地说，说真话。言为心声，无论是从道德评价的角度看，还是从说话训练的要求来说，说谎的习惯是绝对要不得的。中学生要学会在各种不同场合敢于大胆地发表见解，养成有什么说什么的好习惯，克服该说不说、想说不敢说或撒谎、说话含混等不良习惯。

第二，大方地说，求清晰。无论是个别交谈还是在大庭广众之中发言，态度都要落落大方，吐字要清清楚楚，姿态要沉稳庄重，语调要抑扬顿挫，语气要自然流畅，声音要适度中听。切不可说话时不敢抬头看人，身子站得歪歪斜斜，话语说得吞吞吐吐，声音小得叫人听起来费劲儿。

第三，流畅地说，合规范。要养成说话流畅、自然、合乎规范的习惯，还要注意用词要推敲、句式要选择、顺序要合理。这样，口头表达的水平提高了，也会促进书面语言能力的提高。要教育学生不要养成讲话嘟嘟囔囔或滥用“这个”、“那个”之类的口头禅等不良习惯。

第四，得体地说，看对象。俗话说，“进什么山唱什么歌，见什么人说什么话”。不同的场合有不同的听话对象，要求说话人的语气、用词、态度等都应不同。那种不看对象、不察场合、不分长幼，“千人一面、万部一腔”或乱说一气的坏习惯是要闹笑话甚至坏事的。所以，教师要帮助学生养成分析语言环境、区别说话对象的习惯，力求说话得体、讲究分寸、讲求效果。

第五，连贯地说，有中心。清晰、明白、正确、得体地说上一两句话是不难做到的，如要一气呵成地进行一次发言、演讲，难度就大得多了。因此，教师要培养学生在发言前养成打腹稿的习惯，先说什么，后说什么，列好提纲，打好腹稿，这样说起话来才会有条有理、中心突出、层次分明、明白晓畅。

第六，全面地说，抓重点。训练说话习惯，其实质也是训练思维习惯，训练对具体情况作具体分析的习惯。只有全面辩证地看问题，说话时才能克服片面性。因此，要引导学生养成说话前先排出要点、把握要点的习惯，然后再训练他们按重点、要点侃侃而谈的能力。只有这样，学生说话时的思路才是通畅的，思维才是有条理的，说出来的话才是有板有眼的。

（二）口语交际技巧的训练

1. 听话技巧的训练

听话活动是听话人借助听觉分析器接收语言信息并通过思维加以理解、消化的过程。听话能力，是人对有声语言的感知和理解能力，而不仅仅指听力（听辨力），它往往包含着复杂的智力活动，与听者的知识水平、智力素质、生活阅历、为人修养等有着密切联系。因此，听话能力不是天生的，而完全有赖于后天的培养和训练。一般认为，要提高中学生的听话能力，应着重从辨音识义、理解语意、品评话语等方面入手，对他们进行听话的技巧训练。

第一，训练听知注意力。对听知有意注意的训练是听知能力训练的首要部分，其中主要包括两点：一是注意的稳定性，即持久专注地听人说话不分心；二是注意的分配，即在同一时间内把注意分配到几个不同方面，如边听边思考、边听边记笔记等。

第二，训练听知辨析力。即会分辨话语的语调、节奏、重音、停顿等，这是衡量人能否听懂别人说话的最起码的能力。

第三，训练听知记忆力。这是语音信息的输入、编码、储存、提取的过程，是理解话语的基础。

第四，训练听知理解力。主要指听人讲话时能把握其要点、概括其内容、领悟其本意，尤其是听出弦外之音、言下之意的能力，这是形成听知能力的核心。

第五，训练听知筛选力。即对接收到的语言信息进行去伪存真、去粗取精、归纳整理、把握要点、理清逻辑的综合处理的能力。这是衡量听知能力高低的重要因素。

第六，训练听知品评力。要求能对别人的话及时准确地进行判断并作出评价，进一步达到明是非、辨美丑、分高下、评优劣等目的。这属于听知能力高层次范畴。

第七，训练听知想象力。要求听话时边听边联想、想象，还要进行大胆的推测，以培养思维的广度和灵敏度，培养创新意识。这也属于听知能力的高层次范畴。

2. 说话技巧的训练

说话能力是一种综合能力。一个人的知识储备、文化素养、思想品德涵养、个性心理特征以及观察、记忆、思维、联想、想象力等，都会对人的说话能力产生深刻的影响。说话能力也不是天生的，同样要靠后天的刻苦训练。说话技巧训练应着重抓好以下四个方面：

第一，组织内部语言的技巧。人们说话总要先有个“想头”。要想把话说得系统、连贯，不仅要“先想后说”，说的时候还要不断思索调节。日常交谈也往往是“边想边说”。这“想”，就是内部语言，它产生于大脑神经中枢，所有的信息都要经过它的筛选、分析、综合、推理、联想。内部语言是瞬间形成的，往往来不及对它作完整的构思和仔细的推敲，它常以一种意思的轮廓、框架、信息点、语言点和它们之间形成的线性意向系统的形式在脑中浮现。因此，对中学生组织内部语言能力的训练，实质上就是思维能力的训练。这种训练要强调两点：一是思维的敏捷性，二是思维的广度和周密度。这实际上就是指说话者在话未说出来之前应着重考虑：为什么说，对谁说，说什么，怎样说。这四个问题想得越迅速、越周密，内部语言就组织得越好，表达出来就越完善、越精彩。

第二，快速的语言编码技巧。人们说话时将内部语言转换为外部语言，就是迅速将“意思”扩展开来，按一定语法规则编码组成的语流“喷涌”。这种扩展和编码是神速的，是大脑神经中枢及言语控制中心高速运转迅速编制而成的。当然，要将内部语言顺利地转换为外部语言，需要两个条件：一是说话者要有较丰富的词汇储备，否则编码时就会因一时找不到合适的词而“卡壳”或因词不达意而“表错情”。二是要谙熟语法规则，否则编码出的语流会因不符合语法规则而让别人“丈二金刚摸不着头脑”。因此，要培养中学生的快速编码能力，除了丰富他们的词汇，使他们谙熟语法规则、掌握多种句式变化外，还应让他们学习如何快速选词、组句，根据语境特点与听话人的反馈及时调节说话内容与方式，以及说话时上下联系、左右勾连、前后呼应等。

第三，运用语言表情达意的技巧。有声语言以声波形式将语音传送到听话人的耳鼓，构成言语交际。在这个过程中，语音是极重要的，因为如果发音不准、吐字不清、语调平平、语速不匀、声音过小（或过大）、音质不佳，就会影响到说话人的表情达意，使听话人听不清、听不懂。为此，在中学阶段就要抓好以下方面：坚持使用普通话，说好普通话；吐字发音准确、清晰；掌握一些科学发音知识，懂得一些气息控制和调整的知识；掌握重音、停顿、语调、语速、语流的控制技巧，等等。

第四，提高语音的控制能力。要练就大脑语言中心对语音的控制能力，如大脑指令发这个音，发音器官就准确地发这个音而绝对不会发出另一个音。说话者还应根据说话内容、场景及听话对象的不同，随时调节语言节奏，对音高、音强、音长、音色等都要有较强的控制能力。这种控制能力是说话中语音质量的保证，它能帮助我们克服和矫正语病，纠正说话中的不良习惯，不断提高说话水平。

第二节　中学口语交际训练的特点

口头言语交际是言语交际的一部分，它与言语交际的另一个部分——书面言语交际一样，都是我们生活中不可或缺的重要因素，是人类传情达意和诠释信息的基本活动。但是，由于发生机制、存在条件、使用范围等的不同，口语交际又有着自身的特点。中学口语交际训练必须依据口语交际的特点去进行。

一、实践性

美国语言学家 H . Douglas Brown 教授在《语言教学原理》一书中谈到，使用书面交际和口语交际的区别在于："书面语流的对象是隐形的、间接的，一方不必当场回应另一方，作者不会直接感受到读者的反应，也无法感受到阅读的氛围。文章没有写完可以过段时间再写，一封信没有看完可以放着下次再看。整个过程是单方面的，没有动态的你来我往；口语交际是面对面的交流，涉及的是特定的听说对象，一方要根据另一方的反应作出相应的反应。所以，口语交际是双向的动态的行为过程。"正是由于口语交际是一种双向互动的动态活动，而且这种活动又具有很强的目的性、很明显的意图性和很实用的功利性，所以它必然具有极强的实践性特点。

同时，口语交际训练并不像书面读写教学那样能接触更多的理论知识，它是一种技能技巧性很强的实践活动，人们要想掌握它、运用它，只有经过实践的训练才能成功。因此，中学口语交际训练最忌光讲不练或过分强调理论而忽视技能实践的做法，而应该把“练”贯穿于整个教学的各个环节之中，就好像学游泳、学打球等活动一样，“练”才是最重要的，只有“练”才能出成效、出成果。

二、提高性

口语交际训练的另一个特点是提高性。这是因为对学生进行口语交际训练并不像学习其他知识那样几乎是从零开始，然后循序渐进地进行。中学生已经拥有了较多的口语交际经验，具备了足以应付一般生活需要的口语交际能力，所以，中学阶段的口语交际训练，是在学生原有基础上的进一步提高、规范和发展。忽视学生原有的经验积累和能力基础，硬搞那些“从无到有”式的传授、训练，是忽视学生口语交际能力发展的条件和违背口语交际能力训练的规律的。口语交际训练又是一种思维强度极高的活动，它对人的潜能的深入发展、对人的素质的全面培养具有十分明显的作用。

(一) 提高学生的智力水平

现代社会的高效率化，不仅要求听话人必须具有敏锐的听话反应力、快速的听话接收力和品评话语的能力，还要求说话人思维敏捷、反应快捷、知识渊博、语脉清楚、能言善辩。

同时，口头言语具有一闪即逝的特点，话一出口就成了不容更改的现实，声音也随着消失，它不像书面言语那样可再三斟酌、反复修改或反复领悟。所以，它对智力品质的要求更高、更严。口语交际活动是双向互动的动态过程，故进行这种训练，可以使学生不断修正、完善自己的思维内容和思维方式，在听说过程中集中注意、深入思考、展开联想，培养创造性思维。

（二）提高学生口头表达的能力

口头语言比书面语言更加灵活、简便、自然（短句、省略句、易位句较多，有时还可以重复、补充等），它可借助语言环境，以及语音、语气、语调轻重、间歇的变化和表情、手势等多种手段表达思想感情，有利于发挥声音的特长，使说话人的意图和观点可以比书面语言表达得更加清楚、更加明白。通过口语交际训练，有助于提高学生的口头言语能力。

三、随机性

凡有人群的地方就有语文活动，凡有人类活动必然存在着语文的学习和运用。而其中听与说的活动比读与写的活动更不受限制，所以口头言语广泛的群众性、方便性、灵活性、实用性、随意性的特点更为明显，更能体现语文的社会性和综合性的特点。

（一）课堂教学中的随机性

众所皆知，语文的课堂教学常常是在口语交际活动中进行的，教师输出的信息，学生要靠耳朵来接收；学生在学习中的反馈，往往要靠口头去表达。因此，有经验的教师总是十分重视抓住“教学双边活动”这一规律，随机地、巧妙地组织口语交际。实践证明，往往是这种有目的而又不经意的语文教学活动，更能使学生感兴趣，学习的效率更高。

（二）社会生活中的随机性

听说训练作为一种社会生活技能、技巧的训练，它是无处不在、无时不有的。这里不光指平时的课堂教学、课外活动，也包括广泛的社会实践活动。日常生活、工作、文体活动等都能与口语交际技能的训练密切结合起来，而且人们普遍认为这种结合更具有实用性，内容更为丰富多彩，形式更为生动活泼，更能激起学生的浓厚兴趣和参加欲望，因而收效也会更大。我们应该充分利用机会、形式，扎扎实实、生动活泼地把口语交际训练开展起来。

第三节 常用的口语交际训练方式

口语交际能力是一种综合能力，这种能力的培养和训练有多种途径和方法，是同各种各样的教育教学活动、社会活动结合在一起的。因此，口语交际能力训练就特别能体现出语文教学的综合性和社会性的特点。

口语交际包含听话与说话两种活动，两者是同时发生的两个过程，具有同一性。就训练而言，听话之中，也在学“说”，即听听他人怎么说；说话之时，自己也在“监听”，即通过听话者的反应去内省和反思。因此，自己与他人的听话、说话过程，都是在比较中互相观摩、互相吸收与学习，两者是相互紧密联系的。

以下即从不同角度阐述口语交际活动的训练方式：

一、听话的训练方式

听话训练有着广阔的训练场所，但凡有人说话的场合，都可以用来锻炼听话能力。就语文教学本身而言，可以结合阅读教学、写作教学等进行各种形式的听话训练，也可以专门进行听话训练。

（一）结合阅读教学的听话训练

1. 听记训练

这是一种把听读的材料记录下来的听话能力训练。这种训练的好处有：①培养听话注意力、听话记忆力。②锻炼对内容要义、关键性语句的识别能力，提高信息的筛选能力。③锻炼脑、耳、手三者并用的能力，有益于提高智力品质和快速、准确的书写能力。听记的主要方式有课堂笔记以及课文、广播、录音等的听记。

2. 听问训练

这是和课堂对话特别是提问法、讨论法等相结合的训练活动。听问是一边听一边思考的紧张思维活动，要求集中注意力地听，弄清对方究竟提出的是什么问题，并作出准确判断。听问常用的形式有口问口答和口问笔答两种。

3. 听述训练

听述又叫听后复述，指运用口头语言或文字把听到的材料复述出来的听话技能训练。这种训练的好处是：①强化对信息的记忆和再现，有利于提高听话注意力和听话记忆力。②锻炼整理信息的能力，提高综合思维能力。③锻炼听话和表述的准确性。听述常见的方式有听后详述、听后概述、听后综述等。

（二）结合写作教学的听话训练

1. 听记训练

作文指导中，教师讲述若干写作材料，让学生选用，从中锻炼学生的听记能力。

2. 听改训练

作文修改训练中，教师向学生宣读一篇有毛病的作文，然后让学生指出毛病并提出修改意见。

3. 听评训练

作文讲评中，教师宣读一篇有特色的学生习作，然后组织学生对这篇习作进行评析。

4. 听后感训练

教师讲述或借助有关材料引出话题，然后让学生各抒己见，并写成作文。这类听后感训练，也可在听完故事、现场录音报道、重要新闻报道、作文朗读、音乐作品、影视作品等之后进行，还可以结合调查访问、集体活动进行。听后感训练的关键在于要变被动为主动地听：被动地听，只是听懂了对方讲的是什么；主动地听，就要探究为什么要这样讲以及对方是如何讲的。可见，上述训练不但可培养专注的听话注意力，也可培养边听、边思、边记的良好习惯，对开发学生智力是一种很有价值的训练方式。

（三）口语交际中的听话训练

1. 语音听辨训练

语音听辨训练是指口语交际中对听到的语音进行辨析的技能训练。主要是：①辨音节，分清听到的话语音节，以便建立意义。②辨语调，辨别话语的高低强弱，以便准确把握所听话语的感情基调。③辨语气，辨别话语的快慢节奏，以便正确理解说话者的交往程度。因为音节、语调和语气都关系到对说话者表达内容与情绪的准确理解，继而影响到听话者作出反应的正确性，所以它是口语交际训练中听的一项基本内容。

2. 语义把握训练

语义把握训练是指口语交际中对听到的话语进行语义提取的技能训练。口语交际中，听的重心在于听明白话语的意思，以便作出正确的应对，使对话得以进行下去。依据语义把握的逻辑顺序，训练主要做的是：①明白词义。②理解句意。③领会语段大意。④掌握话语主题和要点。

3. 表情观察训练

人们在说话时，总是伴随着一些姿态语言，用以辅助表达的意思，加强表达的效果。因此，听话训练就要进行表情观察训练。其主要训练内容包括对眼神、表情、手势、姿势等的含义的理解。

4. 动机领悟训练

动机领悟训练是指对说话者的言语动机进行分析领悟的训练，也就是听出言下之意、弦外之音的能力训练。口语交际中，只有切实领悟说话者的真实话意，才能明白他的说话动机；也只有明白他的说话动机，才能使对话越来越投机、越来越默契、越来越有成效。这种训练需要创设一定的交际情景，重点理解特定情境下说话人表达的真正意义。

5. 抗拒干扰训练

口语交际的场合有时会很嘈杂，因而需要训练学生在复杂情况下准确听解和正确反应的能力。如可以故意安排学生在人声鼎沸的操场一角进行交谈，以此训练学生抗拒噪音干扰的能力。

听话训练的方式还有很多，但大多都从上述方式演化而成。此外，由于听话过程与人的观察力、注意力、记忆力、想象力和思维力有着密切联系，所以，选择听话训练方式还要充分考虑这些因素。只要教师在组织听话训练中目标明确、要求严格、形式新颖、生动有趣、指导得法、持之以恒，那么学生的听话水平就能逐步提高，从而更好地与人进行口语交际。

二、说的训练方式

说话训练和听话训练一样，既可结合阅读教学、作文教学和其他语文教学活动有机进行，又可结合生活实践随时随地进行，还可根据需要组织专门的说话训练活动。应该说，它的训练方式是丰富多彩的，训练的时空也是不受限制的，正如语文教学界的老前辈黎锦熙先生说的："话法教学有如水银泻地，无孔不入。"①

（一）结合阅读教学的说话训练

1. 复述

这是一种复杂的语言信息处理、转换过程，它把视觉或听觉感知的语言信息加以理解、加工和储存，再根据要求，将记忆的信息转换为口头语言表述出来。这样，人的言语视觉、言语听觉和言语动觉（说）都能得到很好的锻炼。阅读教学中的复述是结合课文的学习而进行的，复述的方式很多，常见的有：①口头简述，即要求筛选并保留课文中的重要语句，舍去次要材料，浓缩原有材料，旨在锻炼学生的综合概括能力和简要表述复杂事理的能力。②口头摘述，即根据需要从较长的课文中摘出其中某一部分或某类信息，进行详细或简要的复述。这种训练，有利于培养学生快速而准确地筛选和根据需要重新组合信息的能力。训练的形式包括说梗概、说片断、说人物、说特征等。③变角度口述，即要求学生在充分理解课文的基础上，根据需要灵活地变换表述的形式、角度，旨在锻炼学生对同一事物从不同角度进行筛选、表述的能力。常见的训练方式包括变换体裁、变换人称、变换结构、变换语体、变换中心等。④口头评述，即在复述的同时表述自己的体会、见解，或对复述的材料边述、边析、边评。这是一种创造性复述，有一定的难度。⑤扩充式复述，即充实课文原材料的口头表述，旨在锻炼学生的联想、想象能力，也是一种创造性的复述，亦有较大的难度。⑥口头综述，即对课文内容进行归类、比较后，作综合性的复述。这种复述是一种更高层次的创造性活动，有利于培养学生重新组合材料进行复述的能力。

2. 朗读

这是把课文这种诉之于视觉的书面语言，转换为诉之于听觉的有声语言的训练方式。它既是一种读的训练，也是一种说的训练。它在说话训练

① 黎锦熙：《新著国语教学法》，商务印书馆，1936年版。

中的主要价值有：①有助于丰富语言表现力，也有助于净化自己的语言。②培养敏锐、丰富的语感能力。③锻炼口才，提高运用语言表情达意的能力。训练的主要方式包括范读、领读、个人读、分组读、齐声读、接力读等。

3. 答问

这里是指围绕阅读活动进行的一种应对式的言语训练方式，主要训练学生会用陈述、说明、辩论等言语方式解答问题或提出问题，以提高他们说话的能力，还可以激发学生思维的兴奋点，唤起他们积极思考的内在动因。

4. 课堂讨论

讨论是一种在短时间内快速组织并充分发表个人意见的训练方式。这种方式训练面广、信息流通多而且快，能较好地锻炼学生积极思维、快速反应、敏捷表述等多方面的能力。

（二）结合作文教学的说话训练

1. 口头作文

这既是作文训练的一种方式，也是说话训练的一种方式。这种训练，在培养学生口头表达能力的同时，对学生构思、组织内部语言、思维的条理性、词语的编码能力和利用语音表情达意的能力等，都是很好的锻炼。进行这种训练，教师首先要教给学生构思口头作文的基本办法，从文章的中心、选材、结构等方面定下几个“点”，连“点”成“线”，再扩“线”成“面”，然后从不同角度交错选用几种程序进行训练。例如，思维上可以从形象到抽象：看图说话——按所提供文字材料口头作文——按题目和要求出口成章；形式上可以从部分到整体：口述所选取材料——口述开头、结尾——口述全文。口头作文训练的形式有：①命题口头作文，可抽签进行；②现场观察，口头描述（含看图作文、看材料作文、看实物作文、参观后作文、情景作文等）；③时事评述（述——综合要点，评——发表看法）；④视、听、感知艺术作品后，口头复述和述评；⑤利用多媒体手段进行口头作文。

2. 作文展读评析

教师先组织学生上台有表情地朗读自己的作文，然后按教学目标组织学生进行口头讲评展读作文的优缺点。这种训练，既可口头展示和交流学生的优秀作文，满足学生的发表欲，表彰习作者，激起大家的写作热情，又有利于提高学生表情朗读的技艺和口头表述的能力，还可促进学生书面表述的口语化，有助于改掉“学生腔”。

3. 模拟新闻采播

组织学生先以小记者的名义采写各类简短的新闻稿，然后进行分类编辑，再以播音员的身份登台播讲，最后大家进行讲评。这种训练方式新颖，人人都要动脑、动笔、动口，不但可以学到新闻的采、写、编的知识，还可以学到播、讲、评的技艺，是一种快节奏、高效益、大面积、多趣味地进行说、写两栖训练的极好方式。

（三）口语交际中的说话训练

1. 课前演说

每节语文课前用3～5分钟时间，让1～2名学生登上讲台，或按规定的话题，或自由选择话题，进行说话训练。全班轮流进行，每人都要参与。这种方式具有发动面广、训练要求高的特点。进行这种训练，要根据教学进度、学生的认知及说话基础，制订好训练计划。实施时应贵在坚持，形成“制度”，注重质量，避免形式主义。

2. 各种活动中的说话训练

主要有：①故事会。要求学生轮流登台讲故事。②口头广播。规定话题，快速构思，出口成章。③口头解说。出示几幅图片或几件实物或一段录像、幻灯资料，要求学生迅速构思，当堂加以口头解说。④模拟会话(情景对话)。这是一种假设情景与角色的模拟会话活动，可训练专门发表、一般交谈、打电话、会见客人等会话技巧。⑤交际礼貌用语演练。指导学生先对各种常用的交际礼貌用语进行归纳整理，然后组织学生进行专项、专题的演练和实习。⑥口头报告会。围绕某个问题、某件事情，向听众作比较完整的口头介绍，如读书报告、实验报告、参观访问报告等。⑦演讲会。这是一种在公开场合面对较多听众，针对某一问题或某一事件发表见解、阐明道理、进行鼓励的说话形式。进行这种训练，要注意“讲”中有“演”，以“演”助“讲”。⑧辩论会。围绕同一辩题，形成对立观点而组织学生进行唇枪舌剑的论争，这是一种层次高、难度大的说话训练方式。⑨表演课本剧。这是一种既能增添学生情趣，又能训练艺术语言，还能训练形体语言的综合训练方式。

说话训练应本着要求上从简单到复杂，内容上从形象到抽象，形式上从单一到多样的原则进行；同时还可以根据中学生争强好胜的心理特征，每个学期举办内容不一、形式多样、对象各异的各类说话竞赛活动。这不但能有效地提高学生的说话能力，而且还能极大地丰富校园的文化生活。

第四节 口语交际训练方案的制订

开展口语交际训练，既要遵循一定的教育原则，又要讲究训练的科学性和艺术性，还要注意协调好各方面的关系，做到有计划、有目的、有步骤地进行。为此，就必须制订出科学准确、切实可行的活动方案。方案是工作的计划，要预先拟定好具体内容与步骤；方案是活动的蓝本，应设计好活动的方式与应注意的事项。其实，它就像教师讲课前的教案、工程施工前的图纸。

一、口语交际训练方案的内容

口语交际训练方案的形式，可采用提纲式，也可采用表格式，其内容包括以下七个方面：

(1) 活动标题。标题是对训练主题的概括，要能一目了然地反映训练内容的实质。

(2) 训练目的。目的是组织训练、制订方案及评价成果的依据，是开展任何一项活动都应首先考虑的问题。

(3) 训练对象。听说训练的组织一般以班组为单位进行，如果是全级、全校或一个地区，甚至更大规模的活动，就要根据训练目的，考虑学生的年龄特征及知识水平等实际问题。

(4) 训练内容及方式。应具体、准确地阐明训练的内容与方式，详细地设计实施的安排。一般来说，训练内容应该集中，最好是专题；训练方式的选择则要注意新颖、有趣，明确是集体活动还是小组活动，而无论是何种形式，都要选出负责人。

(5) 训练程序。一般的活动程序可分为：准备阶段、实施阶段、总结评比阶段。训练程序要制定得具体、明确，并预想到可能出现的问题及解决的方法。对每一阶段所需的时间也要具体安排。

(6) 场地与器材。对于训练时所需的场地、器材设备、材料等要及早提出计划，准备充分，以保证训练得以顺利进行。

(7) 训练总结。训练后要进行及时总结，好的要继续保持，不足的要及时得到纠正。

二、口语交际训练方案的编写

(一) 精心设计训练标题

标题是活动的灵魂、眼睛，要有很强的感召力，使学生一看到就能受到鼓舞、感染，就能引起兴趣，激起热情和参与的欲望。

(二) 明确活动目的

口语交际训练是一项富有教育意义的言语实践活动，因此活动的目的应包括知识性、技能性、趣味性（艺术性）和思想性以及智力开发等方面的要求。目的的表述要简明、准确。实事求是地确定活动目的，对内容的确定、过程的安排、活动方式的选择都具有非常积极的意义。

(三) 确定训练的方式和方法

训练方式和方法的选择要注意三个方面：一是科学性、创新性、新颖性；二是让学生成为活动的真正主人，保证人人都能得到锻炼；三是要有趣味性，努力做到寓教于乐。

(四) 合理安排训练程序

程序的编排要注意各个部分之间的联系，不仅在内容的编排上，而且在环节的连接上、器材的使用上，都要统筹安排。尤其是大型的活动，更要制订出详尽的方案，确定好具体的负责人；如果活动程序比较复杂、场地要交叉使用，还要设计出活动的框图，以便于组织和指导。另外，在时间的分配上，每一环节具体占用多少时间也应有计划。

（五）选择适当的活动器材

口语交际训练具有较强的实践性、活动性，因而开展口语交际训练，有时需要使用一些器材，编写训练方案时要依据活动类型、内容特点等，对器材的使用作出适当的选择。

一个好的口语交际训练方案往往是集体智慧的结晶，因此在设计及编写方案时，应群策群力、集思广益，尤其是要听取学生的意见，与学生共同来设计，从而使方案更科学、更合理、更能切合学生实际。

思考题

1. 为什么要重视中学生的口语交际训练？
2. 中学口语交际训练的任务是什么？
3. 中学口语交际有哪些特点？
4. 常用的口语交际训练有哪些方式？
5. 如何制订口语交际训练的方案？

【教学技能】

讲　　课

讲课是教学工作的中心环节，最能体现教师的教学能力和水平，也是决定教学效率高低的关键。

尽管语文课的课型较多、要求各异、特点不同，但特殊性中包含着普遍性，它们仍有许多共同之处。根据许多优秀语文教师的经验，讲好一堂语文课必须注意下列要领：

1. 目标要明确

教学活动是一种有明确目标的活动。评议一堂课上得好坏，首先要看教学目标定得是否正确，以及课堂教学是否都能紧紧地围绕教学目标去进行。对一堂课要实现的目标、要求，不仅教师要始终心中有数，而且也要让学生十分明白，只有这样，师生在教学中才能提高自觉性、主动性，去掉盲目性、随意性，有的放矢地进行教学。

2. 重点、难点须突出

教学目标必须通过相应的教学内容及其活动才能实现。一堂好课的教学内容不在乎多少，关键是要抓住重点、难点。重点要把得准、展得开、讲得精、析得透，难点则要点得准、拨得活、研得深、悟得透。同时，不能光停留在知识的掌握上，还要十分重视训练学生的能力，开发学生的智力，培养学生的个性。要做到这些，教师在选择和组织内容时，就要善于从实际出发，抓住主要矛盾，把力量集中在刀刃上。如果教学内容贪多求全、面面俱到，教学中蜻蜓点水、主次不分，就会导致学生不得要领、食而不化。这样，教学目标便很难实现。

3. 方法求灵活

课的效果如何，往往也和教师运用什么样的教学方法有密切关系。选用教学方法，要根据教学目标、教学内容、学生特点、设备条件及教师的风格特长来确定。其中最主要的还在于使用教学方法时，必须充分考虑怎样才能调动学生的积极性和主动性，唤起他们学习的浓厚兴趣，激起他们积极的智力活动；切不可只摆花架子，不求实际。同时，一堂课可选择几种不同的教学方法，以避免单调、呆板。

4. 媒体应多样

传统的教学媒体只有“粉笔加黑板”，这在今天已不能适应教学发展的需要了。语文教师要善于运用现代科学技术及设备仪器作为教学手段，实现教育过程的整体优化，以更有效地完成教学任务。使用现代媒体必须牢记：现代科技与媒体已不仅仅是教学的辅助手段，而是教学活动的一种内在因素，必须与课程内容进行有机整合，才能真正提高教学的质量。

5. 结构务紧凑

一堂课的教学过程必须经过精心的设计与组织，将各个教学步骤安排得有条不紊、环环相扣。要做到这一点，在设计教学时就要充分思考各个教学环节之间的逻辑联系，而在上课时就要注意控制好教学进程的条理性、节奏性等。

第九章

中学课外语文活动

语文学习的外延与生活的外延相等，这是语文与其他学科相区别的最显著特点，也是语文学习比其他学科知识的学习具有更丰富的内容、更广泛的范围和更自由的形式的表现。语文作为一种社会现象，是在社会实践中产生，又随着社会的发展而发展的。可以这样说，只要有人类活动的地方就有语文，语文教育伴随着人的一生。从这个角度看，语文教育就不止于学校，也不能囿于书本，更不能限于小小的课堂。我们必须树立“大语文教育观”，坚持以语文课堂教学为主，结合语文学习环境和语文课外活动，把语文学习与学生的各种生活，把学语文与学做人，把培养能力与开发智力，把书面语言训练与口语交际训练有机地联系起来，对学生进行全方位的整体训练。

当代教学论的研究表明，一个人能力形成的过程是学会合理运用知识解决多种实际问题和选择活动方式的过程，是将知识转化为行为的结果。学生学到的知识要转化为个人能力，不经过在一定的实际活动中反复练习和运用是不可能实现的。开展各项课外活动，可将课堂语文教学与现实生活中的语文实践结合起来，创设具体生动的学习情境和活动方式，把教学变成学习语文知识、运用能力的一种实际尝试，从而达到形成和发展语文能力的目的。

我国中学语文教学的实际情况也表明，积极地开展丰富多彩的课外语文活动，把语文教育与社会生活广泛联系起来，不仅深受学生们的欢迎，而且有效地调动了他们学习语文的积极性。

我国中学语文教学改革，是改变长期以来语文教学效率不高的重要手段，更是实现把学生培养成为新世纪高素质人才的语文教育目标的一项重要举措。

第一节　中学课外语文活动的意义

开展课外语文活动既符合语文学科的教育规律，又有积极的现实意义。语文不同于其他课程，它是一门实践性很强的课程。要想使学生学好语文，提高语文素养，仅靠几册语文课本，或靠在教室里每天上一两堂语文课，是不可能实现的。语文教学只有在社会大课堂的广阔背景的有力支撑下，创造出一个时时处处学语文、用语文的大气候，才能够大大扩展学生学习语文的范围。学生课外个体语文学习的总量，包括读书、看报、听广播、看电视，都大大超过课内语文学习的总量。所以，能够将学生课外语文学习纳入语文教学轨道，学生的收益是极其可观的，其作用也是课堂教学无法比拟的。另外，由于历史的原因，传统教育模式对我国教育影响比较大，传统语文教育的特点是教学形式单一，只重视课堂教学，缺少课堂与课外的结合，造成语文教学长期处在一个“死”字上：教师“死”教、学生“死”学、学完“死”用，这是不符合现代教育发展规律的，更不符合语文学习的特点。开展课外活动，目的就是要把“死”的局面“活”起来，激活死气沉沉的语文教学。课外语文活动，是把生活中的活水引进语文教学当中，实行开放式教学，为学生在课堂之外再营造一个五彩缤纷的大语文环境，让学生在课内课外的各种语文活动中培养语文兴趣、丰富语文知识、锻炼语文能力。

当前一些影响比较大的语文教育流派，都非常重视开展课外语文活动，有的甚至把课堂教学与课外活动置于同等重要的地位，改变了以往狭窄、单一的课堂语文教学的格局，在开辟语文学习的新空间、激发学生学习语文的兴趣、提高学生语文素质方面扎扎实实地做了许多工作，有很多成果让人受到鼓舞，大大地活跃了语文教学的氛围，带来了语文教学改革的新气象，取得了很好的教学效果。例如，湖北省宜昌市特级教师余蕾长期坚持开展课内外语文教学相互衔接的改革实验，既改变了传统语文教学的模式，又提高了学生的语文能力。对此，社会反应强烈，学生语文学习也表现出“四多一减一升”的特点，即看报纸的多、看课外书的多、看电视的多、参加语文活动的多，学生作业减少三四成，而语文教学质量明显上升。

开展课外语文活动具有以下三个方面的意义：

一、加强语文教学与生活之间广泛和密切的联系

加强语文教学与生活的联系，是课外语文活动中最重要的内容。要树立语文教学“生活化”和学生生活“语文化”的指导思想，既要鼓励教师在教学过程中主动联系生活，自然而然地为自己的教学过程注入生活内容和“时代的活水”，让学生在学习语文的同时也学习生活、感受生活，丰富人生经历；同时，又要要求学生在老师的指导下，养成事事、时时、处处留心语文，吸收与运用语文知识，在社会生活中培养语文能力的好习惯，加深对“语文是生活的组成部分，生活须臾离不开语文”的理解与认识。

《九年义务教育语文课程标准（实验稿）》中明确指出：“语文又是母语教育课程，学习资源和实践机会无处不在、无时不有。因而，应该让学生更多地接触语文材料，在大量的语文实践中掌握运用语文的规律。”在教学中要“沟通课堂内外，充分利用学校、家庭和社区等教育资源，开展综合性学习活动，拓宽学生的学习空间，增加学生语文实践的机会。”孔子曾形象地喻示学生：“不观于高崖，何以知颠坠之患；不临于深渊，何以知没溺之患；不观于海上，何以知风波之患。”生活的、审美的经验可以使学生对知识特别是一些意会模糊的语文知识的理解、体会加深，帮助他们将语文知识转化为能力。

以生活为基础的语文学习，大大地开拓了语文学习的空间，对学生的语文学习有多种好处。

（一）可以提高学生语文学习的兴趣

语文教学本来有丰富的生活基础和趣味性，课堂语文教学由于受到课本和班级授课形式的限制，虽然对于学生掌握系统的书本知识和技能有比较好的效果，但由于形式单一，受教学条件约束过多，致使原本充满生气的教学过程变得死气沉沉，影响了学生学习的主动性，降低了学生学习语文的兴趣，致使语文教学效率低下。课外语文活动，由于是以生活为基础、以学生的兴趣为出发点而设计的，又结合了语文学习的特点，形式和内容都比较符合学生的各方面情况，因此很容易调动学生主动学习的积极性。

（二）可以帮助学生进行实际的应用和操作

叶圣陶先生说，语言文学的学习出发点是“知”，而终点是“行”，到能够“行”的地步才算具有这种学习的能力。说到底，语文教学的最终目的就是提高学生的语文能力，而能力是靠历练才能形成的，所以素质教育很注重培养学生的语文操作能力。开展课外活动为广大中学生提供了语文知识的应用空间和语文历练的各种机会，学生在各种真实或模拟生活的实践中可将课本知识消化、吸收、转化为实实在在的语文能力。

（三）有助于学生人文精神的培养和传承发展民族文化

课堂语文教学只让学生学习到有限的知识，语文教师在教会学生打开知识大门的方法的同时，更应当引导学生从语文教学的各项活动中汲取精神营养，获取精神力量。要达到培养学生全面发展的目的，必须让学生有更多的生活体验，鼓励学生走到社会生活中去。课外语文活动可以使学生在生活的历练过程中，获得直接的人文关怀和人文感受，了解和认识我们祖国丰富灿烂的民族文化，培养更博大、更宽广的胸怀，逐渐培养和树立自己的人文精神、民族自信心。培养学生的人文精神，特别是帮助学生热爱祖国的民族文化，培养民族文化意识，是现代语文教育的重要内容。著名语文特级教师于漪也多次指出：“语文教师应树立鲜明的‘育人’目标，离开了‘人’的培养去讲‘文’的教学，就失去了教师工作的制高点，也就失去了教学的真正价值。”语文教学与人类文化、文明的起源有更内在的联系，更具有“育人”优势，更应体现出传承人类理想、民族精神、科学文化的性质。

（四）有助于学生及时了解和掌握各种时代发展的信息

网络时代的知识更新速度非常快，单靠课堂教学的手段已经大大落后。课外语文活动让学生不断接触新的科学知识，了解语文与现代科学之间的关系，树立起语文学习的信心；同时也能及时借鉴和利用科学的学习方法，提高语文学习的效率。依靠语文课外活动可以弥补教材的局限和不足。例如，有的学校组织学生开展网上学习，他们采用文学课题讨论的形式，让学生通过互联网收集资料。网上有许多文学站点、各大报纸的电子版和在线图书馆，可以大大提高学生的阅览效率。寻找资料的过程是学生主动学习的过程，他们会像海绵吸水一样，自觉搜寻自己感兴趣的内容，发现从未发现过的新知识。当他完成这一课题时，已经首先获得了与此相关的许多信息，这时候若进行课堂讨论，他就会成为一个积极的参与者。利用网络传播手段丰富学生的语文学习，可大大提高语文学习的效率。在未来的教育中，现代化的教学设备和手段将被充分利用，并对现有的教学模式产生极大的影响。

二、促进学生个性品质的全面发展

心理学研究表明，处在学龄中期的中学生，抽象思维逐渐占主导地位，但思维中具体形象的成分仍然起重要作用。也就是说，中学生的思维一般是“经验型”的，而不是“理论型”的，即在进行抽象思维时，需要具体的感性经验作支持。而大部分的感性认识和经验是学生通过主动参与、亲自经历的各种实践，如观察、制作、表演、参观、调查、访问等丰富多彩的感性活动而得出来的。开展课外语文活动可加强教学的直观性、活动性，让学生在具体、生动的学习情境中按照自己的心理和思维能力去学习，尽可能自由选择。这样的学习对学生造成的心理压力比较小，精神负担比较轻，学生的主动性就强，自然容易促进学生个性品质的全面发展。

（一）开展课外语文活动可以满足学生对于语文学习的个性要求

根据心理发展的特点，中学生已经有了比较明显的个性特征，他们有自己的兴趣爱好，有自己的求知倾向，语文教师不能一味地用一种手段、一种思路教导他们。再加上课堂语文教学是班级授课制，教学内容、教学方式及教学进度都是按照各个班级学生的平均能力制定的，难以照顾到每一个学生的个性差异。长期以来语文教学的教训就是教师总是迫使学生在被动中学习知识。课外语文活动可以较好地调节课堂教学与学生个性之间的矛盾，满足学生对于语文学习的个性要求。课外语文活动可以提供与学生个性特征相适应的各种活动方式。例如，课外阅读活动，学生可以根据自己的个人爱好、知识层次选择自己喜爱的书籍；课外讨论活动，学生可以根据自己的眼光、是非观念针砭时弊；综合性课外活动，学生可以利用自己所学到的各种知识，开展综合性调查研究，等等。所以，课外语文活动的适用范围最广，选择余地最大，内容最丰富，形式也最灵活，不同层次和不同年龄的学生都很容易找到与自己个人兴趣、爱好相一致的活动方式。

（二）课外活动可以引导和培养学生个人的专业特长

在课外活动中，由于活动的集体性特点，活动中每个成员的角色会有所不同，从而使学生的不同特点可以得到显现，特长可以得到发挥。如排演课本剧，擅长文字的同学可以当编导，擅长表演的同学可以当演员，而爱发表意见的同学可以当评委，各人都可以找到适合自己的位置；既培养了学生分工合作的精神，又发挥、发展了他们的特长。从另一个角度看，课外活动同时还可以帮助老师发现那些有各种各样专业特长的学生。课外活动的实践性，为学生提供了用武之地，老师通过学生在课外活动中的种种表现，从不同侧面对学生有更真实的了解，可发现学生的各种特长并加以引导。

三、有利于学生创造能力的培养

如何培养学生的创造能力，是现代语文教育中的重点课题。语文教学要从过去的以传授知识为主的传统教育模式转向以培养创造能力为主的新型教育模式，就必须改变语文教学的结构体系，加大语文教学的外部环境建设。课外活动能给学生更多创造的机会。课堂教学由于受时间和空间约束比较大，环境相对比较封闭，传授的知识大多比较具体和确定，留给学生进行知识再加工的余地小，难以激发创造激情和培养创造精神。而课外活动却为学生在课堂以外再营造一个可供他们发挥想象力、创造力的广阔天地，让学生亲身实践，亲自动手动脑，大胆地解放思想，大胆地尝试。课外活动尤其利于训练学生结合课堂教学进行想象和创造，学会把“死”的知识用“活”，把教材中学到的各种“例子”，在生活的实践中进行举一反三。“大语文教育观”提出的“教大语文，育小能人”，就是把学生引进无限广阔、五光十色的大语文天地，借助各种语文课外活动，让学生进行“立体”和“动态”的学习，学到真功夫，掌握真本领，最终成为“能力型”的人才。

现代语文教学已经把课外语文活动视为一个不可缺少的重要组成部分，它不仅是语文课堂教学的延伸和扩展，更是学生自由驰骋的天地。教师可以从这种活动本身获得许多有益的思考，悟出一些语文学习的道理，启发自己如何改进课堂教学和提高整个语文教学的效率。因此，教师应该从各个方面探索和研究课外语文活动的新方式，提高活动的质量，使之在语文教学中真正发挥其优势。

第二节　中学课外语文活动的方式

课外语文活动的方式，应本着实用、灵活的原则，用活动激发学生的学习兴趣，使他们由兴趣产生爱好，由爱好转化为能力。课外语文活动的方式是开放式的，其教学内容往往涉及语文应用的各个领域，特别是触及最新、最实用的领域，并与一定的生活实际相联系，有较强的时代和生活色彩。它既能够弥补课堂语文教学的不足，全面反映社会生活对学生语文知识和能力的要求，促使学生语文素质的全面提高，又能给学生形象生动的感受，有助于调动学生的学习兴趣。如“新闻发布会”、“语言的艺术——广告”、“错别字普查”、“办手抄报比赛”等专题活动，既让学生感受到语文在现代生活中应用的情况，也加强了学生实际应用语文能力的训练；学生学得兴趣盎然，又实实在在。同时，开展课外语文活动的方式应符合中学生生理、心理发展的特点，既不能违背学生语文学习的规律，又不能远离课堂语文学习的内容，使课内语文学习与课外社会生活能够自然衔接，方便学生将语文知识转化为语文能力。

根据目前语文教育的需要，课外语文活动大体包括课外阅读活动、课外写作活动、课外口语交际活动和课外综合性语文学习活动等内容。

一、课外阅读活动

中学生已经具备了一定的阅读能力，但语文教学课堂内为学生提供的阅读量远远不能满足他们的求知需要。增加学生的课外阅读训练，不仅可以拓宽学生获取知识的渠道，更主要的是培养学生的学习兴趣、挖掘学生的学习潜力、改变学生的学习意识和提高学生的智力。中学生受生理和心理发育的影响，还不能全面把握自己，对选择什么样的图书阅读往往缺乏正确的认识，如果不开展阅读活动，不加以指导，学生就会自由选择一些无用或者庸俗的书籍阅读，这对学生的学习和身心健康发展都是极为不利的。学生一般对课外阅读活动都是比较感兴趣的，这是因为课外阅读至少有“独”（独立自主，不受时间和人为因素影响）、“趣”（符合个人情趣）、“活”（方式灵活）、“广”（广泛涉猎）、“新”（内容新鲜、新奇）和“效”（收效明显）等特点。

课外阅读活动根据不同的阅读训练要求，有不同的形式。

（一）培养学习兴趣为目的的阅读活动

开展阅读活动是培养学生语文学习兴趣的一种重要方式。学校应利用自身的条件举办各类集体活动，让学生在环境的影响下产生阅读的欲望和热情，带动语文学习的积极性。如举办各种读书知识讲座、读书知识竞赛、读书交流会、热点图书推荐、好书评选等活动。学生在这种阅读活动氛围的影响下，感受读书乐趣、交流读书体会、切磋读书方法，从而产生对阅读乃至整个语文学习的兴趣。这类活动旨在通过环境影响学生，因此以小组或班集体的形式开展为宜。老师要帮助学生选择既符合学生的接受能力又品味高雅的优秀图书进行阅读。

（二）配合课堂教学为目的的课外活动

这种阅读方式也叫做“同步阅读”。中学教材中所选的一些文艺作品虽然都是经典美文，但不少是片断或者节选，影响了学生获取整体知识和对作家、作品的全面感受。“同步阅读”是把课文当作读懂、理解原著的钥匙，在理解课文的基础上利用课外阅读时间，引导学生读原著。老师对原著的产生背景、思想、内容和艺术性作必要的介绍，以便学生读懂、读好原著。“同步阅读”要求对原著的质和量进行严格的筛选，要适应中学生的接受能力。

（三）提高学生审美能力的阅读

中学生的审美能力和审美追求在不断提高，应开展以集体为主的阅读活动，提供思想境界和艺术价值比较高的艺术精品供学生阅读，以满足和丰富学生的审美需求。比如，举办读书欣赏会、读书演讲比赛、好书交流会、优秀重点图书讲座等活动，通过学生之间的交流、切磋和老师的引导逐渐培养学生认识美、发现美、接受美的能力，达到提高学生审美能力的目的。

（四）提高学生某种语文能力的阅读

这种阅读也叫“专题阅读”，是为了帮助学生掌握某一专门语文知识或语文能力而开展的课外阅读活动。比如，通过阅读微型小说及相关资料，掌握微型小说方面的知识；通过阅读不同形式的议论文，了解有关议论文方面的知识；通过阅读报纸、看电视，掌握新闻报道、新闻调查的编写特点。还有，为了提高学生的阅读兴趣和拓展学生的语文视野，可定期举行新书新作推介会、名家名作赏析会等。

开展课外阅读活动是一项长期工作，要持之以恒方可见效。语文学习的规律告诉我们：没有广泛的阅读，没有语言材料的大量积累，不对语文课文的大量作品产生兴趣，仅仅停留在做一些练习题上，是绝对学不好语文的。有的老师设计了“吃薄饼”式的课外阅读活动，即提倡学生每天精读一页书或一篇典范文章，经过日积月累达到逐渐培养学生阅读兴趣的目的，这种做法很值得推广。

课外阅读活动是课外语文活动中开展最普遍、最经常，对课堂教学和学生素质影响最大的活动，但同时也是在学生的课外活动中教师应该最注重引导的活动。教师的引导要注意把握好三点：一是高位介入。社会上什么样的图书都有，不是什么样的图书都可以拿来让学生读的。学生的课外阅读从一开始就要在教师的引导下从高位介入，选择优秀、一流的书来读。读书，一定要读好书，否则不如不读。二是不要广而杂。教师应帮助学生选择自己喜欢的书，切忌杂乱无章地读。好书需要慢慢咀嚼、消化和回味。三是要有计划。读书应循序渐进，读书不在多，而在于精。著名学者梁实秋说：“桌上永远只放一本书！”读到一本好书，就要把它读透、吃透，然后再去读下一本。学生最好有适合自己的课外读书计划。

二、课外写作活动

叶圣陶先生说：“作文是生活的部分。”生活是写作的源泉。现在学生生活面太窄，特别是城市学生，每天都是“家庭—学校”两点一线的循环。这就造成了学生作文时内容单调干瘪，“巧妇难为无米之炊”，没有什么可写。学生没有生活的基础，硬让学生去写，势必出现胡编乱诌或应付的现象，这也是现在制约学生写作水平提高的重要因素。开展课外写作活动是学生获得作文灵感和动力的重要手段。与课内写作相比，课外写作的优势在于随意性比较大，它没有课堂作文的种种约束，不受写作时间、场地甚至题材和体裁的限制，学生可以大范围发挥自己的想象与热情，自觉主动地进行写作。

开展课外写作活动是解决学生作文难的有效途径，而且已被实践所证明。根据不同的作文训练，有不同方式的课外写作活动。

（一）培养写作兴趣的课外活动

兴趣是学生作文的诱发剂，情感是作文的内动力。兴趣是可塑可变的，情感是可触发激起的。兴趣是最好的老师，陶行知先生说过："学生有了兴味，就肯用全副精神去做事。写作也是这样，学生一旦对写作产生了浓厚兴趣，就会主动钻研，乐此不疲，甚至能步入灵感顿生、下笔千言的佳境。"引发学生写作兴趣是解决学生作文难的首要问题，最通常的做法是开展课外活动。老师依据写作训练的要求，组织学生参与他们感兴趣的社会实践活动，如旅游、考察、社会调查、文体活动，把学生带入到某种情境之中，使学生获得生活的直接感受和体验，并在此基础上进行写作。以培养学生写作兴趣为目的的训练，写作形式可以自由灵活，如写日记、游记、调查笔记、读后感、观后感等。

（二）培养写作能力的课外活动

写作能力是学生综合素质的体现，包括学生能力的各个方面，如思维能力、语言能力、社会生活能力等。课外活动可以针对一个方面或几个方面开展活动。比如，为培养学生的想象能力，开展"想象作文"训练；为培养学生用生活中的语言进行写作，开展"语感作文"训练；为培养学生积累写作素材的习惯，开展"每天一篇"的训练；为培养学生筛选材料和组织材料的能力，让学生开展以个人或班组为单位的自办小报纸、小杂志、手抄报、黑板报、墙报等活动。

（三）配合课堂作文教学的课外活动

课堂作文往往是对课文这一"例子"的练习和模仿，以掌握某种题材、文体或写作手法的写作。但是有些课堂作文训练，要求学生有一定的生活体验才能掌握其要领。比如，为了帮助学生积累写作素材，有的老师经常带领学生到生活中去体会和感受，让学生认识到"生活处处皆学问"的道理，告诉学生写作的素材丰富多彩、无穷无尽；街上的标语牌、广告牌上的美术字，熙熙攘攘的人群等都可以成为写作的原料。再如，训练学生写作新闻报道，除了老师课堂上进行作文指导以外，还需组织学生参加必要的新闻采编实践。

（四）锻炼学生某种写作技巧的课外活动

此类活动是为培养学生的快速构思、快速联想、快速选材、快速作文的技能，组织学生观察一个物体、一个场景、一部电影或电视片断，迅速作文。如有的老师每周安排学生观看中央电视台的《东方时空》节目，然后迅速选择角度，进行针对性的作文训练，几年坚持下来，学生作文的选材、构思能力和作文速度都有了很大的提高。

（五）配合其他活动开展的课外写作

有的地方结合本地作文教学实际，开展了别出心裁的“摄影·作文”活动。“摄影·作文”活动是根据摄影与作文有共通性（观察、选材、确定中心等）的特点，指导学生利用照相机将生活中的现实场景“剪裁”下来，再根据图片“看图写话”或“看图作文”。这种形式的活动对学生的吸引力很大，学生很主动地参与，作文质量也比较高。好的“摄影·作文”作品体现出了“影”与“文”的和谐统一，图文并茂。可见，与其他活动相结合而进行的课外写作，不仅能增强学生的写作兴趣，也使写作获得了丰富的源泉。

三、课外口语交际活动

学生口语交际能力的形成，除了课堂上教师的直接影响以外，更多的是需要相应的语言环境，让学生在一些特定的口语交际氛围中不断受到标准语言表述的感染，逐渐领悟和掌握口语交际的要领。比如，培养学生普通话的听说能力就离不开课外活动，既要发挥课堂上教师的示范作用，又要在课外活动中，为学生提供尽可能多的学说普通话的环境，让学生有充分的锻炼和实践的机会，才能提高他们的普通话水平。

以训练学生听说能力为目的的课外活动可谓种类繁多，大体上分为两个方面：

（一）培养学生听话能力的活动

据有关资料统计，在日常的语言活动中，听说的频率是读写的三倍。社会生活中锻炼学生听话能力的方式非常广泛。比如，组织学生听讲座、听广播、听演讲、看电视、参加故事会，让学生多听一些具有较高语言表述能力的人的讲话或表演，以增强学生对语言的分析能力和理解能力。另外，听话训练活动还可以针对学生的某一具体方面去进行。比如，为了提高学生的听辨能力，组织学生听他人发言，要求学生在听的过程中注意分辨对方的话语；也可以为学生创设相关的语言环境，如通过听绕口令来分辨不同的音节，特别是相近或相似的音节，如"十四是十四，四十是四十，不能把十四说成是四十，把四十说成是十四"；还可以播放说话速度比较快的录音，锻炼学生迅速分辨音节的能力。再如，有的老师还专门组织不同的人同时朗读不同的材料、不同的内容来让学生辨别不同的声音，培养学生听话能力。

（二）培养学生说话能力的活动

说话能力是一个双向互动过程，更应该为学生创造多种多样的语言交际环境，让学生参与。在训练学生的说话能力时，要讲究多样和活泼，以吸引学生在各种条件和环境中都能够张口讲话。训练学生说话能力的最好环境就是集体环境，因为大多数学生都有对当众说话的心理障碍。这种课外活动的方式有以团体为单位的各种文艺表演、朗诵会、演讲比赛、口头作文比赛、读书报告会等大规模活动，也有以小组为单位的新闻采访、讨论、辩论会或开展小广播、小故事会、小新闻发布会及做小记者、小主持人、小老师等小规模的活动。它用各种大众化的方式，调动学生参与和实践的积极性，提高和改善学生说话的能力。

训练学生的说话能力，要有目的性和渐进性，由最初的说话清楚、有条理、顺序恰当，逐渐提高，最终达到准确、生动、引人入胜的效果。开展得比较好的说话训练方式是口头作文训练，这种方式将说与写结合起来，用说的方式启发写的思路，又用写的结构来帮助说的条理性；既训练了学生的口头表达能力，也提高了学生的写作能力，可以说是一举两得。这里要注意的是，口头作文的话题选择应当尽可能是学生所关心的热点问题，这样容易引起学生的兴趣，使其说起来源源不断，写起来流畅自如。

有的学校在选择说话活动方式时，与动脑训练结合起来。例如，在训练时，一般先让学生想一想：讲些什么，为什么要讲这些，从哪儿讲起，为什么要从这里讲起，从别的地方讲起是不是更好，怎样才能讲得入情入理、有根有据，怎样讲才能生动感人。在说话前，学生如果会这样去主动想一想，对于提高学生说话能力和质量都大有好处。

四、课外综合性语文学习活动

随着校园文化生活的丰富，校园内以语文为主要内容的课外活动也变得越来越多，这些活动都是根据学生的学习需要组织策划的，很适合学生的年龄特点。语文教师在确保正常教学秩序和完成教学任务的情况下，应尽可能组织学生参与这些活动，培养学生学会利用各种场合和条件学习语文知识、提高语文能力。

课外综合性语文学习活动的突出特点是“综合”，它既要有语文学科的特性，还要与其他学科产生联系。例如，有一位老师带领学生测量校园的操场，研究为什么砖砌的跑道会越来越高。他要求学生利用所学知识开展调查研究，学生的积极性很高，并结合所学的课文《向沙漠进军》，最后得出结论：大风长年累月吹走地面的浮土，造成“水土流失”，跑道变高。学生完成这一过程后将调查分析的结果写成小论文。

另外，有的教师在引导学生参观、访问名胜古迹时，把参观对象作为一个研究主题，要求学生事先尽可能多地搜集有关的情报、资料，先打下印象基础。在活动过程中鼓励学生各抒己见，综合观点，再结合实际来“纠正”自己的印象，并将结果写成作文。这些活动的特点是综合性强。虽然最后考核的是学生的语文能力，但整个活动过程需要学生综合许多其他学科的知识，是对学生整体素质的检验。

综合性的课外活动方式主要有以下四种：

（一）提高学生语文综合素质的活动

这类活动如开展校园文艺活动，利用节日或各类庆典活动组织文艺表演，让学生充分发挥自己的想象力和创造力，展示各种语文才华。比如让学生表演自编自演的文艺节目，或表演根据教材改编的文艺节目——课本剧等。

（二）语文知识与实践能力相结合的综合性活动

这类活动如在老师指导下由学生组建各类文学或艺术社团，自办各类文学期刊，组织文化夏令营活动等。这些活动要尽可能发挥学生的主观能动性。

（三）丰富学生人文情感的课外语文活动

这类活动把语文学习与学习做人结合起来。比如，根据学生的思想状况，组织学生开展社会调查、社会服务、与其他地区学生手拉手联谊等活动；也可以组织学生参观历史文化遗迹，瞻仰文化名人纪念馆、博物馆等。

（四）以培养兴趣为目的的活动

这类活动注重把语文学习和现实生活相结合，同时又能极大地激发学生学习语文的兴趣。比如，组织学生上街搜集错别字，到人民群众中去搜集生动活泼的语言，或在报刊、广告、电视节目中去搜集病句，然后编写成《文章病院》、《挑刺集》之类的小册子，或组织他们进行竞赛。

第三节　中学课外语文活动的原则

要使课外语文活动真正开展得有意义，取得成效，还有赖于在活动的各项程序安排设计过程中做到周密严格、符合实际，坚持以学生为主体的原则。各种活动设计应尽可能既符合学生的心理、生理发展的要求，又容易被学生理解和掌握，最终实现开展课外活动的目的。所以，开展课外语文活动，必须坚持以下原则：

一、学生自主原则

学生自主原则，是指开展课外活动必须由学生自愿参加和主动选择活动类型。因为课外活动是对课内教学的一种重要补充。它不像课内教学那样有着严格的内容和程序规定，非达到统一的标准不可。课外活动的目的在于使学生能充分发展自己的个性与专长，成为各具特色的人才。学生自由、自愿地参加自己喜欢、需要并且能适应得了的活动，这对他们的个性成长是很有利的。

贯彻这条原则必须做到：

（一）坚持以学生为中心

课外活动要以学生为中心，充分照顾到学生的兴趣爱好，尽可能地让学生在活动中进行自主练习、独立操作，这就要打破课堂教学中以老师为主角的局面，让学生担任主角，给他们足够展示自己的机会，充分发挥他们的想象力和创造力，让他们的个性特征和聪明才智在活动中得到充分发挥，使课外活动真正成为学生自己的天地。例如，办手抄报，让学生几个人为一组，自己组稿，自己编排，自己抄写。这样，有学生自己的心血和汗水，办好后学生就有欣慰感，兴趣就浓。其他活动方式也是一样，让学生多练一练、试一试，有一定的体会和经验，再经过老师的点拨、评价，成效就会大不一样。

（二）坚持全员自觉参与

坚持学生自主的原则，是开展一切课外语文活动的第一要求。在活动过程中必须切实保证每一个学生都能主动参与活动，要努力促使每一个学生都能在活动中根据自己的特点和兴趣获得参与的机会，并有相应语文能力的提高，绝不仅仅让一部分学生总当“演员”、“运动员”，其他同学总当“观众”。因此，教师在设计活动方案时，要充分考虑本班学生的实际。

在活动的过程中，可根据活动内容和学生的情况，组织丰富多彩的课外活动，供学生自由参加，从而达到发挥学生特长和使全体学生受益的目的。

二、加强指导原则

这一原则是指在以学生为中心的同时要注意发挥好教师的指导作用。开展课外语文活动，既要注重学生的主体地位，又要发挥教师的主导作用。因为学生的自我认识与自我控制能力还不强，这就需要教师给予辅助，以使学生在活动中真正获得正确而有益的发展。教师应对活动前的设计，活动中的组织、引导、点拨，活动结束后的总结、点评等进行指导。教师指导的目的是突出对活动本身的科学化管理。语文教师是课外语文活动的组织者和设计者，要注意把握活动的内容和方向。

贯彻这条原则要做到：

（一）指导学生切实做好活动计划

要帮助学生制订有关活动的计划、确定活动内容、明确活动目的、定出活动时间和活动方式，使学生能够按照科学的方式参与活动，避免盲目性。

（二）指导课外活动有组织地进行

教师要控制活动的节奏，尽可能让所有参加活动的学生都能得到实践和锻炼的机会，从活动中获得收益，避免“大面积播种，少数人得利”的倾向，避免活动流于形式。

（三）指导学生把课外活动与课内教学结合起来

要把课外活动纳入整个语文教学计划中，与课堂教学有机地结合起来。课外活动不能远离课堂教学目标，要围绕课堂教学来扩展和延伸，而不是独立于课堂教学之外。

在课外活动中，为了有效地将学生的主体地位和教师的主导作用结合起来，教师应该突出“教练”意识。教师在活动过程中要把自己的大部分时间和主要精力放在对学生的“练”的指导上。

三、适合学生原则

开展课外语文活动要适合学生的各种实际，活动尽可能符合学生的心理、兴趣和水平，应尽量生动活泼，尽可能将活动的趣味性、生动性与内容的扎实有效结合起来，切忌热闹有余，实效不足，使课外活动成为一种形式。

贯彻这条原则要做到：

（一）充分了解学生

教师在设计课外活动时，应该对参加活动的学生的总体情况和个别情况有充分的了解，做到知己知彼，才能使活动对学生产生直接的吸引力，为广大学生所喜闻乐见。

（二）切合学生的实际

一方面，课外活动的开展不能超越中学生的接受、操作能力。比如，活动的设计过于复杂，超越了学生的心理和生理承受能力，学生参与起来会遇到许多困难，这样就会影响学生参与的主动性和积极性，不能收到真正的效果，甚至使学生兴趣减退，失去了活动的意义。另一方面，活动也不能过于简单、幼稚，低于中学生的认知能力。活动要有一定的难度，能够调动学生求知的欲望，使学生在活动中经过自己的努力并克服一定的困难以后有所收获，这是对学生积极性的最好培养。

四、不加重负担原则

不加重学生负担，就是要把握适度、讲求效益的原则。课外活动开展不宜过多、过重，过多、过重会冲击学校的正常教学秩序，分散学生的学习注意力，造成顾此失彼，影响学生的课堂学习。

贯彻这条原则要做到：

（一）加强计划性

课外语文活动的开设要在保证正常教学秩序的情况下，安排课余时间进行。活动的安排周期、每次活动的具体时间分配要事前经过周密计划，要全盘考虑学生的各种课业负担情况，并与学生的其他学科课外活动做好协调，避免重复冲突。应力争每开展一次课外活动，不但使学生获得知识和经验，而且让学生感觉到是一次能量的转换，精神和体力上感觉到轻松，不会因为参加这些活动造成学生学习负担的加重。

（二）不作硬性规定

课外活动虽然是必要活动，但又是自愿活动，所以不能像课内教学那样，对活动的内容、方式、时限、结果等作出硬性的规定，以免学生将其视作一种负担，失去兴趣甚至产生抵触情绪。那样，课外活动的目的就没法实现了。

总之，因为语文是一门与生活实际密不可分的课程，对学生来说，学好这门课程就不能只是局限在课堂里，而是要更多地走出课堂，到生活实际中去，吸收语文的养料，把学到的理论知识运用到实践当中。由此，才能更有效地提高学生的语文素养。

思考题

1. 为什么要开展语文课外活动?
2. 中学语文课外活动有哪些方式?
3. 开展语文课外活动应遵循哪些原则?

【教学技能】

课外辅导

语文教学的辅导工作，是整个语文教学活动的一个重要环节，是对课堂教学的必要补充。开展课外辅导，可以有效地解决语文课堂教学中存在的时空限制、容量不足以及班级授课制带来的种种问题。教师利用辅导，可以将课堂教学中无法扩充的知识、无法展开的话题及学生的个体欠缺、个性需求，安排在课外进行有的放矢的辅导。因此辅导也是贯彻因材施教原则的最佳措施。

一、辅导的对象

辅导的对象是全体学生，要树立辅导是为全体学生服务的全局意识。为使自己的辅导有的放矢，教师应尽可能在辅导之前就对学生的学习情况作深入细致的调查，了解和掌握学生的学习情况，针对不同学生的实际情况制订好辅导方案。不能单一地只重视后进学生而轻视其他学生。一般来说，对后进生的辅导多是查遗补缺，对优秀生的辅导多是加码加料，而对一般学生，多是针对一般的学习内容和方法进行面上的辅导。

二、辅导的内容

辅导的内容是根据教学的要求和学生的需要确定的，包括以下三个方面：

（一）语文知识的辅导

这是语文辅导中最经常、最普遍的一项工作。一方面可以强化课堂知识教学的效果，另一方面可以帮助学生从更多的渠道获取语文知识，同时因为形式上更加自由灵活，更易于被学生理解和接受。

（二）语文能力的辅导

教师可以为学生创造一定的环境，也可以结合自己的经验，让学生边学习边实践，在实践的过程中提高知识吸收和转化能力。

（三）学习方法的辅导

课堂教学很难为学生提供充足的训练机会。开展学习方法的辅导可以为学生详细介绍多种多样的学习方法，并提供充分的训练时间，让学生能够选择符合自己实际情况的学习方法。

三、辅导的方法

根据学生在学习中遇到的各种问题，教师应采用不同的方法进行辅导。辅导方法分为两大类：补差性辅导和提高性辅导。

（一）补差性辅导

补差性辅导主要是针对学习有困难的学生所进行的辅导。补差性辅导有以下五种：

(1) 补讲性辅导。对学生在课堂中尚不明白或需要加深认识的问题进行讲解说明。

(2) 方法性辅导。对学生在课堂学习中暴露出来的方法问题（包括思想方法、学习方法或解决问题的方法等），教师从经验出发，对学生进行辅导，力求使他们掌握这些方法。

(3) 讲评性辅导。教师对学生的学习结果如作业、试卷等进行讲评。这种辅导主要是通过肯定成绩、肯定主流和总结问题、教训，使学生对自己的学习情况有更多的认识和了解，为今后的发展和提高提供一些借鉴。

(4) 补课性辅导。这是针对某些学生因缺少基础知识或基本的操作技能而不能适应学习所采取的辅导行为。辅导的对象是学习困难比较大的学生。

(5) 答疑性辅导。教师根据学生的发问，进行个别答疑。教师也可根据自己掌握的学生情况，在辅导时间里主动提问和主动答疑。

（二）提高性辅导

提高性辅导是针对一些程度比较好、学习有余力或者有专长的学生进行的辅导。这种辅导主要有：

(1) 培优辅导。培养优秀学生的辅导。教师对学习成绩较好的学生介绍一些有深度和难度的知识，或者让他们进行一些难度较大的训练，帮助他们更系统、更深入地掌握所学的知识和技能，挖掘他们的学习潜力。

(2) 特长辅导。对有各类特长的学生，教师有针对性地进行专门的辅导，为这些学生提供相应的专门知识和专门训练，以满足其特长发展的需要。

四、辅导的程序

辅导有时是集体式的，有时是个别式的。辅导的程序一般为：

(一) 确定辅导对象

把握辅导对象的各种情况，包括学习想法、学习兴趣、学习问题等。

(二) 制订辅导方案

方案的制订要体现易于操作、具体有效的特点。

(三) 实施辅导

它既要求教师按照事先制订的辅导方案进行辅导，也要求教师能够随时根据辅导过程中产生的新问题灵活地调整辅导方案，最大程度地提高辅导效率。

(四) 总结评估

对辅导的结果进行全面的分析评估，搜集各种信息、资料，最好用图表或数字形式将情况明确化，这样有利于今后改进辅导措施，提高辅导质量。

第十章

中学语文课的复习与测试

复习是重温学过的功课，从而巩固和提高学习效果的一种学习活动。及时且科学的复习对于深化理解、巩固记忆以及促进整体素养的提高具有极大的作用。因此，中学语文课程要将复习视为学习过程的重要一环，精心组织。测试在这里属于教育评价，是运用一定的测量手段对学生的学习成绩和智能水平等进行程度判断。它也是教学过程的一个重要环节，具有反馈、促进、选拔等功能。复习与测试在教育行为上有着直接的联系，所以本章将其放在一起进行阐述。

第一节　中学语文课的复习

一、复习的性质和意义

复习不同于一般的学习，这主要由于它的行为的重复性。复习的性质决定了它所具有的特别的意义。

（一）复习的性质

复习是相对已经有过的学习行为而言的，是对已经学习过的内容的重温，因而重复性是复习的本质特征。作为一种重复性的学习活动，复习依存于已有的学习，没有经历过学习也就无所谓复习。但复习并非已有学习结果的简单再认，而是以已有学习的内容为特定对象，伴随着记忆的再现，进行认识的再提炼、再消化，直至认识的巩固、深化、升华。因而，是为了减少遗忘而采取的行为，是为了更熟练地掌握已经学习过的知识技能，是为了将已学的东西更好地融入自身的知识技能系统之中，从而更好地内化为自己的所有，构建新的智能体系的一种实践活动。正因为如此，相对于已经有过的学习来说，复习就更具有巩固性、深刻性和提高性。

（二）复习的意义

复习，对学习者来说有着重要的意义。

1. 复习可防止遗忘，巩固记忆

德国心理学家艾宾浩斯在对人的记忆的研究中发现了“遗忘曲线”，揭示了遗忘变量与时间变量的关系：保持与遗忘是时间的函数，保持随着时间的延长而递减。这种递减在识记的短时间里特别迅速，即遗忘会较多。随着时间的推进，遗忘会稳定地下降，遗忘的发展逐渐慢下来。也就是说，遗忘是先快后慢的。这告诉我们学习不仅必须复习，而且复习又应当是及时的。否则等到全忘了再去复习则回到了重新学习，原先的印象一点都没有了，就会造成学习的事倍功半。苏轼是个记忆力很好的人，但他说：“好书不厌百回读，熟读深思子自知。”三国时的学问家董遇，面对学生的请教总是说：“书读百遍，其义自见。”他们对复习都十分重视。美国的心理学家研究指出，人的学习记忆，一般重复八至十次就可以记住，不到这个次数则记不住，而多了也是无意义的浪费。因此，复习应当及时进行，反复八至十次，这样才能经久难忘，为后边的学习打好基础。

2. 复习是使认识获得发展的基础

人类的知识经验是一个连续的系统，即知识是环环相扣的。因此，不占有前面的知识，也就不可能有对后面知识的理解和掌握。孔子说“温故而知新”，指的应当就是这个道理。新知识总是存在着生长点，这个生长点一定要与原有的知识相连接。这种知识的逻辑决定了学习的一个重要问题，即学习新知识时怎样与原来的知识接轨的问题，从这个意义来看，不“温故”则没有“新知”。再说，没有积累就不会有提高，积淀得越深厚，提升就会越快。学习者要建构新的知识技能体系，没有“温故”是不可想象的。因此复习不仅对保持原有的认识发生作用，而且对发展新的认识也有积极的意义。

二、复习的类型和方法

（一）复习的类型

复习是一种重复性活动，它依存于原来的学习，但它并非原来学习的简单再现，而是以原来的学习内容为特定对象，进行提炼、消化，因而它具有明显的集中性、提高性。复习的这些特点使它必然成为教学过程中的一种阶段性活动。这也就有了最基本的复习分类——阶段性分类。按目前我国学制和中学语文课的教学情况来看，主要的阶段性复习类型有课后复习、课文复习、单元复习、期中复习、期末复习、学段复习（毕业前的总复习）等。不同阶段的复习自然有着内容和要求上的区别，但又有着紧密的连接关系，前一种复习往往有益于后一种复习，它们之间甚至存在着一定程度上的包容与被包容的关系。例如，课文复习可以包容与之相关的课后复习；单元复习可以包容课文复习而又可以被学段复习所包容。

此外，复习的类型还可以根据内容的多少或进行的方式划分为分散复习和集中复习。分散复习也叫平时复习，它富于经常性，方式也灵活多样。集中复习有综合性复习和专题性复习。综合性复习主要指对某部分的学习内容集中复习，它与阶段性复习稍接近；专题性复习是对某一类知识或技能进行集中复习。集中性的复习往往具有专门性，即需要专门组织进行。

因为复习的类型有多种，所以教师在制订复习计划时需要对复习类型作出选择。一般来说，选择复习类型要考虑四个方面的因素：复习的目的、复习的内容、复习的时机、各种复习类型特有的功能和作用。

（二）复习的方法

中学语文课的复习方法是多种多样的：不同的阶段有不同的方法，不同的内容有不同的方法，不同的目的有不同的方法，不同的学习者采用不同的方法，即使是相同的内容不相同的人也会有不同的方法。教师应当教给学生语文复习的方法，对学生的复习进行指导；而学习者自身也应该切实掌握一些语文复习的方法，把复习当作一种自觉的学习行为。

1. 学生自觉复习的方法

学生自觉复习的方法主要有强化复习法、纲要复习法、追忆复习法和练习复习法等。

（1）强化复习法。强化复习法是为了不遗忘而对学过的内容进行多次反复再认的一种方法，目的是记住。强化也不是无休止的反复，而是要考虑效率的。那么，这里就有一个“度”的问题，即反复多少次才是合理科学的。根据美国心理学家的研究，人在重复到八至十次时，记忆量与记忆的效率是最高的，到此再重复，效率则会很低，因此，复习最好重复八至十次。而另一种研究表明，如果记住一个内容需要100%的时间与次数，那么重复至150%，则可以记住。也就是说，强化到150%时，我们就不会遗忘需要记住的东西了。这种强化复习的方法，适合课后的复习，也特别适合重要知识的复习，这时候量不多，容易记忆，也符合日积月累的原则。将知识积少成多，编织成网状语文知识系统，就会经久不忘了。

（2）纲要复习法。纲要复习法就是整理知识体系中的要点，提纲挈领抓住整个知识体系的一种复习方法。什么是纲要？我们说，纲要就是力图用一个简洁的形式去归纳许多散乱的知识点使之成为一个清晰明了的系统，而且这个系统很容易被学习者记住和掌握。这种方法适合于期中、期末以及毕业前的总复习。对较多的知识通过抓纲提要去把握，就像利用图书馆的分类书目能一下子就找到所需要的书一样便捷有效。魏书生老师指导学生画“语文知识树”，就是一种纲要式的方法。通过画“语文知识树”，每一个学生心中都明确了整个中学语文课的知识要点及其系统，这就使学生不仅在宏观上系统明了课程内容，而且对其中的各个知识点也有了准确的把握，提高了学习、复习以至准确掌握课程内容、提高学科素养的教学效果。使用纲要复习法，应当做到能抓纲提要，通过简洁的纲要进而抓住整个语文知识网，或是一个学期的，或是一个学年的，甚至是整个中学阶段的学习内容，把握住那些已经学习过的知识。

（3）追忆复习法。追忆复习法是一种利用回忆来复习的方法。华罗庚又称之为“熄灯复习法”。杨绛在《记钱钟书与〈围城〉》一文中称之为“过电影”复习法。钱钟书的记忆力曾被美国学者胡志德称为照相机式的记忆。杨绛说，钱钟书的记忆力是从小通过每天晚上临睡前的“过电影”方式而锻炼的。我们每天学过的一些语文知识，也可以运用这种方法复习，不仅临睡前可复习，而且还可以利用一些零散的时间来回忆，如等人、排队时都可以。及时将一天所学的知识回忆几次，哪些记住了、哪些还不明了，抓紧巩固，这样后边的学习才能轻松自如，新知识的生长点才坚实可靠。这种方法简便易行，不用动笔、用眼。充分运用记忆、想象、联想建构自己的知识网络，有时会有意想不到的收获。

(4) 练习复习法。练习复习法是适应面是比较广的方法。学完一篇课文之后，可用练习复习法；一个学段、一个阶段学习结束之后，也可以用练习复习法。可通过练习来查漏补缺，将知识转化为能力，将知识内化为学习者的自觉意识。练习复习法可以有两种形式：一是自己拟题，检查自己是否真正掌握了已学的知识与技能；二是使用别人出的试题来检测自己到底学得怎么样。两种形式都可以，目的是反馈，即看看自己学得如何。这种方法应该经常运用，让它为自己的学习起到调整、修补、巩固、提高的作用。当然，这种练习也要考虑“度”的问题，即练多少次和练习什么的问题，必须充分考虑效率，不要搞“题海战术”，不要搞机械训练。

2. 教师指导复习的方法

从教学的角度来说，教师对学生自觉复习的方法也要指点。此外，还需要运用直接讲授法、问题引导法等帮助学生复习。

(1) 直接讲授法。直接讲授法就是教师将事先整理好的复习内容直接向学生进行讲授的方法。这种方法的特征就是教师的讲授与学生的听记思考相结合，因此，它使学生能直接认识复习的内容及其结论。使用这种方法有利于保持复习内容的系统性、完整性，并且能较多地节省复习的时间，提高复习的时效性。

(2) 问题引导法。问题引导法这种方法不是将复习的内容及其结论直接告诉学生，而是根据复习内容，设计若干问题，让学生在围绕问题独立钻研的过程中，重新思考复习内容并获得结论。与直接讲授法相比，这种方法的主动性仍在学生身上，而不是让学生被动地接受教师的重复讲解。这种方法用科学设计的问题引导学生积极思考，能产生激励作用；并且，复习过程贯穿着钻研精神和探究方式，对深化认识、提高意义识记非常有利，是一种比较好的复习方法。

三、复习课的基本结构

复习课，是教师指导学生开展复习活动的一种课型。复习课的基本结构通常包含四个环节：布置任务、展开复习、归纳整理、巩固提高。

（一）布置任务

一堂复习课应当有具体明确的任务。任务明确，目标清晰，复习才有方向。复习是对已学内容的重复认知，这种重复应该不是简单地再来一遍，而是“温故而知新”，即既要巩固旧知，又要从旧知识的复习中生长出新知识，使学习融会贯通，使知识系统化、分类化，从而内化为自己所有的东西，编织成新的知识网络。一个单元的学习结束之后，或者一个学段的末尾，都需要运用复习课来加以梳理，使已学的知识条理化、系统化。师生共上的复习课，时间是有限的，所以应当集中力量，解决重点问题，以及给予方法的指引。大量的复习应当放在课外，让学生去自觉完成。因此，一堂复习课的任务不能过多，不能“胡子眉毛一把抓”，应当抓住纲要，给予复习的方法，让学生在课里得法，而在课外的复习中获益，即任务要少而精，注重举一反三。

（二）展开复习

任务明确之后，教师应当指导学生分步骤去复习，从而完成复习任务。教师应当提供方法，指出复习的思路，让学生自己去体验复习的全过程，不能由教师越权代理，框定思维。学生应从原始材料起步，运用强化复习法，尽量熟悉材料。然后采用纲要复习法，归纳要点，抓住要点，建构线索，从而纲举目张，全面把握复习内容。遇上难而多的复习内容则应采用分解的办法，先易后难、先小后大、先局部再整体地去进行复习；也可以让同学介绍个别的得心应手的复习方法，给其他同学打开思路，开启思想的阀门，找到适合自己的独特方法去进行复习；还可以运用问题引导法，让学生围绕老师提出的问题展开复习。一般来说，除非很有必要，如内容难度大、内容多而时间短等，直接讲授法是较少使用的。但对于一些学习困难的学生来说，直接讲授法的使用会多一些。

（三）归纳整理

在展开复习的基础上，教师应组织学生归纳整理复习内容。这对认识的系统化、条例化、结构化都是非常必要而且十分有效的。整理复习内容，首先是在既定的复习范围内，对复习材料及内容进行分析与提取，主要是分析要掌握的知识点并提取相关的材料。其次是按知识的性质分门别类，对提取来的材料进行归类组合。教师可与学生共同商量，找出几种比较合理、科学的归纳线索和方法，给全班同学参考。再次是对学生的归纳结果进行评判，使全体学生都能提高认识，更好地掌握复习归纳的方法。同学之间还可以交流结论与心得，取长补短，从而更好地完成对旧知识的整理。

（四）巩固提高

这是复习课的升华与拓展阶段。学习者虽然已经归纳总结了复习的内容，但是从类化到内化还是有一个过程的，是否能运用就成为一个衡量的尺度。巩固的形式是多样的，可以口述，可以练习，也可以在头脑中“过电影”等。其目的是真正地领会了，熟练地掌握了，已经纳入自己的知识体系中去了，成为学习者自己的东西了。练习是一种常用的巩固学习结果的方法。会用了，才是真正的懂得了。从各种不同的角度或方向设计练习题让学生去练习，是一种很好的巩固手段。

第二节　中学语文课的测试

一、测试的性质和意义

测试是课程评价的手段之一，指学校运用一定的测量手段去对学生某门功课的学习成绩以及智力水平、发展潜能等作出程度判断。中学语文课的测试，则是对学生在语文课程学习的基础上发展起来的语文素养作出效果判断。在学校教育的范围内，测试是实现课程教学评价的基本途径。课程评价的主要功能是评判和反馈，所以测试是具有判断性与反馈性的活动。

正是因为这样，测试对于课程教学来说是一件非常重要的事情。《全日制义务教育语文课程标准（实验稿）》指出：“语文课程评价的目的不仅是考查学生达到学习标准的程度，更是为了检验和改进学生的语文学习和教师的教学，改进课程设计，完善教学过程，从而有效地促进学生的发展。”由此可见，对于中学语文课程和教学来说，测试的意义是多方面的。

（一）有利于教师改进教学工作

教师的教学工作在劳动方式上具有较强的独立性，而在劳动的成果上又具有长期性、集体性和间接性，因此，教师教学工作的成败得失是较难判断的。然而测试能反映出学生的学习成效，这种学习成效又是在教师实施课程教学的情况下产生的，因此，测试可以向教师反馈教学的优劣得失，这对教师反思自己的教学思想与教学行为有直接的意义。测试向教师反馈的信息，有助于教师在制订新的教学方案时获得最直接的依据。

（二）有利于促进学生的未来学习

在学习的过程中，及时的信息反馈对于调节下一步的学习策略和行动计划来说都是十分有意义的，所以，测试对于学生来说同样具有积极的意义。测试可以使学生在接受考核检测的过程中反思自己的学习态度和行为，检讨自己的学习方法与过程，评估自己的知识和能力，认识自己学习的得失利弊、成败优劣，使他们能更好地认清努力的方向，调整未来的学习，争取更大的进步。

（三）有利于提高课程与教学质量

测试不仅对教师和学生的教学与学习具有直接的借鉴意义，而且为改善课程设计和完善教学过程提供第一手的资料。教育活动的一切决策与建构，无论是宏观上的国家教育方针与政策，还是具体的学校教学计划、课程设计与教学策略，都是为了受教育者的成长与进步。而课程测试恰恰为我们提供了最真实、最可靠的决策与建构依据。测试过程中学生的临场表现，测试结束后学生留下来的一份份试卷，都为课程设计和教学研究等方面的教育决策者们提供了最可靠的依据。

（四）有利于增进家庭对学生的了解

家庭毫无疑问是学生学习情况的关心者。家庭了解学生的途径很多，但因为测试往往能比较集中、准确地反映学生的学习成效，所以它成为家庭了解学生学习情况的主要途径。一般来说，家庭关怀从主观上说都能产生积极正面的意义。家庭对学生学习情况的了解，有助于沟通学校、教师与学生家长之间的联系，形成教育合力，共同推进学生的学习。

除上述外，从社会的角度看，测试还为社会了解学生、选拔人才提供重要信息。由此可见测试的重要性。

二、测试的内容及要求

中学语文课程测试的内容以中学语文课程的基本内容为依据。中学语文课程测试的要求始终体现课程目标的实现。

（一）测试的内容

测试内容是测试的实质性成分，它是构成测试活动的重要基础，其意义在于表明测试的范围和体现测试的目标。因而，明确测试的内容对于组织测试来说是极为关键的。

中学语文课程测试的内容受中学语文课程目标及其内容的规定和制约。《全日制义务教育语文课程标准（实验稿）》强调要“突出语文课程评价的整体性和综合性，要从知识与能力、过程与方法、情感态度与价值观几方面进行评价，以全面考查学生的语文素养。”《普通高中语文课程标准（实验）》也强调“评价的根本目的是为了促进学生语文素养的全面提高”，指出“普通高中语文课程与九年义务教育语文课程相衔接，致力于进一步提高学生的语文应用能力、审美能力和探究能力，全面提高学生的语文素养。语文课程评价要突出整体性和综合性，从知识和能力、过程和方法、情感态度和价值观几方面进行全面评价”。据此，中学语文课程测试的内容可以概括如下：

1. 初中语文课程测试的内容

初中语文课程测试的内容按课程阶段目标设置的五个方面分别阐述，主要是：

（1）识字与写字方面，包括：汉语拼音的认读和拼读能力；识字情况与应用汉字的能力；写字的姿势和习惯。

（2）阅读方面，包括：阅读中的感受、体验、理解和价值取向；阅读的兴趣、方法和习惯；阅读量；阅读中的创造性；朗读、默读、精读、略读、浏览等方法的掌握；初步鉴赏文学作品的水平；古代诗词、浅易文言文的阅读理解和记诵积累。

（3）写作方面，包括：写作的兴趣和习惯；情感和态度；表达方法的使用与创意性；写作材料的准备；文章修改的能力。

(4) 口语交际方面，包括：口语交际的参与意识和情意态度；口语交际的水平。

(5) 综合性学习方面，包括：合作态度与参与程度；发现问题、探索问题的主动性；搜集和整理信息、资料的能力；提出假设和观点的能力；综合运用知识和能力的表现；展示和交流成果的能力。着重考查探究精神和创新意识。

2. 高中语文课程测试的内容

高中语文课程分设必修课程与选修课程。

必修课程测试的内容包括阅读与鉴赏、表达与交流两大方面。

(1) 阅读与鉴赏方面，包括：在论述类文本阅读中着重考查抽象思维能力；在实用类文本阅读中着重考查内容解读与信息筛选、处理能力；在文学类文本阅读中着重考查整体把握、感悟理解、鉴赏评价等能力；在文言文阅读中重点考查阅读“不太艰深”的文言文的能力，同时考查文化理解和思想评判的能力。文学类文本的阅读是“阅读与鉴赏”评价的重点。

(2) 表达与交流方面，包括：写作态度和写作水平；论述类文本和实用类文本的写作能力；参与口语交际活动的态度；口语交际基本要求的把握；聆听与表达的能力。

选修课程测试的内容包括诗歌与散文、小说与戏剧、新闻与传记、语言文字运用、文化论著研读五大方面。

(1) 诗歌与散文方面，包括：阅读兴趣和文化视野；审美能力、艺术趣味和欣赏个性；诗歌散文的评论与创作。重点在于考查审美能力、艺术趣味和欣赏个性。

(2) 小说与戏剧方面，测试内容与“诗歌与散文”大致相同，但还关注对人物、情节和场景等的感受。

(3) 新闻与传记方面，包括：阅读新闻的习惯；把握信息的能力；新闻与传记的写作。

(4) 语言文字运用方面，包括：综合运用有关的知识、能力和方法；在阅读与表达中对语言文字的运用；语言表达的水平和效果；应用文的写作；归纳、梳理语言文字规则的能力；发现语言错误并予以纠正的能力；理解和认识语言发展变化的能力；探究语言文字的敏锐性和兴趣。

(5) 文化论著研读方面，包括：阅读经典原著的态度；把握观点的能力；思考的水平；阅读兴趣和文化视野；读书心得或小论文；探究活动与成果。

（二）测试的要求

测试是一项评判型、诊断型的活动，因而要求准确度很高。测试又是一种对受试人的干预，尽管这种干预是积极的，但仍然会给受试人带来一定的紧张和焦虑，因此要充分考虑受试人的临考反应。所以，测试有着一些严格的要求。

依据义务教育和普通高中教育的语文课程标准，测试的基本要求如下：

1. 全面考查学生的语文素养

中学语文课程的基本目标是发展和提高学生的语文素养。语文素养包含了知识和能力、过程和方法、情感态度和价值观等在内的综合概念，因此，中学语文课程的测试必须突出整体性和综合性，从这几个方面对学生进行全面考查。每次测试，就学习范围来说可以是局部的，也可以是全面的，但无论如何，都必须能测量出学生语文素养整体发展的水平及其表现。任何对语文素养来说有缺损的测试，不仅不能真实地反映学生的发展水平，而且还会对之后的语文学习带来负面的影响。

2. 必须以课程目标为基准

教育部《基础教育课程改革纲要（试行）》指出："国家课程标准是教材编写、教学、评估和考试命题的依据，是国家管理和评价课程的基础。"因此，中学语文课程的测试，必须以中学语文课程标准为依据，以中学语文课程标准确定的课程目标为基本准则。测试的内容要根据课程的总目标、阶段目标和分类目标去设计。首先要面向全体学生，用最基本的目标要求去衡量学生；其次要关注学生的个体差异，抓住关键，突出重点，促进每个学生的发展。测试中只考虑部分学生的适应性，或者任意超出课程的基本标准去命题，都是错误的。

3. 重视形成性评价和定性分析

形成性评价与终结性评价的根本区别在于，前者重视学生学习过程中的成长状况，具有调节和动力作用，而后者则重视学生学习的最终成果，具有甄别和选拔功能。中学语文课程的测试应当重视对学生语文学习过程的及时了解和调整引导，以发挥课程测试的诊断、激励和发展的功能。对学生的学习表现和测试结果，不能简单地使用量化、客观化的手段去评判和解释，而应当尽可能地使用客观的描述和激励性的评语，从正面去引导学生的学习。

4. 提倡评价主体多元化

评价主体多元化是指在测试中注意将教师的评价、学生的自我评价和学生之间的互相评价结合起来，甚至还可以鼓励学生家长参与到评价中来，从而使测试与评价成为一种多方参与的交互活动，成为通过协商而建构新的意义的过程。教育评价的方式很多，课程的测试只是其中的一种。

随着基础教育课程改革的发展，中学语文课程的测试也将发生一些根本的变化。我们必须用新的理念去认识评价、认识测试，使测试真正成为促进学生学习发展的有效机制。

三、测试的形式和题型

（一）测试的形式

中学语文课程测试的形式是多样的，从不同的角度去划分，有考查与考试、笔试与口试、闭卷考试和开卷考试、单项考试和综合考试四种。

1. 考查与考试

考查与考试有同有异。相同的是：都有评定功能、诊断功能、反馈功能、激励功能等。不同的是：①使用的频率不相同。考试的各项要求严和高，而且次数不宜过多，一般一个学期有两次，即期中考试和期末考试。而考查随时随地都可以进行，没有考试那么正规，次数可根据需要来决定。②目的不尽一致。考试的目的在于甄别学生能力的高下（升学考试），或者在于检查学生的学习是否达到了一定的目标（毕业考试），或者在于检查学生在某个学习阶段的学习情况（如期中、期末考试），它们都要求客观、准确地评定成绩。而考查的目的，多是检查学习的效果，诊断出学习中还存在的问题，以便采用对策去补救，因而成绩的评定是次要的。③实施的方式不同。考试的方式比较单一，如规定时间，一般是在课内，而且多采用闭卷考试。而考查就要灵活得多，可以在课内或课外进行，可以口试或笔试，时间可较短也可较长。④命题的覆盖面大小不一样。考试的覆盖面相对大一些，考查就可以窄小很多了，甚至可以就一两个学习问题进行命题考查。

2. 笔试与口试

笔试，是一种规定学生在一定的时间里按要求书面答卷的考试，相对而言有这样一些特点：①试题比较多，范围比较大，力图比较全面地测试学习者的学习水平。②试题一致，这样容易比较考生的学习情况。③节省考试时间，同一时间内可以考测许多人。④试卷可以存档，以备日后之用。⑤能测试学生的书面表达能力，如书写能力。口试，是要求学生口头回答问题，从而对其水平作出判断的考试。口试在语文考试中有特殊作用，有些语文知识和能力是只能用口试才能考测出来的，如朗读能力、背诵能力和口头表达能力。

3. 闭卷考试与开卷考试

闭卷考试，是在规定的时间内，不准参考任何书籍、资料，不准与别人商量，在严格的纪律约束下，独立完成答题的考试。开卷考试，是与闭卷考试相对的一种考核方式。一般有两种情况：一是限定在课内进行，允许学生参考教科书、工具书或者笔记等；二是在课外进行，让考生有充分的时间查找资料，作准备之后再解题。一般都要求考生独立完成。

4. 单项考试与综合考试

平时考试多进行单项考试，便于教与学，简便易行，而一个阶段之后，全面考测学生时则多运用综合考试。单项考试，是单方面地考核考生学习情况的一种考试方式。一般有两种：一种是专为测试学生某一方面的知识和能力的，如考改正错字、别字；另一种是缩小考测的范围，只考知识与能力中的一个小项，如考测围绕论点选择论据的能力。单项考试任务集中而单一，可以使考生各个击破，掌握得牢固。综合考试，是全面地考测考生的知识、能力等的一种方式。可分为两种情况：一种是在一次考试中全面考查学生的知识和能力，如学期末的考试或者学年考试；另外一种是从各个方面考查学生的某种知识或能力的综合考试，如考查学生的记叙文的写作能力，就可以从语言、结构、表达方式、内容等方面去考核，甚至对标点符号的使用以及书写的格式都可以进行考核。

采用什么样的考试方式，这是由考试的目的、考试的诸多因素决定的，应当根据实际情况灵活运用。

（二）测试的题型

测试题一般简称考题或试题，它是测试手段的具体表现形式，也是实现测试活动的基本因素。试题的类型简称题型，指的是试题的样式，也就是试题的组织成分及其结构方式。一定的题型适用于一定的测试内容，因而也就具有一定的测试功能。中学语文课程测试的题型因测试内容的丰富而多种多样，但一般仍可按测试中的言语方式划分为口试题和笔试题两大类。口试题因施考时主要依靠语音媒介，故题型较自由，主要是突出其方法特点，一般有朗读题、背诵题、述说题、问答题、演讲题等。笔试题是语文测试手段中的主体，它样式众多、功能强大。下列就是中学语文课程常用的测试题型：

1. 默写题

要求受测人凭借记忆写出所指定的文字，用以考查受测人对所指定文字的熟悉程度及其记忆力。

2. 填空题

在题目中设留空格，要求受测人进行合理填写。这种题型可考查受测人对某种知识的熟悉和记忆程度。

3. 注音题

要求受测人给指定的汉字注上汉语拼音，以考查其掌握和运用汉语拼音的知识和能力。

4. 释义题

要求受测人解释指定的字、词、短语、句子等的意义，用以考查受测人的语文基础知识水平和言语理解力等。

5. 改错题

设置在语义、语法或言语逻辑等方面存有错误的文字材料，要求受测人指出或改正其错误。这种题型主要用于考查受测人的语感能力和逻辑思维能力等。

6. 翻译题

这是文言考试检测中常用的题型。指定文言材料，要求受测人将其翻译成现代汉语，用以考查受测人的文言知识及其文言阅读理解力。

7. 选择题

设计某个问题并设置几个答案，要求受测人从中挑出正确答案。只有一个正确答案的是单项选择题，具有多个正确答案的是多项选择题。这种题型适用面广，因而功能强大，是目前各种考试检测题中使用率最高的一种。

8. 判断题

判断题也叫做是非题，提出某个义项，要求受测人判断其正误。这种题型与选择题在性质和功能上具有一定的相似性。

9. 配伍题

给出多个义项，要求受测人按照指定的关系，对其进行组合。这种题型既可考查受测人掌握知识的程度，也可考查其分类、概括等能力。

10. 问答题

指出问题，要求受测人作出书面回答，用以考查其掌握知识的程度和对某个道理的阐述能力。

11. 阅读题

指定文章材料，要求受测人进行阅读理解，然后回答问题。这种题型具有综合性，它本身包含着多个不同类型的子题目。其功能在于较全面地考查受测人的阅读水平。

12. 作文题

指定写作任务，要求受测人当场写出文章。这种题型的作用在于考查受测人综合运用语言文字表达思想的能力。

考试检测的题型，除了有着不同的内容适应面和考查功能外，还存在着答案特征和评分所受心理影响程度方面的差异。以这些差异为界线，可将测试题划分为客观性题型和主观性题型两个类别：客观性题型的答案具有单一性和绝对确定性，评分过程不易受评分人的心理影响。因此，这类题目是当前世界流行的考试手段。主观性题型答题方式灵活，答案也不强求一致，但评分因此而容易受到评分人的心理影响。以上所列题型中，选择题、判断题、配伍题等是典型的客观题，默写题、填空题、注音题等因为答案也具有充分确定性，所以也属客观题；而问答题、作文题是典型的主观题，其余也属主观题。主观性题型具有允许受测人自由发挥的特点，所以在语文科的测试中，它有利于考查受测人综合运用语文知识的能力。

四、测试的基本过程

测试的基本过程可分为四大环节：确定目的、制订计划；编制试卷、实施测试；评阅答卷、确定成绩；分析结果、解释意义。

（一）明确目的，制订计划

测试活动必须有明确的目的。为什么测，测什么，都必须清楚明白。目的不同，测试的内容就不同，命题的方式、类型也将不同。测试必须做到有计划。从学习周期去考虑，从语文课程的特点去考虑，每学期的书面测试应有一个总的计划。什么时候测，用什么方式测，都要写清楚。每次的测试，也应当有关于本次测试的计划，内容至少包括：①测试的目的；②测试的内容范围；③测试的基本方式；④试卷的基本结构；⑤题型与题量；⑥计分办法；⑦测试的日期和时限。

（二）编制试卷，实施测试

试卷是测试的必备材料，是测试活动用以操作的依据。编制试卷有两种情况：一种是在无试题储备即题库的情况下，必须先按本次测试的计划进行命题，然后才编成试卷；另一种是在有题库的情况下，从题库中选择与本次测试切合的试题，然后编成试卷。无论哪种情况，编制试卷可以说是一项大工程，涉及的因素多，关系复杂，因此，一般要使用“试卷双向细目表”来作工具（见本章后【教学技能】）。

实施测试就是组织考试。组织考试是一项需要严肃对待、严格操作的事情。从考场的布置、座位的安排，到监考人员的责任落实，甚至到考场的环境，都必须做好准备，以保证测试能在始终没有干扰的情况下进行。

（三）评阅答卷，确定成绩

这是学生接受测试后教师要做的一项重要工作。测试的功能、作用，很大程度上要由这项工作来决定。成绩的评定标准有两种：一种是相对评分标准，即根据考试情况，通过比较来研究每个考生在班集体中所处的位置。这种评分标准多用于选拔性考试。另一种是绝对评分标准，即以课程标准为依据而制定的评判标准，达到者为及格。这是一种水平测定，常用于评定学生的学习成绩。主要的评定方法有：百分制计分方法；等级制评定方法；积分制评定方法；评语法。成绩评定应做到公正、客观、准确。测试的评定标准无论怎样严谨，都是靠人来把握的，如果把握标准的人随意性大，标准就会走样。因此，要求评卷教师认真、仔细评阅答卷，排除干扰，严格按照评分标准操作，真正做到始终“一把尺子量到底”，公正无误，使评定的成绩与学生的实际水平相当。

（四）分析结果，解释意义

分析包括对学生答卷的分析和对学生学习过程的分析，而且这两者要结合起来，从结果反思过程，从过程推理结果，从中获得有价值的信息，以便改进教与学。分析的内容包括：哪些学习内容学生已经掌握了，哪些还未掌握，没有掌握的原因是什么，应该采取哪些措施来改进教学，学生在测试中表现出来的语文综合素养如何，有哪些进步和提高，有哪些缺陷和不足，原因何在，可以作出什么改进。师生可以共同进行分析，也可以分别分析。教师的分析，多数是群体分析，针对班上情况作总体分析；而学生的分析，是典型分析，针对个体存在的问题解剖原因，找到解决问题的方法。不管是群体分析还是个体分析，目的都是总结经验，得到教训，利于后面的教与学。分析的结果，教师还要对学生进行宣讲，对测试获得的意义作出深刻的解释，从而提高学生认识，推动他们以后的学习。

思考题

1. 复习有什么意义？
2. 复习有哪些方法？
3. 复习课的基本结构是怎样的？
4. 测试有什么意义？
5. 中学语文课程测试的内容是什么？
6. 测试有什么要求？
7. 如何对测试结果进行分析和解释？

【教学技能】

考试命题

考试命题实际上包含两项工作：命题和编制试卷。

考试命题是一项技术性比较强的工作。一般来说，在考试的目的和内容确定之后，命题和编制试卷的工作就可以开始了。

试题要按各种题型的基本格式去建构。一道试题通常要由三个部分来组成：第一是说明部分，用以讲清考试要求；第二是内容部分，直接呈示考试材料；第三是答题部分，即由受试人写答案的位置。这三个部分缺一不可。命题步骤就按这三个部分的顺序进行。

命题的关键是设置考点。所谓考点，即试题中质疑问难，要求受试人作出回答的地方。它集中地体现了试题的内容，反映了测试的目的。因此，考点必须定得准确、恰当，否则便会影响考试的效度。

命题的同时要提供试题答案，以便评卷时使用。一般来说，客观题的答案是确定的，可以叫做“标准答案”，而主观题的答案具有不确定性，所以通常就叫做“参考答案”，并且只列出答案要点。

为了操作上和保存上的方便，命题可以使用“命题卡”来作工具。见下表：

语文考试命题卡（正面）

范围		题型		难度		编号	
题 目							

语文考试命题卡（反面）

答案	
评分标准	
命题者	

命题要求做到内容确切、语言简明、考点准确、结构完整、格式规范。

试题只是考试材料的基本单位，完整的考试材料是试卷。

编制试卷，就是根据考试的目标，选择若干试题，按一定的标准和办法进行编排，合成一份考试的材料系统。

编制试卷必须作计划。计划的内容一般包括考试的目标、内容、方式、时限、试卷结构、题型及题量、计分方法等。其中的主要内容可以用一种“双向细目表”作工具。见下表：

语文考试双向细目表

目标 / 比重 / 内容		识记	理解	应用	分析	综合	评价	总计	
语文知识		5	10	10				25	
阅读	现代文		10		5	5	5	25	40
	文言文		10		5			15	
作文			5			30		35	
总计		5	35	10	10	35	5	100	

这种工具是按考试内容、考试目标两个极向去设计的，它比较好地体现了试卷的内容系统、目标系统以及各自的比重，因此对编制试卷具有直接的指导作用。

编制试卷要合理安排试题：一是注意由易到难地排列；二是要注意分门别类。这样做的目的是照顾受试人的答题心理，同时也方便统计分数。

主要参考书目

1. 将成禹. 语文课读解学. 第 2 版. 杭州：浙江大学出版社，2000
2. 胡继武. 现代阅读学. 广州：中山大学出版社，1991
3. 张必隐. 阅读心理学. 第 2 版. 北京：北京大学出版社，1992
4. 祝新华. 语文能力发展心理学. 杭州：杭州大学出版社，1993
5. 韩雪屏. 中国当代阅读理论与阅读教学. 成都：四川教育出版社，1998
6. 张鸿苓. 语文教育概论. 北京：北京师范大学出版社，1993
7. 于连河，许建中. 中学语文教育概论. 石家庄：河北大学出版社，1996
8. 徐越化. 中学语文教学法. 上海：华东师范大学出版社，1989
9. 张建华，蔡明. 中学语文教学法辅导. 北京：高等教育出版社，1996
10. 倪文锦，欧阳汝颖. 语文教育展望. 上海：华东师范大学出版社，2002
11. 李景阳，寇斌洲. 语文教学能力训练教程. 西安：陕西人民教育出版社，1992
12. 文兰森. 活动设计精编（中学卷）. 成都：成都科技大学出版社，1992
13. 胡道源，邓干基. 听说学与用. 广州：华南理工大学出版社，1992
14. 张正君. 当代语文教学流派概观. 北京：中国社会科学出版社，1999
15. 彭华生. 语文教学思维论. 南宁：广西教育出版社，1999
16. 陈学法. 语文素质教育新探. 大连：大连出版社，1999
17. 朱慕菊. 走进新课程——与课程实施者对话. 北京：北京师范大学出版社，2002
18. 叶上雄. 中学教育学. 北京：高等教育出版社，1993
19. 阎立钦. 语文教育学引论. 北京：高等教育出版社，1996

20. 王世堪. 中学语文教学法. 北京：高等教育出版社，1995
21. 李杏保. 语文学科教育参考资料类编. 北京：高等教育出版社，1996
22. 张隆华. 中学语文教育史纲. 长沙：湖南师范大学出版社，1991
23. 舒新城. 中国近代教育史资料（上册）. 北京：人民教育出版社，1961
24. 周庆元，王松泉. 语文教师职业技能训练教程. 北京：高等教育出版社，1996
25. 张鸿苓，张锐. 中学语文教学. 北京：光明日报出版社，1987
26. 姚竹清. 大语文教学法. 北京：北京教育出版社，1992
27. 李克东. 教师职业技能训练教程. 北京：北京师范大学出版社，1994

后 记

本书的编写的确是件艰难的事。

三年前，本书的编者就打算着手编写一本供高等师范院校汉语言文学专业使用的语文教学论教材。然而，轰轰烈烈的国家基础教育课程改革使得编者很快就冷静下来，因为专业的直觉告诉编者，只有重新学习，才能与时俱进，才能跟上我国语文教育新发展的步伐。未来的教师，以及在职的教师，需要编者为他们提供的，是一本熔当代语文教育新理念、新内容、新方法于一炉的新教材。

本书就是在边学习边写作的艰苦过程中完成的。

我十分尊敬的老师、国家基础教育课程改革语文课程标准研制组的组长巢宗祺先生曾在课堂上对我们说过：新课标的研制是个学习的过程、痛苦的过程，在此过程中认识发生了很大的变化，也还有许多问题没想清楚、没想透。我想，这样的感受，本书的编者是体会至深的。然而，正是因为有了这一痛苦的学习过程，才换来了本书今天所能拥有的一些新元素、新气息。尽管编者对今天的语文教学还存有许多尚未明了的问题，也尽管这些尚未明了的问题使得本书在许多方面还显得粗糙和浅陋，但是，现在写就的书是较成熟和有价值的。

我钦佩本书编者的专业态度，更感谢他们的合作精神。

在合作中，各编者对本书所作的努力当记录如下：

陈建伟　绪论、第一章、第二章（与曾毅合作）、第十章（与董国柱合作），【教学技能】范读、语文“双基”分析、考试命题

曾　毅　第二章（与陈建伟合作）、第三章，【教学技能】课文分析、

教材处理

曾远鸿　第四章，【教学技能】教学评议

纪永祥　第五章

赖华强　第六章，【教学技能】板书设计

郑有才　第七章，【教学技能】作文批改

邓干基　第八章，【教学技能】讲课

李江山　第九章，【教学技能】课外辅导

董国柱　第十章（与陈建伟合作）

我感谢在本书编写中所参考的著述的作者，他们的研究给了我们许许多多有益的启示。

我感谢暨南大学出版社对本书出版的支持，尤其感谢编辑苏彩桃老师在本书编写过程中一如既往的关心和努力。

我希望本书能为未来的和正在基础教育课程改革第一线奋斗着的老师们提供一些帮助。

我更希望得到学者、本书的使用者对本书提出的宝贵意见。

陈建伟

2003 年 6 月